作者简介

白 华 男，汉族，1958年1月生，陕西清涧人，中共党员，研究员，硕士研究生导师。现任长安大学党委副书记、中国高等教育学会创新创业教育分会副会长、中国交通教育研究会常务理事、全国公路交通类专业毕业生就业工作协作组理事长。主要从事马克思主义理论和公共管理研究，主要研究方向为学校思想教育与管理研究、教育行政管理研究、国土资源行政管理研究。主持完成全国教育科学"十五"、"十一五"规划课题、团中央规划课题、陕西省教改重点攻关课题以及陕西省国土资源规划课题等多项科研项目研究工作；编著或主编《当代高校学生教育管理的理论与实践》等学术著作及教材四部；在《社会科学家》、《人文杂志》等学术期刊发表论文30余篇；先后获陕西省优秀教学成果特等奖两项、一等奖两项，国家级教学成果二等奖两项。

高校德育成果文库·教育部思想政治工作司组编

大学新生教育模式新视野

白　华　张骞文　武永江◎等著

图书在版编目（CIP）数据

大学新生教育模式新视野/白华等著 . —北京：
中国书籍出版社，2015.1
ISBN 978－7－5068－4637－0

Ⅰ.①大… Ⅱ.①白… Ⅲ.①大学生—入学教育—教育模式—研究 Ⅳ.①G645.5

中国版本图书馆 CIP 数据核字（2014）第 300651 号

大学新生教育模式新视野

白华 等著

责任编辑	戎 骞
责任印制	孙马飞　马 芝
封面设计	中联华文
出版发行	中国书籍出版社
地　　址	北京市丰台区三路居路 97 号（邮编：100073）
电　　话	（010）52257143（总编室）　　（010）52257153（发行部）
电子邮箱	chinabp@ vip. sina. com
经　　销	全国新华书店
印　　刷	北京彩虹伟业印刷有限公司
开　　本	710 毫米×1000 毫米　1/16
字　　数	294 千字
印　　张	17.5
版　　次	2015 年 3 月第 1 版　2015 年 3 月第 1 次印刷
书　　号	ISBN 978－7－5068－4637－0
定　　价	68.00 元

版权所有　翻印必究

总　序

中发〔2004〕16号文件颁发以来，各地各高校充分认识高校德育工作的极端重要性，坚持育人为本，德育为先，坚持贴近实际、贴近生活、贴近学生，不断推进理论、内容、机制和方式方法的创新，在传承中发展、在改进中加强、在创新中深化，大学生思想政治教育的吸引力、感染力、针对性、实效性不断增强，科学化水平不断提高，基本形成全员育人、全方位育人、全过程育人的生动局面。

今年是中发〔2004〕16号文件颁发十周年，为深入研究总结和集中展示近年来各地各高校落实立德树人根本任务、推动高校德育创新发展的理论和实践成果，教育部思想政治工作司决定组织出版《高校德育成果文库》，旨在引导和鼓励思想政治教育工作者聚焦高校德育工作的重大理论和现实问题，系统总结梳理近年来各地各高校加强高校德育工作所取得的可喜成绩和宝贵经验，并对下一步工作进行系统设计和统筹谋划，切实提高高校德育工作的水平和质量。

《高校德育成果文库》坚持正确的政治方向和学术导向，围绕立德树人根本任务，收录了一系列事迹案例鲜活、育人效果显著的研究专著、工作案例集、研究报告等成果。入选《高校德育成果文库》的这些著作都是各地各高校在长期研究和探索过程中心血和智慧的结晶，他们着眼于高校德育领域的重要理论和现实问题，研究规律，总结经验，探索路径。这些作品从不同的角度反映了高校德育理论研究与实践探索的丰硕成果，是推动高校德育创新发展的宝贵财富。

希望在《高校德育成果文库》的引领和示范下，各地各高校继续坚持理论联系实际，以高度负责的态度、科学严谨的精神开展理论研究和实践创新，不断丰富路径载体、健全长效机制，坚持以社会主义核心价值观引领学校德育工作，为培养德智体美全面发展的中国特色社会主义事业合格建设者和可靠接班人做出新的更大贡献！

《高校德育成果文库》编委会

序

　　六月,挥汗如雨,憧憬未来;六月,激情四射,离情依依。作为高校教育工作者,我们正经历着多彩的六月,因为有一批人正向我们走来,而有一批则正离我们而去。每一年的迎新虽然还没有到来,但是我们已经感受到了他们的朝气、活力和希望;每一年的送往依旧在喜悦、感动、丝丝忧伤中步步远去。每到这个时间,我们也在考虑一个问题:要来的,你知道何为你吗?要走的,你成为你了吗?

　　高等学校的办学目的是让学生成为真正的自己;成为真正有意愿建设中国特色社会主义现代化事业的自己;成为灵魂开放、心灵自由的自己;成为志向远大、个性鲜明、有活力、有创造力的自己。然而,在我们的实际工作中,我们总是碰到各种不能成为自己的现象和案例发生,当然,那或许才是真正的他自己。有高考分数很高的学生,来校一年时间就累计欠学分达到退学程度;有父母眼中的骄傲,老师嘴上的标兵,来校后却沉迷于网络不能自拔;更有甚者,以前健康、快乐,却因为一句话而走上了绝路。每一次的学生违纪处分处理,每一次的突发意外事件应对,我们感受到了惋惜,感受到了责任,更在思考和探究原因。我们发现,在我国,教育发展其实是断链的,基础教育与高等教育其实是完全不同的两个层面,没有很好的衔接。青年学生独有的时代特征和群体特征,督促我们不得不考虑该如何满足他们的教育需求,让他们在高等教育的初始阶段就迈好步;教育由中学的"保姆式"到大学的"彻底放手","一年两次"来得太过突然,让我们探索如何去完善他们的人格;高校人才培养目标的实现和办学特色的进一步凝练,要求我们进一步凝练大学文化……这些都在提醒着我们该如何让大学新生实现教育发展的"软着陆",以帮助他们在成为自己的路途中"入好门、学好业、走好路、成好才",更好地实现个人成长和发展。

要学生成为真正的自己,起点在于新生教育。新生处于的年龄段是其人生发展的重要转折期,是个体社会化的关键期,是人生受教育转折的核心期。这一时期处于心理学所称的"青年中期",会出现"心理断乳"的种种反应,很多新生会遭遇"在中学,考入大学是黑暗中的一盏灯;一进大学天就亮了,不知道该往哪儿走"的"新秀墙",抓好这一时期的教育引导,帮助新生尽快适应环境,及时完成自身角色转换与定位,培养专业兴趣,能产生良好的"首因效应",使学生终身受益。

新生教育的关键是培养意识。中国古代的先儒们奉行"知行合一"的教育理念,到了宋明理学,以朱熹、王阳明为代表的人物进一步发展了"知行合一"的观念,尤其是王阳明,他认为知行本来就是同一,"真知即是行"。这给我们的启示是:要注重意识的培养。这种意识的培养可能从高考志愿填报前就应该开始了,因为从志愿填报开始,学生就在探索和规划自己的大学生涯了。高校不同,新生教育的开展程度也不尽相同,有的学校是一个开学典礼,有的是一周,有的是一年,但不管多长时间,我们不可能把大学四年的事情全部在新生教育过程中解决,我们更加关注的应该是学生自我意识的培养,让他们带着意识进入大学学习,更多的是帮助他们形成对大学的认知。这也是我们著本书的原因之一。教学相长,教师和学生是不可能分割来看的,新生教育的这种意识培养也绝不仅仅是针对学生。著本书的另外一个原因就是希望广大教师在给新生授课时,带着一种"以学生为本"的意识,转变教育观念,给予学生学习方法、学习动力、专业认知等方面的指导,帮助学生从中学学习很好地过渡到大学学习。也希望学生从一入学就带着问题意识,树立自立意识,养成习惯意识,探索专业意识,锤炼团队意识,强化责任意识,升华学习意识,践行"知行合一"的教育理念,早日成长成才。

本书是长安大学新生教育的内容呈现,又是新生教育的理论提升。长安大学新生教育从认知维度、方法维度和情感维度"三个维度",物态文化、制度文化、行为文化和心态文化"四个文化层面"设计了入学与适应教育、素质与养成教育、专业与职业教育、学风与学务教育、发展与成长教育、奖励与资助教育等"六个教育模块",统筹规划为期一年的新生教育工程制度。在近十年的实践与探索过程中,长安大学形成了系统的新生教育制度,奠定了良好的新生发展基础,凝练了理念新颖的新生教育理论,构建了一套社会认可的新生教育模式,具有较强的借鉴性和参考性。本书在编著过程中,将育人理念融入具体实践过程中,明确了要解决的核心问题、理论依据,提出了可供借鉴和参考的方法与内容,操作性和针对性强,易于把握。

本书与同类其他著作相比,具有以下五个特点:第一,梳理了中国近代大学新生教育内容和方法,总结其经验教训,展望新生教育的未来;第二,把新生可持续发展视为终极目标,提出了新生教育"生态发展"的理念;第三,打破了以往单一部门负责的局面,构建多部门共同参与机制,同时以教学相长为目标,促进师生共同发展,建构了由"单一体"转向"共同体"的教育机制;第四,注重引导新生通过"参与—实践—体验—感悟—内化"达到"学、思与行相结合",探索"知行模式"的教育方法;第五,建构了大学新生教育评价方法,形成完整的大学新生教育体系,在当代教育理念和教育实践方面都进行了大胆的创新。

当然,本书仍存在诸多不足,留有许多问题待进一步探讨。如新生教育的板块设计是否合理?评价指数是否恰当?恳请专家批评指正,更希望本书的出版能引起理论界和实践界的反响,起到抛砖引玉的效果,共同为推进高等教育的发展贡献智慧。

是为序。

白 华

2014 年 9 月 1 日于雁塔

目录 CONTENTS

第一章　大学新生教育概述 …………………………………………… 1
第一节　新生教育现状分析 / 1
一、国外新生教育分析 / 1
二、国内新生教育分析 / 3
三、新生教育的定位 / 5
第二节　新生教育的核心功能 / 7
一、解构教育的误读 / 7
二、重构学习的意义 / 7
三、规划成长的道路 / 8
四、实现生态的发展 / 8
第三节　新生的群体特征与教育需求 / 8
一、新生的群体特征 / 9
二、新生的教育需求 / 13
第四节　新生教育的内容设计 / 16
一、入学与适应教育 / 16
二、素质与养成教育 / 17
三、专业与职业教育 / 17
四、学风与学务教育 / 18
五、发展与成长教育 / 18
六、奖励与资助教育 / 18
第五节　新生教育的基本原则 / 19
一、引导教育与自我教育相结合 / 19

二、阶段教育与长期教育相结合　　/ 19
　　三、学校教育与社会教育相结合　　/ 20
　　四、整体教育与个别指导相结合　　/ 20
　　五、理论研究与教育实践相结合　　/ 20

第二章　中国近代大学新生教育模式 …… 22
第一节　新生教育的内容与方法　　/ 22
　　一、新生品行教育　　/ 22
　　二、新生军事教育　　/ 23
　　三、新生援助教育　　/ 24
　　四、新生政治教育　　/ 25
　　五、新生专业教育　　/ 25
　　六、新生生活指导　　/ 26
　　七、新生课业指导　　/ 27
第二节　新生教育的经验教训　　/ 29
　　一、新生教育需要结合国情　　/ 29
　　二、新生教育需要结合学生特征　　/ 29
　　三、新生教育需要科学论证　　/ 30
　　四、新生教育的核心在于转变　　/ 30
第三节　新生教育的创新发展　　/ 31
　　一、新生教育的多维性　　/ 31
　　二、新生教育的休闲性　　/ 32
　　三、新生教育的导向性　　/ 32
　　四、新生教育的专业性　　/ 33

第三章　大学新生入学与适应教育 …… 35
第一节　解决的核心问题　　/ 35
　　一、大学教育认识的世俗化　　/ 35
　　二、大学生活认识的理想化　　/ 36
　　三、大学生活适应的不良　　/ 38
　　四、人际关系适应的不良　　/ 39

第二节　入学与适应教育的理论依据　/41
　　一、潘懋元的高等教育思想　/41
　　二、皮亚杰的建构主义理论　/44
第三节　入学与适应教育的内容　/46
　　一、正确认识大学教育　/46
　　二、正确认识学校生活　/48
　　三、正确认识校园环境　/49
第四节　入学与适应教育的方法　/50
　　一、开展专题讲座与讨论交流会　/50
　　二、强化朋辈辅导和传帮带　/53
　　三、建构学校与家长教育共同体　/54

第四章　大学新生素质与养成教育　**55**
第一节　解决的核心问题　/55
　　一、素质发展失衡　/55
　　二、养成能力缺失　/56
第二节　素质与养成教育的理论依据　/57
　　一、马克思的全面发展思想　/57
　　二、素质教育理论　/58
第三节　素质与养成教育的内容　/60
　　一、人际交往能力　/60
　　二、时间管理能力　/62
　　三、安全自救能力　/64
　　四、自我管理能力　/66
第四节　素质与养成教育的方法　/68
　　一、军事训练　/68
　　二、安全培训　/71
　　三、文化熏陶　/76

第五章　大学新生专业与职业教育　**81**
第一节　解决的核心问题　/81

一、专业的困惑 /81
　　二、职业的恐惧 /84
　　三、科学精神的缺失 /85
　第二节　专业与职业教育的理论依据 /86
　　一、专业教育理论 /86
　　二、生涯规划理论 /89
　　三、科学教育理论 /94
　第三节　专业与职业教育的内容 /95
　　一、专业认知 /95
　　二、职业认知 /98
　　三、科学认知 /101
　第四节　专业与职业教育的方法 /104
　　一、专业教育的方法 /104
　　二、职业教育的方法 /108

第六章　大学新生学风与学务教育 …………… 112
　第一节　解决的核心问题 /113
　　一、存在的问题 /113
　　二、成因分析 /116
　第二节　学风与学务教育的理论依据 /120
　　一、动机理论 /120
　　二、活动理论 /124
　　三、学习理论 /126
　第三节　学风与学务教育的内容 /129
　　一、学风教育的内容 /129
　　二、学务教育的内容 /131
　第四节　学风与学务教育的方法 /134
　　一、发挥学生的教育主体作用 /134
　　二、加强教师的教育引导作用 /135
　　三、完善高校的教育职能作用 /137

第七章　大学新生发展与成长教育 …… 140
第一节　解决的核心问题　/140
　　一、认知不健全　/140
　　二、发展道路模糊　/141
　　三、人格不完善　/142
第二节　发展与成长教育的理论依据　/144
　　一、认知发展理论　/145
　　二、人格特征理论　/147
第三节　发展与成长教育的内容　/151
　　一、人格教育　/151
　　二、认知教育　/154
　　三、发展教育　/156
第四节　发展与成长教育的方法　/159
　　一、党团学组织的认知教育　/159
　　二、青年马克思主义培养工程　/161
　　三、素质拓展计划　/163
　　四、典型群体教育　/164
　　五、心理发展教育　/164

第八章　大学新生奖励与资助教育 …… 167
第一节　解决的核心问题　/167
　　一、经济困难问题　/167
　　二、情感缺失问题　/169
　　三、价值观树立问题　/172
第二节　奖励与资助教育的理论依据　/175
　　一、需求层次理论　/175
　　二、情感教育理论　/177
　　三、价值教育理论　/179
第三节　奖励与资助教育的内容　/180
　　一、奖励与资助的体系　/180
　　二、经济资助与奖励　/184

三、情感援助与生成 /184
　　四、价值观养成与引领 /186
第四节　奖励与资助教育的方法 /187
　　一、开发捐资助学资源 /187
　　二、培养奖励与资助工作队伍 /188
　　三、建构"经济、情感与价值"一体化的培养模式 /189
　　四、形成奖助监督的长效机制 /190

第九章　大学新生教育评价方法 …………………………… 191
第一节　新生教育评价的内涵与现状 /191
　　一、新生教育评价的内涵 /191
　　二、新生教育评价的现状 /193
第二节　新生教育评价的原则与功能 /196
　　一、新生教育评价的基本原则 /196
　　二、新生教育评价的基本功能 /199
第三节　新生教育评价的指标体系 /202
　　一、构建指标体系的基本原则 /202
　　二、新生教育评价的指标体系与权重 /204
第四节　新生教育评价的注意事项 /213
　　一、多种评价方法优势互补，确保评价结论可信可靠 /213
　　二、评价操作实施简单忌繁，确保评价方案可行可用 /214

参考文献 ………………………………………………………… 215

附　录 …………………………………………………………… 221

后　记 …………………………………………………………… 263

第一章

大学新生教育概述

大学新生教育是为适应时代发展,契合高等教育深化改革的内在要求,满足高校人才培养和新生阶段性发展的需要而提出的。大学生入学后的第一年,他们面临着生活环境的适应、学习方法的调整、良好习惯的养成、专业认知的构建、人际交往的开展等多方面的任务。这一年将影响新生大学后三年的学习生活,甚至一生的发展,是其人生发展的重要转折期,也是其社会化的关键期。开展新生教育,帮助新生尽快完成角色转换,为其发展打下坚实基础,具有重要意义。

第一节 新生教育现状分析

一、国外新生教育分析

基于新生教育的价值和意义,国外高等教育机构对其作了多角度的研究和实践,有的甚至直接用于育人实践。通过文献查阅,我们发现,国外一些大学新生教育的侧重有所区别,对于其内涵的把握也不尽相同。

国外研究新生教育起步较早,早在1888年,美国波士顿大学就开始了这方面的研究和探索。而1986年,美国发行的《学生服务或发展项目指导纲要》,更是从政府层面对新生教育提出了统一的要求。在对"新生教育"的理解上,教育者倾向于认为新生教育是高校为帮助新生尽快适应大学生活,顺利完成大学学业,而为其提供的各种活动、课程和服务。澳大利亚墨尔本某高校认为:"新生教育的设计是为了帮助你适应大学生活和为你充分准备上课提供信息。"另一所高校同样写道:"入学教育是你熟悉校园、认识朋友和发现在下一周开始上课时你将要干什么的机会,你可以为接下来繁忙的12周的学期尽早做准备,更好地开始,入学教育是很有意义的。"①

国外新生教育不仅设立了专门的教育机构为新生服务,投入大,持续时间较长,如哈佛大学建立了"新生指导者委员会(a board of freshman advisors)",美国的"新生体验计划",而且教育方式新颖,内容设计个性化、人性化、课程化,有的甚至将家庭教育引入新生教育环节。进入21世纪后,美国高等教育事业飞速发展,对大学新生教育的探索也逐步深入,新生教育的内容得到了进一步丰富和扩展。在大学相关部门的支持和保障下,通过新生研讨课、课外活动、讲座、咨询辅导等多种形式,共同促进学生的学术性转变和适应性转变。对大学生来说,新生教育应该从准新生开始,从各种渠道获得大学相关信息开始。因此,大学新生教育必须涵盖整个新生阶段,包括大一一整年的活动和一些前期服务。如果按照性质来分,这些活动可分为四大类:(1)学生服务:定向辅导、宿舍计划;(2)学术支持:新生研讨课、学习共同体、学术咨询、图书馆与信息素养;(3)课外拓展:服务学习、社团活动;(4)评估活动。②

欧洲国家的一些新式教育机构为大学新生这一特殊群体制定了一套被称为"新生体验计划"的专门教育体系。并由最初的具体针对新生进行科学研讨演变为后来流行于西欧国家的一套大学新生教育的具体教育模式,目前这种教育方式方法及理论观点依然在指引帮助大学新生能够快速地完成自身角色转变,并且能够促使其步入正确的学习成长轨道,以培养其良好的思想道德观和社会价值观,对整个大学新生群体的健康成长及发展做出了极为重要的贡献。

经过分类梳理,国外新生教育主要涉及四个方面:上大学对青少年个体成长的影响、大学新生适应大学生活的过程、影响大学新生入学适应问题的因素、帮助大学新生适应大学生活的措施。③ 其中,对于影响新生适应大学生活的各种因素的分析非常全面,不仅涵盖了学校内部因素,还涉及了学校外部的因素分析。此外,国外高校和一些教育研究机构比较重视新生过渡时期的研究,并根据这一时期学生的心理特点,给出了许多富有建设性和指导性的意见和建议,并且事实证

---

① 陈正学. 大学新生入学教育研究[M]. 广州:华南理工大学出版社,2010:4.
② 吴雨涵. 中美大学新生教育比较研究[D]. 北京:中国计量学院,2012:15.
③ 杨艳玲. 大学新生学习适应研究[M]. 开封:河南大学出版社,2005:17.

明是十分有效的。

二、国内新生教育分析

大学新生教育是高等教育的开端,是一个特殊的关键阶段。为适应新形势,近年来国内各高校纷纷对新生教育进行了改革创新,如浙江大学较早实行了"新生入学教育月",建立短期教育与长期教育相结合的工作机制。在入学之初对新生进行有组织、有计划的短期集中教育,让新生尽快适应大学生活,融入校园生活。其中也针对新生的具体情况,开展分班教育。在此之后,在相当长时间内,积极引导新生在集中教育基础上理性选择、自由发展、全面提升。北京大学为了帮助大学新生更好地融入班集体、适应大学生活,心理健康教育与咨询中心经过精心准备,推出新生教育工作坊的服务项目。清华大学从2008年9月开始启动"新生导引项目",选聘一批有思想教育工作经验和工作热情的教师,包括离退休教师和中青年学术骨干,组成项目指导教师团队,并选拔优秀的高年级学生担任项目助理,协助开展工作。通过师生间的互动,在学习、生活、工作、心理、情感、思想等各个方面为新生提供亲切、及时、个性化的帮助,达到解惑、自助、互助和沟通的良好效果,为新生尽快适应大学学习生活,奠定思想、行为和心理积极变化的良好开局。华南农业大学以"本科生导师制"和"新生助理班主任"为特色,推行全员育人,弥补学工队伍人手不足的缺陷,加强学生间、师生间的交流学习。南开大学于2006年首次启动"三封信"家校教育机制等特色新生教育,随录取通知书给新生们寄去一封信,希望新生能够提前了解学校和专业,学好外语和数学,并鼓励他们在假期做一份义工或找一份工作,此举把新生教育前置。

在对新生教育研究方面,国内新生教育研究起步是以1999年为界点,搜索显示,相关文献的出现都是在1999年后。2001年10月1日,首届"大学·中学校长论坛"由《光明日报》、教育部、中国人民大学等多家单位联合举办,论坛上就中学教育如何与大学教育接轨进行了专题探讨,推动新生教育的研究走向了高潮。目前,国内已有的新生教育研究主要体现在:概念性研究、反思性研究和对策性研究三个方面。单纯就定义来看,国内研究主要从内容、定位、性质三个层面进行了阐述。

从内容上看,有的研究者从环境的转变入手,认为新生教育是指大学对新生进行的适应大学环境系列教育的总称。如彭海滨认为:"高校新生的入学教育是大学教育的一个重要环节,它是指新生入学后,高校依据培养目标和大学特点,针对学生在政治、思想、学习、生活、心理等方面的变化和要求所开展的一系列工作。"①云小风认为:"新生入学教育是指新生入学后的集中教育,即在相对集中的一段时间内开展的适合新生特点的教育工作。"②姜尖等认为大学新生适应教育是指大学对新生进行的适应大学环境系列教育的总称。③ 有的研究者从心理学角度入手,认为新生教育就是高校工作者为了帮助新生尽快适应新环境,顺利度过适应期,尽快完成角色转变而进行的教育工作。如杨少虎的《重视帮助大学新生尽快实现角色转换》;周毅仁的《角色的转换——大学新生适应性教育》;刘妍、张希的《对大学新生入学教育的探讨》;潘娟、段延娥和刘莹莹的《大学新生适应性教育》;赵秋燕的《谈新形势下大学新生入学教育》。有的研究者从思想政治教育角度,认为新生教育是指新生入学后,学校依据教学目标和大学教育的特点,针对学生在思想、学习、生活、心理等方面的变化和要求开展的一系列工作,是大学生日常思想政治教育的重要组成部分。将新生教育同思想政治教育紧密结合起来进行探讨。还有研究者从管理的角度,特别是高校管理和学生管理的角度入手,认为新生教育是高校有关部门根据大学新生特点,为帮助学生尽快完成中学生到大学生的转变,促进学生健康成长和发展,依据培养目标和大学的特点,在新生入学后集中一段时间内开展的一系列学生管理活动的总称。④

从定位上看,有的研究者认为新生教育是准备性教育,如阴琰认为大学新生入学教育的概念可以归纳为高校有关部门根据大学新生特点,为帮助他们尽快完成中学生到大学生的转变,促使其健康成长和发展,依据培养目标和大学特点,在新生入学后集中开展的一系列学生管理活动,是一种有目的、有计划、有组织地对新生进行教育引导,使其尽快了解、适应新的学习生活环境,具有一定基本素质的准备性教育,包括学校举办的各种讲座、座谈、文体活动和特意为新生安排的一些

---

① 彭海滨.高校新生教育应注意的几个问题[J].河北农业大学学报(农林教育版),1999(3):56-57.
② 云小风.对高校不同学期阶段的学生工作重点分析[J].求实,2002(11):212-213.
③ 姜尖,陈东霞.浅谈高校新生适应教育[J].当代教育论坛,2004(10):109-111.
④ 刘杰.高校新生教育现状及改革策略——以FY学院为例[D].上海:华东师范大学,2007:24.

课程等。① 有的研究者认为新生教育是阶段性教育,如所谓"新生教育",就是帮助新生适应大学生活,实现从中学到大学的人生过渡,为四年的大学生活甚至为将来的人生发展打好基础的一种阶段性教育。② 有的研究者认为新生教育是系统性教育,如吴云平认为大学新生教育是以大学新生为教育对象,以入学教育为契机,以系统性、针对性的教育为内容的大学新生阶段教育。③ 还有的学者从适应性角度入手,认为新生教育是高校针对大学新生,面对陌生环境而产生的一系列不适应的现象,结合当前大学生的培养目标,遵循以新生为本的原则,有目的、有计划地培养他们的自我适应能力、生存能力以及发展能力,使其更快、更好地适应大学生活和学习环境,为四年大学乃至以后的人生发展奠定良好基础而开展的相关教育活动。④

从性质上看,有的研究者认为新生教育是实践活动,例如高校新生教育是指高校针对学生特点和教育要求,组织相关部门和人员对学生进行大学适应性教育,引导新生尽快适应和完成人生发展阶段的转换,清楚了解大学的学习生活要求和变化,树立新的奋斗目标,从而实现从中学生到大学生角色转变的全部实践活动。⑤ 还有的研究者认为新生教育是指导性教育活动,例如高校新生教育是指高校组织协助大学新生成功地融入大学氛围、适应大学的学习和生活环境、制定学业发展规划的指导性教育活动。这主要从新生适应性出发,对高校新生入学教育概念进行界定。⑥

三、新生教育的定位

经过梳理和分析,我们发现,虽然国内外高校对新生教育的定位和理解不尽相同,国外将新生教育理解为一种活动、课程、服务;国内更多地将其理解为教育

---

① 阴琰. 大学新生入学教育的必要性及其价值[J]. 河南财政税务高等专科学校学报,2011(5):48-49.
② 刘志坚. 新形势下高校新生教育问题浅析——以降低大学生突发事件的发生概率为视角[J]. 今日科苑,2010(10):76-78.
③ 吴云平. 关于大学新生教育系统性的探讨[J]. 科技信息,2006(11):59.
④ 黄娜. 大学新生适应性教育研究[D]. 赣州:江西理工大学,2013:25.
⑤ 王强. 高校新生入学教育的几个问题研究[D]. 重庆:西南大学. 2011;34.
⑥ 季宜敬,何学军,杨琪. 高校新生入学教育内容及方式探究[J]. 高校辅导员,2010(4):46.

管理活动、实践性活动、阶段性教育、准备性教育和适应性教育。然而，对新生教育的理解主要都是从主体、客体、内容、方式和目的等方面进行阐述的。新生教育的主体是高校，具体实施可能是一个部门，也可能是多个部门；客体是新生；内容是应对新生的不适应，这包含了新生入学后面临的方方面面的问题：环境适应、学习方法适应、人际交往适应、专业认知、心理与角色适应等；方式是多样的，有校园文化活动，有课程讲座，有座谈或报告会，时间长短不一，有的是一周，有的是几周，有的是一年；目的是为了让学生适应大学生活，促进新生成长成才，实现高等教育目的，达成高校人才培养目标。

新生教育在我国高校得到较好的推行，取得了较为满意的效果，但仍然存在实践上和理论研究上的薄弱环节。例如，实践上存在一些误区：新生教育等于入学教育、新生教育等于制度教育、新生教育等于心理教育、新生教育等于学生事务管理。相对于西方国家来说，国内针对大学新生这一群体的研究略显逊色。首先国内相关研究机构针对这一课题的科研起步比较晚，而且在早期也并没有引起足够的重视和深入。国内相关学者的研究课题一般注重于针对大学新生这一群体的心理变化及适应状况进行研究，仅仅局限于这一群体的某一特性研究，并没有进行相关系统全面的探究与剖析，总体缺乏系统性、广泛性与针对性。新生教育关涉教育理念、政策、课程及服务等方方面面，由此必须构建一套完整的教育体系，为新生提供全方位、多维度的教育、管理和服务。但首先必须对其有合理的定位。

大学新生教育是指在新生入学一年级时期，采取一定的教育方法（如长安大学的"六个模块"方法），重点通过新生认知教育，促进新生适应大学生活，从而实现自我转变，为新生可持续发展奠定扎实的基础。其中"六个模块"是指："入学与适应教育""素质与养成教育""专业与职业教育""学风与学务教育""发展与成长教育""奖励与资助教育"；认知教育包括十个方面：教育的认知、学习的认知、专业的认知、就业的认知、职业的认知、恋爱的认知、幸福的认知、生命的认知、自我的认知和他人的认知；适应生活包括四个方面：生活方式的适应、学习方式的适应、人际交往的适应、社会化的适应；自我转变包括四个方面：认知的转变、情感的转变、态度的转变和行为的转变。

第二节 新生教育的核心功能

新生教育具有"首因效应"，对于大学的学习具有基础性作用。然而，归结其核心功能，主要体现在帮助新生解构教育的误读、重构学习的意义、规划成长道路和实现生态发展四个方面。

一、解构教育的误读

高等教育的目的是通过教育，让学生在学习中成为真正的自己，在社会存在中找到本我存在，从而实现自身成长和发展，为将来走上工作岗位实现自身价值打下基础。然而，在现实中，新生往往对教育存在误读。一些新生在进入大学之前，常常被家长和中学老师灌输一些偏谬的思想，导致一些误解和误判——误解大学的学习风格、误解大学的生活模式、误解大学的专业好坏、误解大学的就业质量。在这种"误读"的影响下，新生感知到的现实就是扭曲和片面的。一些原本优秀的学生很可能会迷失继续奋斗的方向，丧失学习动力，甚至于放纵自我、沉迷网络、荒废学业。新生教育就是要通过一系列的教育措施解构新生对大学的"误读"，扩展"认知视角"，让新生真正明白高等教育的目的，带着意识去学习和生活，从而找到自身发展的路径，实现自身发展目标。

二、重构学习的意义

是否获得意义感是知识意义实现的关键指标。学习是伴随终生的活动，不应该有功利性的目的；学习是愉悦的、主动的，而不是痛苦的、被动的。然而，现阶段，一些新生入学后由于缺失继续学习的意义与价值，延误了持续发展的规划和动力，整日无所事事；一些艰苦类专业新生由于缺少行业情感，表现出对专业的冷漠和抵触。因此，新生教育要结合学校和专业、行业特色，以塑造能够适应行业"优秀品德、过硬业务、健康体魄和行业情操"的优秀大学生为标准，使新生通过系统的新生教育培育，重构属于"自己"的学习意义与价值，生成正面积极的情感和兴趣，能够喜爱自己的专业与行业，从而感悟学习生活的幸福。

三、规划成长的道路

生涯规划既是新生个人的发展需要,也是社会进步的需求。生涯规划不仅能够评估当下的成绩,帮助新生确定职业发展目标和路线,还有助于增加新生对于未来成功的可能性,促使新生挖掘自身潜力,让他们更加奋斗和努力,从而实现人生价值。新生入校后,对于自己所学专业知之甚少,专业的就业前景也不甚了解;自身以后的发展方向更是存在较大"迷茫"。因此,新生教育要开展专业与职业认知,让学生了解就业前景和发展方向;通过第一课堂和第二课堂教育,科学实施,准确分析,让学生探索清楚自身的兴趣、性格、技能和价值观,并认识到与其职业规划发展匹配的重要性,引导新生在探索的过程中学会平衡、适应和调整,在系统的规划过程中实现生涯规划的可持续和科学发展,进而实现高等学校的人才培养目标。

四、实现生态的发展

人才培养是高校的基本职能,高等教育质量的核心是人才培养质量,而人才培养的质量直接关系到高校办学水平的提高和办学目标的实现。反过来,有什么样的办学理念,就有什么样的质量观;有什么样的办学特色,就提出什么样的人才培养要求。为了实现高校的生态发展,应该狠抓人才培养,而新生教育是狠抓人才培养的起点。

新生教育针对基础教育存在的"欠账"现象,以生态学思想、马克思的"异化理论"与人的全面发展思想为指导,使新生教育贴近实际、贴近生活、贴近学生。同时,将校内外教育资源、教育内容、教育方式、教育时空等予以生态的整合和优化,从基础教育的"考试舞台"转向"多维发展舞台",形成了学校统一规划、学院特色设计,教育内容对症安排、教育时机合理把握,教育进度和谐推进的"生态发展工程",提高了人才培养质量,提升了高校办学水平,提升了高校社会评价,从而实现了高等教育的正循环和可持续发展。

第三节 新生的群体特征与教育需求

影响新生教育的因素有很多,首先,高等教育的目标是个人本位论和社会本位论的统一,它的任务是培养具有创新精神与实践能力的高级专门人才,而作为实现这个目标的前期基础——中学教育是不完善的,甚至是断链的。其次,家庭教育在中学教育和高等教育的分配比重是失衡的,在中学教育阶段,家庭教育是越位的,在高等教育阶段,家庭教育是失位的。最后,高等学校办学目标的实现需要在高校与学生之间达成统一,只有这个认知高度一致,才能使得有用功增多而无用功减少,最大可能地在学校办学成功与学生成长成才之间找到平衡。这些之外影响新生教育的核心要素是新生的群体特征和教育需求,这是教育"以人为本"内涵的体现,也是新生教育的内在动力。

一、新生的群体特征

大学新生的群体体征包含了认知特征、情感特征、时代特征和身心特征。认知特征决定了新生的情感特征和评价表象;时代特征和身心特征则要求新生教育应该按照"新新青年"的独特性进行设计和实施。

(一)大学新生的认知特征

人的认知方式包括收集信息和评价信息两个方面,感觉和直觉是人们收集信息的方式,信息评价方式则包括思维和情感两种相对应的功能。所以,感觉、直觉、思维和情感这四种功能的组合就构成了人的四种认知的方式,即感觉——思维型(ST)、感觉——情感型(SF)、直觉——思维型(IT)和直觉——情感型(IF)四种类型。有关调查显示,我国大学新生的认知方式在信息收集阶段偏好使用感觉功能,在信息评价阶段则偏好情感功能。[1]

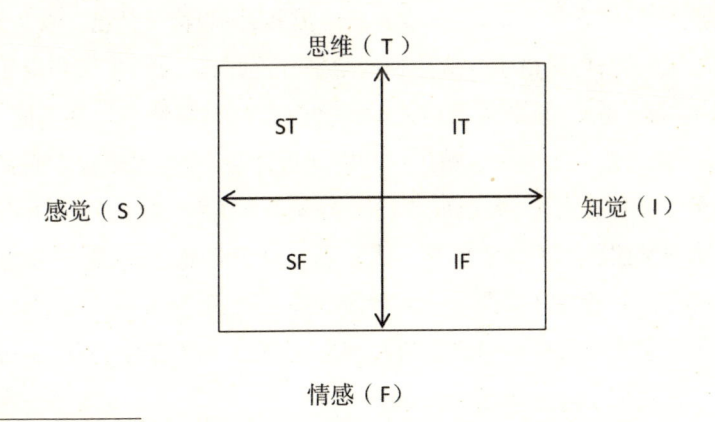

---

[1] 苏琼,赖国伟. 大学新生认知方式的特点及在教学中的意义[J]. 中国高等教育,2003(19):41-42.

这样的一种认知结构和偏好决定了他们的认知特征:对事物的认知凭感觉,对事物的评价偏情感,易感情用事,易情绪化。加上从小就接受的"过分"家庭教育,使得他们习惯以自我为中心的感情认知和评价,常常以概念化的思维来认知事物,往往以偏概全,感情用事;他们接受自己又自怨自卑,自称内向又渴望交往,似自知又知之不多,似能主宰自己又无力主宰,想要控制或者下定决心认真学习而又出现烦躁、不安和情绪化,自称乐观、真诚又虚伪、叛逆;他们渴望理想目标又无法立足于现实,于是安于现状,不思进取,从而造成了自我认知的失衡。自我认知的失衡将导致社会认知的失衡,而这种认知的失衡或不协调不仅可以造成心理不适,还会对生理产生影响,由此产生不愉快或紧张。

此外,随着网络的发展和普及,90后大学新生获得认知的方式发生了重大变化,他们对于网络的严重依赖,使得他们获取信息和知识的主要方式是遨游网络世界。过度依赖互联网,致使新生获得认知的方式是虚拟的,没有真实感受和体验的。长此以往,使得新生缺少心灵的默契与情感的沟通,而导致友情的缺失、亲情的淡化,表现为一个人的沉默和对他人的评价冷漠,实际交往和交流能力不断下降,而人际交往的不畅反过来又迫使90后大学生对网络更加依赖。①

(二)大学新生的情感特征

基于大学新生的认知结构和年龄特征,大学新生的情感特征也较为复杂。具体分析,主要有以下几点:

第一,生理成熟,情感波动。大学新生的生理特征决定了他们的情感波动。他们所处的年龄段是青年中期,生理发育已经成熟,体貌特征都已经接近成年人,体力充沛,思维敏捷;但是由于性成熟和性激素分泌旺盛,大脑皮层和皮层下中枢之间出现暂时的不平衡,易产生情绪波动。大学新生自身情感冲突不断,造成情感波动严重。此阶段的大学新生情感认知的矛盾冲突不断:渴望自立而又过度依赖,渴望尊重而又自感自卑,渴望成才而又行动不足,渴望交往而又迈不出第一步,憧憬未来而又摆脱不了现实困惑。大学新生社会情感丰富,造成理想认知与社会现实冲突激烈,情感波动严重。大学新生关心国家大事,关心时事政治,关心社会现象,但是基于个人视角的缺陷和人生观、价值观的不稳定,不能客观地分析现有问题,往往容易走向极端,陷入低谷。

---

① 韩栋.90后大学生特点与教育管理方法探析[J].北京城市学院学报,2010(6):80-83.

第二，情感丰富，复杂多变。大学新生进入新的环境后，带着更多的好奇和心理层面的更大释放，在日常学习、生活、人际交往中常常有丰富的情感体验。这表现在对于友情的向往和爱情的追求，对于生活的适应和人际交往的尝试，对于自我人格方面独立、自尊、自信、求知、好胜的探索，对于"天下兴亡，匹夫有责"良好责任感、民族自尊心、自信心的树立中。或是兴奋，或是消沉；或是激动，或是压抑，情感丰富，认知多彩。但是基于自身认知的限制，新生的情感又总是复杂的或者是矛盾的。他们往往表现为：思想上主动、乐于去做积极的事情，但行动上表现为被动或不情愿；自我意识中要求实现发展，但自我形象认知较为模糊；渴望理性和合理地处理相关事务，但往往又多冲动和情绪化；自我责任感强烈，但往往责任心较弱；内心渴望改变，但往往妥协于周边同学，或向周围环境的影响低头。

第三，情感依附，寻求转移。新生进入新的环境后，他们需要在以往环境与现有环境中寻求改变和适应，表现为情感转移与新的承载体的发现。中学的保姆式教育，家长无微不至的关怀，使得新生适应了学习之外的所有事情都是父母、老师包办，到了新的环境后，他们真挚淳朴的情感渴望得到转移。以至于新生入学后，会有很多的学生向老师询问：教室怎么走？超市在哪里？这个时候他们渴望自己熟悉的情感氛围得到良好的转移，更渴望得到老师的情感回应。

(三)大学新生的时代特征

青年的成长有着深刻的时代特征和烙印，新时期的大学新生多出生于90年代中期，在他们身上有着鲜明的时代特征。"90后"的时代特征表现在以下几个方面：

第一，价值观念多样，主流思想健康。随着世界多极化的发展，文化多元化成了当今世界的客观现实和必然趋势。市场经济的发展，国门的开放，加上网络的便利，使得新生视野变得更加开阔，思想接触更加多元。他们不断接受自由平等、民主法治、公平竞争的思想；他们不断追求自身价值的实现和提升，敢于追求自己的合理利益；不断增强个人发展的主体意识，忽略了理想、信仰的探索和分析，他们的人生观、世界观和价值观呈现多元化的趋势。总体上看，新生思想的主流是健康的。他们对于中国特色社会主义事业高度认同，对于中国共产党的思想理论积极认可，拥护党的路线、方针、政策，拥护党的领导，接受邓小平理论、"三个代表"重要思想和科学发展观，充分信赖以习近平同志为总书记的党中央，愿意为实现全面建设小康社会的宏伟目标和民族复兴的伟大"中国梦"而不断奋斗。

第二,团队意识薄弱,知识储备丰富。独生子女为主的"90后"青年,被称为"新新青年",他们从小被家长娇生惯养、任性、自私,不愿意分享,不懂得包容,以自我为中心,团队意识淡薄。进入学校以后,随着自我意识的膨胀,很难适应集体生活,宿舍问题、交往问题接踵发生,自身意识层面更愿意关注"我做了什么",而不关注"别人带给了我什么"。新生所生长的时代是一个信息高度发达的时代,科技日新月异,知识更新速度大大加快。这样的时代,使得他们视野开阔、知识丰富,文化、科学、历史、社会、军事等各项知识他们都有涉猎,有些方面甚至是大学教师都所不及的。他们学习能力强,学习态度认真,知识储备较为丰富和扎实。

(四)大学新生的身心特征

第一,身体特征。大学新生年龄多在18周岁左右,处在青年中期,他们的身高、体重、胸围、肌肉、骨骼都已达到或接近成年人标准,心脏和血管系统仍在继续完善,但整体基本上已经达到成年人标准。这一阶段的青年体态发育趋于均衡,动作更加灵活协调,肌肉力量,身体的工作能力都有本质性的提高。神经系统方面,脑的重量已经和成人相等,大脑皮层的神经细胞已经发育完全,联络纤维增长很快,兴奋与抑制过程已经达到平衡,而大脑的活动机能仍在继续发育。① 他们的感知能力、观察能力、分析能力和解决问题的能力都在不断提升。他们的注意力、学习研究能力、逻辑思维能力也在不断提升并更趋稳定。

第二,心理特征。大学新生的心理特征主要体现在"新"上,新的人生对学习提出了新的要求,新的环境带来了全新的人际关系。在新的环境中,新生所面临的问题都是全新的,自己从未有过的体验,而这些挑战带来了新的矛盾产生。总结来看,表现为以下几个方面:

一是新的起点与旧有成绩脱钩带来的不适。高考是个分水岭,它将中学生进行了素质衡量和划分,将学习成绩优秀的学生送入了高等教育的殿堂。高考又是一个筛选器,它将能力相近、兴趣相似的学生划分到了同一个学校。"天外有天,人外有人。"从小学到中学一直很优秀,一直是同学们中的佼佼者,老师们眼中的好学生,家长们心中的骄傲,但那只是对以前努力的肯定。进入大学后,新的环境,新的起点,新的衡量标准,新的比较对象,需要新生做好新的准备,明确新的目标。在这个过程中,新生往往表现出不适应,他们还沉浸在以往成绩的喜悦中,表

---

① 巩少媛. 大学新生教育体系及运行机制研究[D]. 石家庄:河北科技大学,2013:27.

现出对过往的高度自信,没有低头揣摩新的评价体系和标准,不能踏实、认真地走好大学人生路。因为,大学绝对不再以学习成绩为衡量人的唯一标准,更多关注的是综合素质的提升,在艺术、体育、社交、组织等方面有特长的学生可能会更加适应大学生活。

二是新的环境与原有理想脱层带来的不适。中学教育阶段,为了鼓励学生努力学习,学校和家长往往向学生描述一个过于完美的大学,这被新生误以为大学是象牙塔。塔外的辛苦、努力、拼搏是为了进入塔内后的轻松、自由、舒适,这样一种对教育的误读,使得新生对于大学生活想象得过于理想化、神秘化。进入大学后,新生发现其实大学没有想象的那么完美,正常的上下课,正常的完成作业,院士、专家也不是自己想见就能见到的。新的环境与原有的理想脱层严重,致使新生对大学生活备感失望和失落,由此产生了情绪低落和不适应。

三是新的要求与自信的树立脱节带来的不适。自信,是一个人取得成功必备的心理素质,自信的树立来源于对自己能力的认知和对周围环境的良好把握。新生经过高考的成功,内心的自满不断膨胀,失去了对于自我认知的理性,加上考入大学的学生基本素质都差不多,优势无从凸显,造成部分新生不能很好地适应大学生活。特别是来自农村、城镇的学生,由于家庭条件和资源的限制,在中小学阶段只是单一地围绕考试、升学而学习,难以有机会和条件培养其他的兴趣爱好,因而在大学形式多样的活动中难有表现的机会,导致在大学校园里的自我存在感和个人效能感下降,有种备受冷落的感觉,自信心不能很好地树立,个人发展很难长效。再加上,本身所产生的"松口气,歇歇脚"的心理,也在一定程度上影响了新生适应大学生活。

二、新生的教育需求

(一)学习意义的指导。人是寻求意义的生物,人无法忍受无意义的生活。人对意义的追求与创造,使人与其他生物不同,意义世界是人所特有的世界。[①] 学生的本职是学习,学生作为知识学习的主体,是否获得意义感是知识意义实现的关键指标,这尤其体现在大学新生层面,因为他们刚刚经历过目标极度明确的高考,在这之后,需要一个缓冲,使得自己对于学习意义有一个新的理解。

[①] 秦光涛. 意义世界[M]. 长春:吉林教育出版社,1998:Ⅶ.

第一,新生进入大学,实现了奋斗多年的目标,没有了升学压力,部分大学生陷入目标缺失、理想缺失的迷茫心理状态;不适应大学自主学习的节奏,学习的主体性不突出;成绩落后导致自信心下降,过度忧虑造成精神紧张。第二,学生的价值取向受大众价值取向的影响呈现多元化的特点,"专业热门论"影响到学生对自己所学专业学习的兴趣下降,更有甚者产生专业困惑并形成较强的专业情绪,理论与实践相脱节,主观应用理论的意识不够。第三,大学新生在短时间内,难以从中小学阶段的以老师课堂教授为主、课后完成作业为辅的模式转换到大学期间以自学为主的学习方式上来。此外,由于社会发展的需要,高校连年进行扩招,高校自身发展的不完善也使得新生形成不适应的心理。新生教育要引导学生重获学习的意义,成为学习的主体,充分发挥学生的学习主动性,让学生成为学习的主人。

(二)学习方法的指导。继美国学者奥苏泊尔对学习方法进行了两维度划分(即发现学习与接受学习、机械学习与有意义学习)后,马顿及其同事在瑞典哥德堡大学提出了表层方法与深层方法,并提出影响学习方法的最重要、最直接、最关键的变量是"学生对于任务要求、教育情境的感知"。①

大学新生对于学习上的不适应主要表现在学习内容不适应、讲课方式不适应、辅导方式不适应和支配时间不适应几个方面。具体来说,大学老师的讲课速度过快,内容过于宏观,课程的种类较多;课堂上信息量非常大,速度快,有的课笔记都来不及做;大学不像中学,老师会天天盯着你学习,在大学,老师上完课就走了,组织的辅导答疑也是学生来找老师;大学自己支配的时间太多,学生很难合理安排学习时间。

对于大学新生学习方法上的指导,主要应该体现在学习思维和习惯的转变上。大学学习更应该重视的是学习主动性的培养、逻辑思维和辩证思维的培养以及对传统学习方法惯性的转变上。

(三)专业认知与生涯规划的指导。新生的专业认知水平决定了其专业思想稳定程度,同时,也决定了其职业生涯规划的进展程度。新生由于多方面的原因造成了其专业认知水平和生涯规划能力不足。第一,新生在中学阶段对于专业的了解和思考较少,仅仅对一些传统的学科有所了解;在志愿填报过程中,多是家

---

① 吕林海. 大学学习研究的方法取向、核心观点与未来趋势[J]. 教育发展研究,2011(9):8-14.

长、老师在自己认知的基础上为学生选择专业，甚至出现"被志愿"的现象，很少关注学生的兴趣、性格等因素，造成新生专业认知度有限；新生在填报志愿时，受就业导向影响和媒体炒作宣传引导，往往填报的是热门专业或高校的强势专业，而不是适合自己的专业。第二，随着近几年高校招生政策的变化，特别是平行志愿的实行，使得学生为了规避脱档风险，一般都是服从专业调剂，这样造成了专业调剂率偏高，专业满意度降低，认知水平更是有限；新生对于专业的了解，一般通过网络、家长或学长来获取信息，这在一定程度上存在着信息传递的不对称或不客观。第三，新生的生涯规划是建立在专业认知基础上的，只有认同感强、乐于学习的专业，新生才会更加乐于进行生涯规划的设计。第四，随着社会的发展，人才已经成为竞争力的核心，用人单位对于人才的需求日益迫切，对于人才质量的要求也越来越高，开展生涯规划指导是为了满足社会发展需要；高校作为人才培养的摇篮，为了提高人才培养质量，实现自身办学宗旨和目标，也需要对新生进行生涯规划的指导；生涯规划是变化的，学生的成长与发展需要不断地调整，引导新生探索清楚自身的兴趣、性格、技能和价值观，并使其认识到与其职业规划发展匹配的重要性，让新生在系统的可规划过程中实现生涯规划的可持续和科学发展，对于新生成长与发展具有重要意义。

高校需要整合资源，开展全方位的专业认知和生涯规划指导。第一课堂方面，利用单设新生教育课程环节、形势政策课或选修课等，通过开设专业导论课程、生涯规划选修课程，让新生对于专业有充分认知和了解，对生涯规划有全面系统的认识。第二课堂方面，通过专家报告、学术带头人讲解专业、优秀校友访谈、学长指导帮扶和丰富的校园文化活动等，开展不同层次的专业认知教育和实践活动，引导新生不断树立正确的、积极的、肯定的、清晰的、系统的专业思想，树立正确的生涯规划理念，促进新生尽快适应大学生活。

（四）人际交往的指导。和谐的人际关系是学生能够顺利完成学业的重要外部条件，有利于缓解在学习和生活中承受的压力。由于生活环境、社会环境和性格的不同，新生人际交往过程中存在障碍。第一，由于生源地的不同，使得新生在民族习俗、语言沟通、生活习惯、性格、饮食等方面都存在着较大的不同，这些问题成了新生人际交往方面的天然障碍。第二，新生在高中阶段集体生活参与少，有的甚至没有集体住宿的概念，生活自理能力较差，很多事情都是以自我为中心，习惯了拥有个人空间和我行我素的作息时间，使得其在人际交往方面存在着自我障碍。第三,90后大学生多为独生子女,成长过程中是整个家庭的中心,习惯了被动的关爱,很少站在别人角度考虑问题,人际交往中有很强的自我意识,独特的社会背景使得新生在人际交往中面临着社会障碍。总的来说,基于新生自身处在成长转型期,学习阶段的过渡引起了较为强烈的心理变化;同时,个体差异、城乡差异、价值观差异等导致了人际交往障碍,容易使一部分学生形成自卑心理,在与人交往过程中缺乏自信。

高校在日常教育过程中,要注重学生团队意识的培养,感恩意识的培养和教育,丰富校园文化活动的开展以及心理问题的及时干预,引导新生建立良好的人际交往关系,为自身成长成才打下坚实基础。

第四节 新生教育的内容设计

新生教育的内容设计是基于新生独特的群体特征和教育需求,结合高等教育的发展需要、高等学校办学目标的实现而进行的。具体来说,就是根据新生出现的心理应激问题而进行设计的。本书根据长安大学十年多的新生教育实践设计了"入学与适应教育""素质与养成教育""专业与职业教育""学风与学务教育""发展与成长教育""奖励与资助教育"六个板块(具体见附录1),这六个板块的内容不仅对新生自身的成长与发展有着重要作用,而且对新生的教育和管理工作起着基础性的作用。

一、入学与适应教育

新生入学后,首先面临的就是适应环境问题。所谓环境,是指环绕在人周围并给人以某种影响的客观存在,即人类活动赖以进行的自然条件、社会条件和文化条件的总和。大学的学校环境是一个综合的环境系统,它包含了物质环境、组织环境、文化环境、制度环境、人际环境、网络环境和其他环境。物质环境是新生教育实施的基础保障,文化环境是新生教育实施的重要内容,制度环境是新生教育的有力保证。[1] 该板块通过学科资源场馆参观、校情校史学习,解决新生物质

---

[1] 辛娇珍. 大学新生教育中学校环境优化研究[D]. 西安:长安大学,2013:31.

环境和文化环境的适应问题;通过校规校纪教育、学籍学分制政策学习,解决新生对政策制度环境的适应问题;通过生命安全与健康教育、艰苦类专业体魄锻炼、心理教育等,解决新生身心适应和行业情操培养问题;通过军训、集体住宿、丰富的校园文化活动组织开展、学生社团建设等解决新生的人际环境适应问题,从而让新生在良好的环境中认知并适应大学学习和生活。

二、素质与养成教育

高等教育的任务是培养具有创新精神与实践能力的高级专门人才,这其中的核心是素质教育。功利性过强的中学教育使得素质教育本身存在缺陷和断链,亟须提高学生的综合素质,以适应快节奏的大学教育。素质教育是高校人才培养环节中最关键的部分,是高校卓越人才培养工程的起点工程。同时,高等学校宽松的学习环境和中学、大学两者环境的显著差异,使得我们必须要重视新生的素质与养成教育。该板块通过开展军事技能训练,按时早操(对应早读),坚持中午、下午(上课时间)和晚上(自习时间)的训练,让新生适应和接受"一日生活制度""节假日晚点名""晚签到"等制度,从而培养学生良好的纪律观念和学习生活习惯;通过应急训练、消防演练,交通安全和财产安全知识的讲解等,让新生掌握基本的应急和急救能力,养成良好的安全意识;通过文明班级、宿舍创建评比等活动,培养新生形成凝聚、和谐、规律的集体生活习惯;通过丰富校园文化活动的开展,为新生总和素质的提高搭建广泛平台;通过职业素质教育,培养新生良好的职业道德,掌握基本的职业技能。

三、专业与职业教育

高等教育与其他层次教育不同的根本在于高等教育是专业教育,而专业与职业之间具有一对多、多对一、一一对应的复杂的相关关系。对于新生来说,所学专业是一个全新的概念,他们既不知道这个专业是学什么的,也不知道这个专业将来是干什么的,更不知道要学好这个专业需要具备什么素质,从事这个职业需要具有什么样的技能。对于专业的认知和职业的规划就更无从谈起了。因此,在新生教育环节中,设计专业与职业教育是必需的。该板块通过举行知名学者专家报告会、院长沙龙等活动,让新生产生专业认知,培养专业兴趣,进而明确所学专业需要具备的基本素质;通过举办知名校友报告、行业企业宣讲等活动培养新生的科学精神,帮助他们克服对艰苦类行业的恐惧心态,树立良好的专业观念和职业心态;通过面向新生开设职业规划课程,举行优秀毕业生报告会,模拟招聘会等活动,增强新生的专业认同感,主动规划大学生活,为职业发展打下坚实基础。

四、学风与学务教育

学风是大学精神的集中体现,是教书育人的本质要求,是高等学校的立校之本、发展之魂。学务是为学生学习提供指导与帮助的良好平台,是提高学生的培养质量和办学水平的有力保障。学务对于推动学风具有重要作用,学风是检验学务的重要指标。新生处在中学向大学转变的关键时期,行为上易受到暗示与引导,具有极强的可塑性,是养成良好的学习生活习惯的重要阶段,是改变新生学习目的功利化、学习目标不明确、主动性不高等问题的关键时期,对培育良好的学风具有重要意义。设计学风与学务教育板块,通过课程学习专题引导,调动新生学习的积极性;通过遴选优秀学科带头人参与新生学务指导,聘请其担任新生班导师,引导新生自信自主学习;通过开展考前主题教育活动,签订诚信考试承诺书,培育良好考风;通过对学籍教育与管理、学分制教育与管理的讲解,让新生明确学校学籍与学分管理制度,产生学习的主动性与责任感。

五、发展与成长教育

学生的成长与发展是高校育人的关键和目标所在。学生成长与发展的核心问题是自我认知的健全、道路的清晰和人格的完善等。该板块通过心理测评、自我认知课程学习等,让新生明确自身的兴趣、爱好、性格、特长、价值观等;通过党团学等组织认知教育、"青年马克思主义培养工程""素质拓展计划"、学生社团招新等教育,让新生了解成长与发展的平台,从而帮助新生规划自我成长发展的路径;通过开展对典型群体的针对性教育,帮助引导新生完善人格。

六、奖励与资助教育

奖励资助制度是高校教育管理的一项重要内容。资助教育是以人为本教育理念的落实,为的是帮扶、帮助家庭经济困难学生顺利完成学业,引导他们树立感恩意识,努力学习,发奋成才,积极营造"在资助中成长,在感恩中成才"的良好氛围。奖励教育是一种激励,更是一种价值导向和优秀导向,它可以引导学生德智体美和谐发展,努力成长为中国特色社会主义事业的合格建设者和可靠接班人。该板块通过对助、贷、免、补等资助政策的讲解,让新生了解各种资助政策,以根据自身情况合理选择,并在受资助过程中,不断培养自身感恩意识、诚信意识,获得教育型资助的发展机会;通过对国家奖学金、国家励志奖学金、社会奖学金等荣誉评价体系的讲解,让新生明白学校教育的价值导向和评价尺度,从而树立荣誉意识和奋斗目标,实现自身可持续发展。

第五节　新生教育的基本原则

新生教育不可能解决新生所有的问题,也不可能解决所有新生的问题,新生教育不可能替代高等教育本身。开展新生教育,应该坚持引导教育与自我教育相结合、阶段教育与长期教育相结合、学校教育与社会教育相结合、整体教育与个别指导相结合、理论研究与教育实践相结合的基本原则。

一、引导教育与自我教育相结合

大学新生教育准确地讲,应该是一种意识教育,通过教育让学生意识到应该如何走好以后的大学路、人生路,逐渐摆脱对家庭、老师的依赖,成长为独立的社会人。新生教育应该坚持高密度的强化教育,在为期一年的时间里,开展内容丰富、形式多样的活动,发挥学校教师、党团组织的教育引导作用,将新生"扶上马、送一程"。又要充分调动大学生的积极性和主动性,引导他们自我教育、自我管理、自我服务,使新生在参与活动过程中受到熏陶、感染和鼓舞,从而约束自己的行为、调整自己的心理、启发自己的思想,提高学生行为的自觉性、调动学生参与的积极性、激发学生实践的创造性,将教育目标自觉转化为内在的动力,从而实现引导教育与自我教育的相结合和统一。

二、阶段教育与长期教育相结合

新生教育不管时间多长,它都不可能解决新生的所有问题,教育的过程中必须坚持阶段教育与长期教育相结合。入学后,针对新生普遍存在的各种问题,划分板块和专题,依托军训、开学典礼等环节和载体,进行系统的教育活动组织,帮助大部分新生适应环境,养成习惯,认知专业,熟悉政策,走上正轨。学生正常上课后,针对学风建设、成长发展等问题进行长期教育,同时,注意总结和分析,及时发现教育过程中存在的问题,以便在剩下的三年时间里切实帮助学生解决,巩固新生教育成果。阶段教育与长期教育相结合,既保证了教育的针对性和实效性,又保证了教育的长效性和持续性。

三、学校教育与社会教育相结合

教育的知识性、科学性和系统性体现在学校的理论教育中,而教育的启发性、示范性和验证性则体现在社会生活中。① 以知名专家、著名学者走进大学校园为学生作报告的形式,对大学新生进行熏陶和激励教育。以优秀校友返校讲述创业历程和成功经验的形式,对大学新生进行学校精神和榜样教育。以行业知名专家、企业老总来校介绍行业发展、就业前景的形式,对大学新生进行职业和规划教育。以社会实践为载体,提高新生综合素质,将自己所学与社会需要相结合,提高为国家和社会服务的本领。通过学校教育与社会教育相结合的方式,让新生觉得成功就在身边,方向就在眼前,进而收到事半功倍的教育效果。

四、整体教育与个别指导相结合

基于新生的组成较为复杂,新生的家庭环境、性格特点不尽相同,认知水平、情商层次、兴趣爱好、生活习惯也存在较大的个体差异,这就要求我们在实际的教育过程中不能"一刀切""眉毛胡子一把抓",要坚持普遍性与特殊性,区分一般与特别,要搞大锅饭与开小灶相结合。既要将学生看作一个整体进行符合他们整体特征的教育,又要深入到新生中间,切实了解新生的实际需求,密切关注他们的思想动态,进行个别指导,提高新生教育的针对性和实效性,增强新生教育的吸引力和感染力。

五、理论研究与教育实践相结合

新生教育是大学教育的一个环节,有着必然的教育规律可循,要研究和总结;

---

① 巩少媛. 大学新生教育体系及运行机制研究[D]. 石家庄:河北科技大学,2013:32.

同时,新生教育又深受不同的校情影响,需要在实践中不断探索和强化。因此,新生教育要坚持理论研究与教育实践相结合,既要在教育实践的过程中不断总结经验,凝练特色,探索符合自身发展规律和学校特色的模式;又要在实践的过程中,加强学习和研究,探寻教育发展规律,学习其他院校的好的做法,从而更好地指导实际工作,提升教育的针对性。

第二章

中国近代大学新生教育模式

每所大学在新生入学之时,都要进行新生教育,只是不同时期其侧重点不同。中国近代大学新生教育的方式、方法及其内容由于其特殊的国情而表现出自己特有的模式,有的是通过学籍审查和注册进行教育,进行的时间也许就一两天;有的是通过专门的指导委员会实施教育,体现了专业化的水平。梳理中国近代大学新生教育的模式,总结其经验教训,为当前大学新生教育提供经验借鉴与历史依据。

第一节 新生教育的内容与方法

中国近代是一个急剧转型的社会,发生了翻天覆地的变化,当时大学新生教育的内容并不多,有一个发展演变的过程,同时各类新生教育的主体和形式有所差异。

一、新生品行教育

中国自古以来就一直重视学生的品行教育,大学新生品行教育自然也不例外,虽然品行教育的形式不同。第一,品行不端的教育。例如,私立华北文法学院,在《学则》的第一章入学中规定:"凡请求入学之学生。如品行不端,经本院查出,无论录取与否,本院得随时取消其投考或入学之资格。"[①]这是直接针对品行

[①] 吴惠龄,李壑编. 北京高等教育史料(第一集)[M]. 北京:北京师范大学出版社,1992:174.

不端进行处罚、严惩,从而实施新生品行教育。第二,舞弊事件的教育。例如《燕京大学本科教务通则》中规定:"凡请求入学或已经录取之学生,如经发现有伪造证明文件或入学试验时有舞弊情事,或有其他不端之行为者。本大学得随时取消其投考或入学资格。"①这是针对新生舞弊行为的处罚与教育。第三,违反学生规则的教育。清华大学前身在《管理学生规则》中第十九条规定:新收学生入学后,应先试习一年,如有学力不及疲玩不遵训诫及查有年龄不符或业经婚娶、请假过久及其他不合校章等情者,即于学期或学年经时,分别责令退学②。中国近代大学新生的品行教育仍然受中国传统教育的影响,注重礼节,这些都可以体现在一些大学的规章制度中,例如金陵大学的学生规则。第四,戒恶习教育。新生入学后,原来已有的一些恶习、学习过程中容易产生的恶习,大学对其进行针对性的教育。例如,江南储材学堂明确指出:"本学堂培养人材,固以学业为急,而由重德行。盖德才兼全者始成大器。"③要求学生入学后,开始应力戒"纨绔气""寒酸气""市井气",随着学业、年龄的增长,则应力戒"名士气""学究气""江湖气"。当前中国大学新生这方面的教育有所弱化,关注点放在了专业教育和适应教育等方面,应加强新生品行教育,修身养性,为后续发展打下良好基础。

二、新生军事教育

中国近代是战乱纷呈的年代,战争与革命成了生活的主色调。大学新生入学后,军事教育自然是少不了的,而且按照军队的建制进行组织化管理,以连、队、组等形式组织新生。例如《国立清华大学军事训练部暂行规则》(1936年9月9日公布)提出:"本大学一二年级学生,除女生外,均以军训为必修科,军训不及格者,不得毕业。"④从中可以看出,当时军训的范围不止一年级新生,范围扩大到二年级,但是女生除外,这体现了性别的差异。另外,北京大学在1936年的《北京大学

---

① 吴惠龄,李壑编.北京高等教育史料(第一集)[M].北京:北京师范大学出版社,1992:200.
② 清华大学校史研究室.清华大学史料选编(第一卷)[M].北京:清华大学出版社,1991:191.
③ 高时良编.中国近代教育史资料汇编·洋务运动时期教育[M].上海:上海教育出版社,1992:589.
④ 清华大学校史研究室.清华大学史料选编(第二卷)[M].北京:清华大学出版社,1991:197.

周刊》①载体育乙组布告,公布受训学生平时成绩及学期考试成绩分数之规定。规定一、二年级学生受训时间每周3小时。

中国近代大学新生军事教育还体现在开学典礼上的一些讲话或号召,主要是学校领导或者国家领导的军事动员讲话。例如,毛泽东《在抗大应当学习什么》开学典礼一文中提出:"你们可以学一样东西,一样很重要的东西,就是学一个宗旨,这个宗旨也就是全国的全中华民族的宗旨——抗日救国。"②

三、新生援助教育

中国近代人们的生活很艰难,贫困人口多,很多贫困家庭的孩子根本拿不出钱来上学。因此,为了鼓励和支持这些贫困学生上大学,学校和社会出台了一系列的政策,保障他们能够上学。抗战前,只有师范生享受公费待遇。抗战初期,为救济沦陷区流亡后方的失学失业青年,国民政府设立了贷学金制度。1943年秋,鉴于贷学金制度不能适合一般学生的需要,又制定了国立中等以上学校、省私立专科以上学校公费生办法。战后,在继续实行公费制度的同时,还对新入学的学生广泛设立奖学金名额。具体如下:

第一类,免费或公费。例如家境清贫成绩优秀学生,得于入学后依照各级学校设置免费学额及公费学额规程之规定向学校申请免费或公费待遇③,这是一类减免学费的规定。第二类,奖学金。例如申请中正奖学金学生,应于报名时填具申请书及家境调查表,并缴呈清寒证明、中学毕业证书及原毕业学校成绩单④。后来还设立了"林故主席奖学金"、为奖励成绩优秀的回国升学的"华侨学生奖学金"、国外的"国际奖学金"等各类奖学金。第三类,女生奖学金。即针对女生的奖学金。例如《陕甘宁边区升入师范学校女生奖励办法》规定:"经考试及格升入师范学校之女生,除制服、膳宿、书籍、津贴等,均由学校供给外,并根据家庭情况发给奖学金5元或10元。"⑤第四类,贷学金。录取学生家在战区、经济苦难者,得向

---

① 王学珍等主编. 北京大学纪事:1898—1997[M]. 北京:北京大学出版社,1998:229.
② 毛泽东文集(第2卷)[M]. 北京:人民出版社,1993:116-118.
③ 张思敬,孙敦恒,江长任主编. 国立西南联合大学史料(三)[M]. 昆明:云南教育出版社,1998:67.
④ 张思敬,孙敦恒,江长任主编. 国立西南联合大学史料(三)[M]. 昆明:云南教育出版社,1998:75.
⑤ 陕甘宁边区教育资料[M]. 北京:教育科学出版社,1981:25.

分发学校请求贷金,每四元至八元①。国立西南联合大学在第二三五次会议决议中规定:本年度注册新生请求贷金者,经审查核准后,自十月份起发给②。中国近代大学通过各类减免、奖励、资助与贷金等方式为大学新生顺利入学与学习打通了道路。实践也证明,这种新生奖助制度有利于安定学生的生活与学习,对提高他们的学习成绩也起到了较大的作用。第五类,公费医疗制度。军事学堂的学生待遇比较优厚。不但实行公费住宿,还实行公费医疗制度。如江南水师学堂规定:学生每日三餐由学堂供应,夏日洗澡水及所需中英书籍、外国纸笔、灯油等也由学堂备办,而且学生房内洒扫添灯等事,均由听差伺应;学生患病,由学堂官医诊治,发给药费。湖北武备学堂学生,除衣服、伙食免费外,每人每月发银4两以零用。

四、新生政治教育

新生政治教育是学校教育重要的内容,尤其是一些国家领导干部在开学典礼上的讲话。例如,1937年11月1日,陕北公学举行隆重的开学典礼。中共中央和延安各机关代表七八十人,全校教职工及600多名学员参加了大会。毛泽东亲临大学,并作了题为"目前的时局和方针"的重要报告,详细分析了当时中国的抗战形势,指出民族投降主义是目前新的危险。他号召大家"为保卫祖国流最后一滴血",坚持抗战到底和动员群众抗战③。1938年4月1日,陕北公学举行第二期学员开学典礼。毛泽东在大会上讲话,号召树立"坚定的政治方向,艰苦的工作作风"。1961年9月10日,中国人民大学举行新学年开学典礼。吴玉章校长在会上讲话,阐述了"红"与"专"的关系。从上述可见,领导干部很重视新生的政治教育,尤其经常在新生开学典礼上的讲话中得以体现。

五、新生专业教育

中国近代大学的专业设置并不多,随着社会发展与需要,才陆续分化出更多

---

① 张思敬,孙敦恒,江长任主编.国立西南联合大学史料(三)[M].昆明:云南教育出版社,1998:56.
② 张爱蓉,郭建荣主编.国立西南联合大学史料(二)[M].昆明:云南教育出版社,1998:254.
③ 中国人民大学校史研究丛书编委会编.中国人民大学纪事(1937—2007)[M].北京:中国人民大学出版社,2007:5-6.

的专业。但是在当时也出现了学什么专业的问题。在课程方面,在抗战以前,国民政府统一课程方面所做的主要工作,是确立共同必修课、主辅修制及学分制。例如金陵大学在实行学分制的同时,实行主辅系制①。主辅系制从1924年开始实行,"凡在一系内读毕其本科一年以上之学程有30学分者,该系即为其主系。在一系内读毕此项学程有15学分者,该系即为其辅系。以两辅系合并为一主系者,其两辅系之性质须有密切之关系。"有论者分析了主辅系制的用意:"考入金陵大学的新生,在报到的时候第一件事就是要选一个辅系,它一般在与主系相近的系中选择。例如,数学系的学生往往选择物理或化学为其辅系,但并无严格的规定,完全自由选择。显然,辅系的目的是使学生的知识面更广一点儿,将来毕业后,对口的可能性随之更大一些,其用意与现在所提倡的双学位基本上是一样的。

1929年的《大学规程》规定:"……一年级学生不分系,但须修习基本课程。"第二学年起分系。清华大学校长在二十二年度开学典礼上的讲话,就选专业问题进行专题教育,指出"本年一年级新生并不分院系,工院除外。大家在初入校时,可不必即决定入何系,最好在此一年之内细细体察自己志趣所在,性之所近,究习何科较为适当,然后再决定选习,方无匆帅勉强之弊。"②这一时期的大学,大部分持此做法,但是,当时也存在一些争议,有些新生想一入学就确定专业,学习专业课程,认为基础课程他们已经具备,不需要在上大学时仍然补习基础课程。

单纯从课程设置的方式来看,这种大学课程显然是受了美国博雅教育的影响,注重文理相互渗透,培养学生比较广阔的学术知识视野;第一学年不分系科,旨在避免单纯及过早专业化所带来的弊端,有利于学生在接触多种专业领域的基础上,选择适合于自己的专业发展方向;注重学术基本功,特别是作为基本工具学科的语言(包括国文和外文)实际应用能力的培养,文科还强调引导学生研读古今学术经典,这体现了在高等教育的课程设计上的深谋远虑。在打好宽厚扎实的知识技能基础上实现专业化,这一指导思想至今仍不失其重要价值。

六、新生生活指导

大学新生虽然已接近成人,但在很多方面还表现为不成熟,需要对其进行指

---

① 张宪文主编. 金陵大学史[M]. 南京:南京大学出版社,2002:29.
② 清华大学校史研究室. 清华大学史料选编(第二卷)[M]. 北京:清华大学出版社,1991:222.

导,生活指导也不例外。为此,中国近代大学新生教育,还专门设立生活指导委员会,指导新生生活。例如,《国立清华大学学生生活指导委员会简章》(1936年9月14日通过):"本委员会由校长聘任教务长、秘书长、各院院长及教职员若干人组织之,以教务长为当然主席。本委员会之职责,在审议并辅导关于学生团体生活之事项。本委员会于每学期始终时,各开常会一次,必要时得开临时会,由主席召集之。"①这种做法在后来的大学发展中,得以保持和发展,例如国立西南联合大学在第二○○次会议(1941年12月3日)上做出决议:"训导处为指导学生生活及促进训导工作起见,请准在大学各学院及大学一年级分设学生生活指导委员会,应照准。"②生活指导组主任由训导长兼任,训导方法:注重积极的引导,行动的实践。对于学生之训练与管理,注重自治的启发,与同情的处置,以期实现严整的生活,造成诚朴的风气。目标:第一,力求北大、清华、南开三校校风之优点在联大有表现机会。第二,就学生日常团体生活,培养互助为公之团体精神。第三,促进学生对于时代的觉悟与对于青年责任之认识,以增强其参加抗战建国工作之志向与努力。有些学校还颁布了专门的训育大纲,例如《交通大学训育部训育大纲》(1929年10月),内容包括训育原则、训育标准、训练实施方案等③。

中国近代大学的训导制度(也称"训育制度"),其具体职责大致包括:勤惰考核、宿舍管理、课外活动的监督④。虽然发挥了一些指导作用,但以加强对大学生的思想与组织控制为目的,严重地破坏了高等学校的风气。国民政府认为大学生阅历尚浅、血气方刚,感情冲动大于理智支配,如无训管极易出轨,以大学生为主体的学潮就是其主要表现之一。故大学训导制度的主要意图,是为了制止学潮,以加强对大学生的思想与组织控制。

七、新生课业指导

中国近代大学新生课业指导也受到学校的重视,在管理办法、组织和课程等

---

① 清华大学校史研究室. 清华大学史料选编(第二卷)[M]. 北京:清华大学出版社,1991:196.
② 张爱蓉,郭建荣主编. 国立西南联合大学史料(二)[M]. 昆明:云南教育出版社,1998:217.
③ 《交通大学校史》编写组编. 交通大学校史资料选编1896—1937(第二卷)[M]. 西安:西安交通大学出版社,1986:244—245.
④ 翁智远主编. 同济大学史(第1卷)[M]. 上海:同济大学出版社,1987:64.

方面进行尝试。第一,制定专门的管理办法。例如,《国立清华大学试行导师制办法》(1936年9月14日通过)指出:"本大学为指导学生学业及一般生活起见,设导师制。一年级学生之导师,由校长聘请教授一年级学程之教师分任之。导师会议由教务长召集之。"①这是通过导师制来实施课业指导的方法。第二,设置专门的课业指导委员会。课业指导委员会根据需要遴选和选聘委员。例如,国立西南联合大学在第二〇五次会议(1942年1月28日)议决事项:"郑华炽先生请准辞去本大学一年级学生课业指导委员会暨该会主席,应照准。"同时,学校聘请李继侗先生为本大学一年级学生课业指导委员会主席。第三,设计学生选课指导书。国立广东大学创办后,积极开展了教研活动,其中文科学院和理科学院编制了课程指导书。例如文科学院编制了课程指导书,对大学部、高师部的学分(修满160单位)、必修选修课程作了仔细的说明和规定。选课时须携带前学期的成绩表以便指导员审查;属于各系的科目由各系的指导员署名认可,不专属于某一系的科目由普通指导员署名认可②。第四,入校甄别。一些外国语学堂、军事学堂和科学技术学堂等学校对考取入学的学生,还在一定时间内进行挑选,优者保留,劣者淘汰,以定去留。例如上海广方言馆规定,学生入校后,"肄习三个月,暂定去留;再肄习六个月,能留馆者升给膏火银。"③西北大学前身的陕西大学堂规定④,学生进堂3—4个月期间,由教习和提调进行考核和复试,满3个月后,由总教习会同总办再行复核,以定去留。"其天资高明而心术不正者,立时斥逐。亦有心术纯正而赋质少绌者,考核以后再留三月,以观后效,如两次考核实属不堪造就,不难再留"。光绪三十一年(1905)又规定:"开学四个月后,察看学生,如有颓惰不能授学者,即行黜退。"

除了上述七类新生教育之外,还有一些其他方面的教育指导。例如,1925—1926清华学校教学行政组织系统中,训育委员会下设:职业指导部、课外作业部、斋务处、学监部⑤。其中课外作业包括:演讲、出版、音乐及戏剧。中国近代大学

---

① 清华大学校史研究室. 清华大学史料选编(第二卷)[M]. 北京:清华大学出版社,1991:185.
② 吴定宇主编. 中山大学校史(1924—2004)[M]. 广州:中山大学出版社,2006:23.
③ 朱有瓛主编. 中国近代学制史料(第1辑)[M]. 上海:华东师范大学出版社,1983:241.
④ 李永森、姚远主编. 西北大学史稿(上卷:1902—1949)[M]. 西北大学出版社,2002:33.
⑤ 清华大学校史研究室. 清华大学史料选编(第一卷)[M]. 北京:清华大学出版社,1991:258.

新生教育进行了很多尝试，不同于传统的封建社会学校教育，具有很多创新性的做法。

第二节 新生教育的经验教训

中国近代大学开创了很多新的做法，并且借鉴了国外大学的教育模式，在新生教育方面也推陈创新，有不少经验教训值得借鉴和参考。

一、新生教育需要结合国情

特定时期的国家政治、经济与文化决定了当时大学与社会对新生的教育要求，这些要求必然通过一些措施、制度与做法得以体现。例如，中国近代战乱不断，从而战争的需要导致新生军事训练达两年，而且学生组织形式以军队建制形式编制，体现了军事化的需要。同时，对于大学生参军制定一些优惠政策，鼓励学生参军，例如保留学籍。

教育者也应意识到，新生教育在结合国情的同时也应具有超越性，即新生教育不仅应满足当时的需要，还应着眼于未来——学生的未来、国家的未来和社会的未来。新生教育不能只顾眼前，只体现教育的工具性，还应体现教育的人文性。

二、新生教育需要结合学生特征

教育要满足新生的需要，要根据特定时期新生的特征对症指导，即新生教育也需要不断创新，这样才能增强教育的实效性。例如以新生开学典礼为例，最初很多大学没有开学典礼，开学后即上课，随后陆续出现简单的开学典礼，如1937年陕北工学举行开学典礼，主要是校长讲话和毛泽东讲话，到后来的开学典礼内容丰富化，如1948年8月24日至27日，华北大学在原华北联合大学校址——河北省正定县城举行隆重而热烈的开学典礼。典礼期间穿插演出话剧、歌剧，放映电影，举办展览，进行球赛，气氛十分隆重热烈[1]。这也反映了学生需要的多样化

---

[1] 中国人民大学校史研究丛书编委会编. 中国人民大学纪事（1937—2007）[M]. 北京：中国人民大学出版社，2007：77.

趋势,庆祝即将解放的日子。

教育变革是一个过程,而不是一次事件。换句话说,变革,不是某位领导发表一次演讲,或为教师举行两天短期培训,或向学校提供新课程或新技术,就能一蹴而就、获得成功的。相反,变革是一个过程,在这个组织过程中,个人、组织机构逐渐理解了新事物、新方法,并且在运用它们时愈益熟练和有技巧。因此,新生教育的创新与发展:第一,要结合新生的特征;第二,要破除一些教育者已有的固定模式,接受新事物;第三,要注重教育过程,不可急于求成。

三、新生教育需要科学论证

新生教育是高等教育的一个重要内容与阶段,需要进行研讨与科学论证,遵循教育规律,这样才能实现教育的科学化,否则会适得其反。例如,中国近代大学对新生要求严格,有时显得苛刻,如学生和教员顶嘴或者吵架,会被开除;学生私自将课桌搬出教室会被处分。例如"1911年4月,清华学堂在清华园开学上课。这是清华历史的开端。入学堂不久即行甄选和筛汰学生,有未通过甄制考试被退学者,有假满未到学堂上学被开除者。"①这些规章制度和做法,显得过于严格,缺少以学生为本的理念,应该允许学生犯错误,同时给予学生改正的机会。

拷问一所大学是否有良心,不是看它如何对待权贵,也不是看它如何对待富豪,甚至不是看它如何对待大师,而是看它如何对待自己的学生。厚待学生就是厚待学校的未来,新生教育理念和方法要科学论证,能够满足新生发展的需要。

四、新生教育的核心在于转变

"教育的经历并不是让人原来怎么样还是怎么样。在某种重要意义上,教育使人成为不同于以往的'人'。"②教育的过程是一个不断改组、不断改造和不断转化的过程。大学不仅仅是要适应未来的变革,更重要的是要有能力享受、刺激和把握变革,即要具有变革的能力。同时大学也在寻求保留和传播其学术成就、文化观念和人类文明的价值。对于大学的生存来说,最关键的是它要依靠人,而非制度,因为制度说到底不过就是一个物质前提而已。

---

① 邓卫主编. 清华史苑[M]. 北京:清华大学出版社,2011:5-6.
② [英]普林著. 教育研究的哲学[M]. 李伟译. 北京:北京师范大学出版社,2007:15.

新生教育是转向终身学习的至关重要步骤,它可以使新生拥有继续学习、适应变化的能力和愿望,并且能够在不断创造和适应未来社会新的思想和新的方式的同时,鉴赏历史的价值和智慧。新生需要实现由基础教育向大学教育的转变。而教育者一贯倾向于传统,完全看不到某些特定领域内有变革的必要,也毫无变革的渴求,那就成问题了。只有当一个人真正地想改变自己的时候,才会高兴听到别人对他的分析,遗憾的是,大多数人都认为应该改变的是别人而不是自己。当你相信细微改变能带来巨大不同时,你也就没有理由不相信自己可以做点什么。对新生个人的生活来说,转变和变化可能会极具震撼力和挑战性。但同时,转变和变化又可以成为灵感、激励、内在动力和燃起未来之希望的一种源泉。

第三节　新生教育的创新发展

当前大学新生教育的模式多样化,得到很多高校的重视,表现为轰轰烈烈的氛围,方式和方法也各异,但对这些做法也要进行反思,不断创新发展。

一、新生教育的多维性

教育的本质在于使学生成为完整的人、全面的人、高尚的人,然而中学教育为学生更多地提供了"考试的舞台",形成了"保姆式"的管理模式,这种模式不利于高校新生可持续发展。高校新生教育要针对中学教育存在的"异化"现象,以生态学思想、马克思的自由全面发展思想为指导,将校内外教育资源、教育内容、教育方式、教育时空等予以生态的整合和优化,从中学的"考试舞台"转向大学的"多维发展舞台",形成学校统一规划、学院特色设计,教育内容对症安排、教育时机合理把握,教育进度和谐推进的"生态发展工程"。使新生教育贴近实际、贴近生活、贴近学生。高校新生教育力求把"年轻人"培养成富有学识、智慧、能为自己的生活和社会承担责任的"成年人",能够回答"我们是谁""我们应该如何处世""如何为未来储备和准备"之类的深层次问题;高校新生教育构建一个健康的文化系统,充满成长的气息,形成"健康力",它具有促进新生健康发展的力量,让新生体验学习生活的幸福,以健康文化引领新生自由全面发展。

二、新生教育的休闲性

一些本科新生在进入大学之前,常常被家长和中学老师灌输一些偏谬的思想,建构了一些成见。在大学之前,他们听说了各种关于大学的"好":没有人管、没有繁重的作业、没有那么多频繁的考试,学生自己自由支配自己的时间,做自己想做的事。考试也很简单,只要平时听课了,就一定可以过。并且,在大学如果对自己要求不是太严的话,考试只要及格就行了。对处于作业堆积如山,考试频频来临的高中毕业生来说,大学简直就是天堂。但事实上他们体验到的并不是天堂般的美好,有时候反而觉得是在深渊中挣扎。一些新生入学后,刚开始的时候的确很自由,没有高中式的监管,整天疯狂地玩,好像要把高中没有玩的时光全部玩回来。那个时候,全然忘记了什么是学习,什么是读书,的确那段时间过得很快乐,至少表面上是这样的。可是到了后面,问题就开始出现了。由于惰性,导致更加沉溺于那种玩耍的环境,以至于那些应该做的便抛到脑后了,临近考试的时候,也只能加夜班,临时抱佛脚自然学到的东西就不会很多。然而这并没有结束,长期的这种惰性,便形成了一种习惯,习惯性地平时玩耍,将事情往后推延,直到不得不解决的时候,才开始着急,以至于错失了太多不应该错过的,放弃了太多应该拥有的。中学教育的某些误读,导致了新生入学后的异化发展。

不幸的是,当前的教育体系正在使学生物化、机械化和缺少思想。尽管它在智力上唤醒了学生,内心却变得不完整,不聪明,没有创造性。中学时期学生产生了一些误解和误判——误解大学的学习、误解大学的生活、误解大学的专业、误解大学的就业。在这种"误读"的影响下,新生感知到的现实就是扭曲的和片面的。一些原本优秀的学生很可能会迷失继续奋斗的方向,丧失学习动力,甚至于放纵自我、沉迷网络、荒废学业。大学新生教育就是要通过一系列的教育措施解构新生对大学的"误读",扩展"认知视角",更主要的是要学会利用好"空闲"时间,学会休闲生活,即大学是修身养性的场域,新生教育体现休闲性的活动。

三、新生教育的导向性

"十年磨一剑",多少年的寒窗苦读,一些高中生只为考取一个好的大学。从小学到初中,无论老师还是家长,都一直教育着他们要努力学习,勤奋刻苦,即使他们还不知道考试是为了什么,学习是为了什么,也许只是为了一根棒棒糖,或是老师家长的一句赞扬。经过高考那个坎后,他们觉得终于解放了,完成了自己似乎生下来就有的任务。于是,有些大学新生就像断了线的风筝,放松对自己的要求,缺少了学习的意义。人无法忍受"凝固的时空",无法忍受"存在的空虚"。人的存在,是追求生命价值和生活意义的存在;人类的历史,是追求自己的目的的人的活动过程。因而,对新生来说,"无价值"的生命和"无意义"的生活,是人的"存在的空虚"。

意义在人的生命中起着重要作用①。首先,意义给我们的生命提供了目标;其次,意义给我们提供了价值和标准,通过它们我们可以对自己的行为进行判断;再次,意义给我们提供了超越生命事件的控制感;最后,意义给我们提供了自我价值。当人们不能找到意义的这些功能或者丧失了曾经具有的意义时,他们就悲痛。很多情绪问题都是产生于找不到生命的意义,这些问题可以通过找到一些使生命值得过活的事情而得到解决。一些新生入学后由于缺失继续学习的意义与价值,延误了持续发展的规划和动力,整日无所事事;一些艰苦类专业新生由于缺少行业情感,表现出对专业的冷漠和抵触。因此,新生教育要结合学校和专业、行业特色,以塑造能够适应行业"优秀品德、过硬业务、健康体魄和行业情操"的优秀大学生为标准,使新生通过系统的新生教育,生成正面积极的情感和兴趣,重构属于"自己"的学习意义与价值,能够喜爱自己的专业与行业,从而感悟学习生活的幸福。也就是说新生教育要具有导向性。

四、新生教育的专业性

新生教育的专业性包括这样三个方面:第一,新生教育队伍的专业性。新生教育需要一支专职的领导组织和工作队伍,需要具有新生教育的理论与实践,设计新生教育的内容与框架,研究新生教育的内容与问题,组织和带领学生工作干部共同完成新生教育任务。一个教师应该在大多数的日子里,能教多少就教多少,真正能在工作中得到愉快,而且能够了解学生思想上的需要。结果师生间会变成一种友谊关系而不是敌对关系,大多数的学生也会认识到教育是为了发展他们自己的生命而服务的,而不是一种单纯的外来的灌输,妨碍他们的游戏。第二,

---

① 贾林祥著.意义与人生——意义治疗的理论研究[M].青岛:中国海洋大学出版社,2006:55.

新生教育内容的专业性。新生教育的内容需要科学规划与论证,要具有针对性与前瞻性,不能凭一些领导干部的一时心血来潮来开展工作,将新生教育办成某种运动,形式多样,效果微小。第三,新生教育方法的专业性。教育的方法要得当,这样才能收到满意的效果,交通大学在早期就制定了针对新生的管理办法①,例如《国立交通大学一九四四年度新生训练体育测验办法》《国立交通大学一九四四年度新生训练早操办法》《国立交通大学一九四四年度新生训练篮球比赛办法》。当前教育者关注新生教育的面上方法,而忽视了新生个体教育的方法。个体教育的方法是解决新生个体个性问题的有效方法,值得深入探讨与研究。

---

① 《交通大学校史》编写组编. 交通大学校史资料选编1896—1937(第二卷)[M]. 西安:西安交通大学出版社,1986:481-483.

第三章

大学新生入学与适应教育

本科新生入学后的相当长时间内,种种因心理、专业、环境、身体的不适个案时有发生。诱发的各类学习苦恼、心理危机,甚至有自杀倾向者的报告,以及相当数量新生面临因考试挂科超限被清退、身体不适被休学的难堪。这些貌似个例的背后,潜藏着对所有新生的科学教育问题,也给办好人民满意的教育提出人才培养的新课题:为什么许多优秀的高中生在考入大学后,会批量发生心理方面的困惑、专业学习的疑惑,以及自我发展的迷惑,更有甚者,该困扰还伴随一些学生的大学全程,给学生、家长、学校及社会带来诸多的尴尬。如何帮助这些优秀学子摆脱困扰,使其成长为品德好、业务硬、身体棒、情趣雅的建设者和接班人,是高等教育大众化背景下必须回答的重大课题。

第一节 解决的核心问题

一、大学教育认识的世俗化

大学何谓?大学何为?这是即将步入大学的新生及送他们入学的家长都应该知晓的,但却不是每一个人都已经清楚了。我们先从入学的前一步——高考志愿填报说起。

现在很多学生高考志愿是家长及亲属代为填报的,学生个人并没有什么主意,而家长在填报志愿评价某个专业好坏时,主要参考的只是该专业的就业情况和发展前景,也就是考察该专业毕业生的工作待遇和社会地位等,而对于学生本人是否喜欢、能否学好该专业则很少甚至不予考虑。这不能责怪家长短视或者偏颇,在现行中学教育体制下,学生个人兴趣爱好和专长等不被重视,也没有加以引导和培养,学生、老师和家长都不关心也不知道学生的个人特质和兴趣爱好等,在填报志愿时只能考察专业外部因素,不管专业与学生的契合度。

在家长看来,送孩子上大学无非是为了毕业找个好工作,多挣钱。在学生本人看来,也是如此。就业情况已成为衡量大学教学质量和大学毕业生水平高低的重要标准,鉴于近年来大学生"就业难"现象有增无减,所以社会上感叹"大学生不如农民工""大学教育没有用"等言论时有出现。在这样的言论者看来,读大学只是为了找个工作。但作为教育工作者,或者以长远的眼光看来,我们认为这种对于大学教育的认识过于浅薄片面,贬低了大学的价值。

不可否认,大学毕业生是要工作,而且应该具备较高的素质和能力参加工作,更应该拥有远大的理想和抱负投入工作,但大学生不能仅仅是一般劳动者。接受过高等教育的大学生应该是先进科学、知识、文化、道德的传承和引领者,是守法护法的合格公民,是不断追求自我完善和精神充实的充满正能力的人。青年一代大学生是国家和民族的未来和希望,必须承担起时代的使命,这使命的传承必须寄托于大学教育。那种认为大学教育的目的也无非就是找个好工作的看法贬低了大学生的价值,贬低了大学教育的价值,有损大学本身及国家和社会的长远发展。

二、大学生活认识的理想化

每年9月,通过高考顺利进入大学的新生们欢呼雀跃地来到大学校园,他们是如此兴高采烈,如此朝气蓬勃,他们对未来充满期待和想象,他们希望在这菁菁校园挥洒青春、成就自己。他们是带着美好的憧憬和向往来到大学校园的,但是他们对大学的了解和认识有可能存在偏颇。高中时期,面对巨大的考试压力,老师总会鼓励学生们说考上大学就好了,学生们大多以为大学就是一个美丽的天堂,在那里可以无忧无虑地生活、学习和恋爱。这就把大学想象得太美好了,甚至存在过于理想化的倾向。

每个人都有自己心目中理想的大学。郁郁葱葱的林荫大道,漂亮宏伟的教学楼、实验楼,藏书丰富的图书馆,整洁舒适的学生公寓,学富五车、风度翩翩的大教授、大学者,五彩缤纷、乐趣无穷的校园文化活动等,总之,想象中的"高端大气上档次"的大学校园让学子们充满了渴望和斗志。而一旦进入大学并亲身体验后，许多新生会发觉大学生活并非如原来想象的那样迷人，于是一部分新生在理想与现实的落差之间失去了内心的平衡。当现实的生活与理想的大学形象相去甚远时，就造成了一部分新生思想上的失落感与挫折感。这里概述几种可能比较严重的认识误区。

一是对校园环境的认识误区。学校的周边环境和交通状况可能并不理想，特别是现在很多高校的新校区都在城市的外围区域，交通、食宿和购物等并不便利。校园硬件建设可能比较落后，教学楼、图书馆、宿舍、食堂等并不一定高端大气，许多老校区的建筑设备等都比较老旧了，甚至可能达不到现代化都市生活的要求。虽说大学之大非在大楼之大也，但是如果没有像样的大楼，确实有可能降低学校在新生和家长心中的地位和高大形象。这是校园第一印象可能造成的误区。

二是对校园生活和学生活动的认识误区。大学的魅力离不开校园生活的多姿多彩和其中蕴含的无穷乐趣。在学生心目中，大学里各种文艺晚会、文娱比赛、社团活动等都非常好看好玩，美女帅哥一大堆，其乐无穷。有的学生觉得自己可以加入某个学生组织或社团，在其中展现自己的能力和水平，获得大家认可和好评，成为大家喜欢和敬佩的人。但进入大学之后，可能会发现部分学生活动是无聊无趣无味的，大一新生还可能被要求充当某些活动的观众。即使是精彩的好玩的活动，其前期组织和筹备也是繁琐辛苦的，需要很大的时间和精力付出。有的学生组织不是想加就能加入的，要把活动做得出彩是不容易的，而自己也许并没有突出的才能发挥出来赢得别人的认可。新生容易对校园生活期望过高，也容易高估自己的能力，一旦实现不了，可能受到心理上的打击。

三是对学习重要性的认识误区。高中学习很辛苦，需要全身心投入其中，挤过了这段独木桥之后，很多人就盼着可以放松了，觉得在大学应该弥补自己逝去的欢乐时光，把以前没有玩过的玩回来，把以前没有做过的补回来。宽松的大学管理制度在客观上也助长了部分学生以玩乐为主的错误想法，以至于荒废学业，一到期末考试就挂上了红灯。部分学生认为大学学习不重要，或者不需要花费很多时间投入其中，既然已经没有升学的压力，那就只要应付期末考试就行了，不再追求高分。俗话说"取法乎上仅得乎中"，主观上要求偏低，实施时再打折扣，到最后就可能达不到最低要求，出现挂科现象。其实，学好大学课程，奠定扎实的专业基础，对学生以后的发展和工作都是至关重要的。忽视学习的重要性可能是部分新生最大的认识误区。

三、大学生活适应的不良

对于很多新生而言，上大学是头一次远离家门，远离父母的照料，没有了父母常伴左右，有的新生在校生活就变得一团糟，生活自理能力有待大大加强。

首先，宿舍集体生活不适应。这可能是新生入校遇到的最大不适应，现在很多学生在大学之前都没有住校的经历，要么在家居住，要么家人在学校附近租房陪读，对于这些独生子女而言，要几个人共同居住在一个宿舍确实不容易。各自生活习惯和作息习惯不同，一开始尚未磨合协调好，互相之间难免造成干扰。宿舍成员家庭环境不一样，个人消费水平会有不同，穿着打扮比较老旧的同学可能会被看不起。宿舍也可能存在不讲究清洁卫生，乱丢脏物，不打扫宿舍的同学，这就会受到敌视。也有不打招呼，乱动他人物品，甚至爱占便宜，顺手用别人物品的同学，这就会惹人讨厌等等。宿舍是一种集体生活，新生多多少少会有不适应，有的人甚至长期不适应，造成较大困扰。

其次，个人生活自理能力差，自我管理能力差。许多新生都是独生子女，在成长过程中受到家人的百般疼爱和呵护，家长只要求孩子管好学习，其他什么都不操心、不动手，导致学生依赖性极强，而生活自理能力很差，比如不会安排自己的饮食起居，甚至不会洗衣服等。在个人消费上，有的学生花钱没有计划和节制，有跟风或攀比导致过度消费甚至奢侈消费现象；没有了父母和老师的严格管束，有的新生沾染了不良生活习惯，抽烟酗酒等。

再次，新生时间管理能力差，时间利用率不高。现在大学一般都不上晚自习，学生晚睡时间也基本都在晚上12点以后，所以大一新生每天课余时间应该在六小时以上，加之周末不上课，与刚刚过去的高三相比，新生课余时间相当充裕。面对突如其来的大量空余时间，有的同学没有认真对待，好好把握。课后或晚上，在宿舍玩电脑的大有人在，打游戏、看电影或在社交论坛上闲逛，有的不能自主完成课后作业，更不会主动上自习了。新生大量课余时间没有花在学习上，导致学习成绩下降，甚至出现挂科现象，这是值得警惕的。

最后，有些学生适应环境能力差。不适应学校所在地的气候环境，怕冷、怕热、怕干燥等；有的不习惯当地的饮食，不能好好吃饭；有的学生习惯了讲方言，普通话水平差，不敢开口与人交流。

在刚入校的欣喜和激动慢慢退去之后,有的新生会慢慢疲惫下来,上课听不进去,提不起精神,课余生活质量也不高,有的会感到课余生活无生机、无活力,甚至无聊。面对充足的课余时间没有做好安排,有时忙却也不知道忙什么,有时大量的空余时间被无意识地浪费掉。课余活动也没有很好地做出选择,不知道什么样的活动适合自己,虽然怀有参加集体活动和社会交往活动来提升自己能力的愿望,但是没能认真坚持去做,没有付出足够的努力,容易打退堂鼓。总之,部分新生不能及时适应大学生活,找到归属感,没有做好准备进入新的学习和生活,这是新生入学与适应教育关注的问题和努力的方向。

四、人际关系适应的不良

中学阶段,学生一切的重心在于学习,主要精力和时间都花在了学习上,大家主要是面对书本,不担心也不考虑面对人的困扰。这样的状况到了大学就不一样了,进入比较宽松的大学环境,学生们面对书本的时间少多了,主要在于面对人,首先也要认识新同学、新朋友。书本是死的,人是活的,习惯于埋首书山的学生们抬头看人的时候,特别是面对来自五湖四海、不同习俗习惯的同学们的时候,有可能应付不过来,内心渴望与大家融洽相处,可是却不知道如何更好地与人交往和处理人际矛盾,产生焦虑和困惑,甚至影响学习和生活。总体来说,新生人际关系适应要面临三种类型:与同学尤其是室友关系,与任课老师和辅导员关系,与异性(包括男女朋友)关系。

(一)同学关系

大学里,与同学相处在一起的时间是很多的,其中大部分不是学习,而是玩乐或做集体活动,比如一起打球、打牌、打游戏,或者逛街、出外游玩,还有主题班会活动、院校的文艺活动等。新生要融入集体之中,与他人友好相处,首先要面对的一个问题是自己是否与大部分人拥有相同的兴趣爱好或特长,比如喜欢打球并且打得不错。如果有,大家经常在一起玩,就可以很快地融入集体;如果没有,融入就慢。对于那些不需要特别技巧,大家都可以玩的项目,比如打牌,就只剩下心理上是否接受和是否愿意花时间投入了。总之,如果愿意多花时间和新同学在一起,自然就熟悉得快,容易加深感情,否则就不容易融入其中。

集中活动中,遇到的第二个问题是如何处理个人与他人的意见分歧。集体中,有的人属于没有主见,习惯于听别人的;有的人有自己想法,但是不明确或不坚决;有的人总会有自己明确而坚决的想法。当出现意见分歧时,是选择妥协听从其他人的,还是坚持己见,妥协与坚持的度如何把握,这些困惑是新生需要面对的。当一个集体(如宿舍)中经常出现意见分歧,导致成员选择站队时,就容易导致小团体出现,这在女生群体中尤其常见。

(二)师生关系

和以往相比,与大学老师之间存在的疏离感是很多新生难以接受和调整的。大学科任老师上课来、下课走,课后没有自习,也很少答疑的教学方式,让学生觉得老师不怎么管学生,想和老师见一面,问问难题也很少有机会。大学辅导员也不再是中学班主任的角色,一个辅导员需要管理几百个学生,没有时间,也不会天天盯着学生,除非有事情,一般学生也不会找辅导员,师生之间确实难以像以往那样天天见面交谈。没有了老师无微不至的关怀,有的学生会觉得比较失落,尤其是那些高中时候备受关注的尖子生,他们曾经因为成绩优秀备受老师和同学瞩目,经常有机会与老师接触,而到了大学,只有班委和学生干部与辅导员接触的机会多。这种师生之间比较松散的管理方式,新生一时难以接受和适应,可能会有被忽视的感觉。

(三)异性关系

进入大学之后,男女生交往的频度和方式有很大的变化,大学是鼓励男女生多交流多交往的。至于校园恋爱,官方并不反对,而民间却是大大鼓励,在学长学姐的影响下,在身边同学的怂恿下,很多新生都想找个对象尝试谈谈恋爱。大一新生正值青春期,他们从枯燥繁重的高中学习中解脱出来,来到新鲜华丽的大学校园,对以前没有做过的事情都想尝试一下。这时候,男女生都会注重自己的形象,期望给别人留下好印象,结交朋友,收获友谊,其中若有红(蓝)颜知己就更好了。与异性交往机会的增多会让学生很高兴,提振精气神,但是如果交往达不到自己预想的状态或者受挫,对当事人将是很大的打击。大学里,由于异性交往受挫,影响当事人自我认知,降低其自信心,甚至造成其自卑自弃的情况时有发生。由于感情受挫,恋爱中某一方坚决分手,另一方过度悲伤,以至于影响正常学习和生活,甚至导致偏激行为发生的事例也是有的。正确看待异性之间交往,把握好尺度,注意交往的礼仪是新生需要学习和遵守的。

此外,我们不得不提到一些特殊群体新生的交往短板,这些因素有的非人力所为,短期内又难以有所改观,会给他们带来较大的烦恼。这里的特殊群体集中指的是由于自身身体存在缺陷(如身体有畸形甚至残疾),或者说与别人比较之后自认为的不足之处,比如普通话讲得不好,还有自认为相貌不好(白头发、长痘痘)等;另外是由于家庭经济困难,自身用度拮据产生自卑心理,心思过于敏感,不能大方正常与人交往。

某些来自边远或贫困农村的大学生,经济窘迫,穿着打扮就比较朴实,可能会被人嘲笑;加之他们一直都以学习为主,没有文体方面的特长,在大学里一时之间也难以获得同学的青睐和喜爱,就有可能产生自卑心理,导致交往不自信。正确看待自己的家庭,不以人穷为耻,而以志穷、人品穷为耻,是这部分新生需要学会的看问题的心态和思路,这样才有利于他们健康成长。

第二节 入学与适应教育的理论依据

一、潘懋元的高等教育思想

(一)理论概述

潘懋元先生的高等教育思想在我国教育学研究中具有划时代意义,对于高等教育学科建设、高等教育改革和发展都具有重要价值。潘先生以他提出的教育内外部关系规律理论为基础,论述了全面发展教育思想和素质教育理论,这对于我们做好新生教育很有指导意义。

潘先生认为教育有两方面功能,一是促进人的发展,一是促进社会的发展。那么,从教育内部看,作为培养人的活动,教育必须全面地协调德育、智育、体育、美育,使学生全面发展;从教育与社会的关系来看,教育要受社会的经济、政治、文化所制约,并对经济、政治、文化的发展起作用,以此对整个社会的发展起作用。并且,教育内部关系规律的运行,要受外部关系规律所制约;教育外部关系规律要通过教育内部关系规律起作用。① 这就是教育的内外部关系规律的简单表达。

1. 全面发展教育思想

全面发展教育思想与马克思关于人的全面发展的理论一脉相承,潘先生认为

---

① 潘懋元. 教育的基本规律及其相互关系[J]. 高等教育研究,1988(3):1-7.

教育培养全面发展的人是为社会主义经济政治文化服务的,社会主义经济政治文化的最终目的是为了人的全面发展,人的全面发展与社会的发展是一致的。人只有在改造客观世界的同时才能改造主观世界,人只有在为社会发展服务之中才能达到自身的全面发展。① 因此,潘先生认为要把社会的发展与人的发展结合起来。他进一步提出,人的社会生活是多方面的,政治生活、经济生产是主要的社会生活,此外,还有文化生活、精神生活、情感生活。因此,人的全面发展,除德智体的发展外,还要有情感、志趣等方面的发展,即美的情趣的发展。他觉得人的全面发展如果缺乏美的因素,总好像有点欠缺。② 总而言之,在潘懋元先生看来,人的全面发展之要义就是指人的德、智、体、美的充分自由的发展,即个性的全面发展,个人的自由发展。

他认为任何教育活动都要考虑如何有利于学生全面发展。③ 首先,以德育为主的教育活动要兼顾智育、体育、美育。如在大学生操行评定活动中,德育应与智育、体育、美育并进,即必须把学习态度、坚持锻炼、参加文娱活动的积极性作为评价的重要内容。其次,以智育为主的教育活动要兼顾德育等他育。在进行教学的过程中,不能只单纯地传授业务知识,还要进行思想政治教育,注意提高学生的思想觉悟。再次,以体育为主的教育活动要兼顾德育、智育与美育。因为体育活动不只是强筋骨,其直接目标是强筋骨,增强体质,但是它可以增知识,有利于智育;可以调感情,有利于美育;可以强意志,有利于德育。最后,在以审美为主的教育活动中,美育应与德育、智育、体育并进。因为美能够协调德、智、体,美能够提高人的精神境界,美有助于人的智力,美可以使人感情升华,美也有益于身心健康。④

2. 素质教育的理念

全面发展的教育思想是总的指导思想,在具体的实施过程中我们比较熟悉的是素质教育的理念。在潘先生看来,相对于全面发展教育,素质教育并不是换一种说法,两者本质一致,方向一致,基本内涵一致,都是为了全面提高国民的素质,全面提高人才的素质,促进人的全面发展。素质教育可以保障和推动全面发展教

---

① 潘懋元. 高等教育学讲座[M]. 北京:人民教育出版社,1983:44－48.
② 潘懋元. 高等教育学讲座[M]. 北京:人民教育出版社,1983:44－48.
③ 潘懋元. 高等教育学讲座[M]. 北京:人民教育出版社,1983:51.
④ 潘懋元. 高等教育学讲座[M]. 北京:人民教育出版社,1993:254.

育的顺利实施①。首先,素质教育是全面发展教育的具体化。全面发展是我国教育方针所确定的教育目的,也是高等教育的培养目标,但却是抽象不易操作的。而素质教育就具体得多,因为可以将素质教育分解为思想政治素质、道德素质、人文素质、业务素质、心理素质、身体素质等等。每种素质又都有比较明确的内涵与要求。其次,素质教育是全面发展教育方针、目的与具体教育实践的中介,是全面发展的实施策略。有此中介和策略,全面发展教育就比较容易实现。

大学素质教育与我们常说的中小学素质教育是不一样的。中小学提倡素质教育是针对应试教育的弊端提出的。大学提倡的素质教育是针对科学主义教育与狭隘的专业教育的弊端而提出的,着重人文素质教育,目的是使科学教育和人文教育协调起来。大学素质教育也体现了一种新的人才观——培养21世纪的高级专门人才,既要有较高的科学技术知识与能力、创新思维与意识,又要有高水平的人文修养。

素质教育,是一种教育思想,而不是一种教育模式,它体现的是一种新的价值观、人才观、质量观。它体现了我们不再单独追求学生知识的增长,而是素质的提升;不再简单要求学生拥有一技之长,而是各方面素质协调发展,成为一个完整的全面发展的人才。潘先生认为教育的价值,首先在于提高全民族的素质,培养合格的公民;其次在于提高人才的全面素质,使受教育者在德、智、体、美几个方面得到和谐的发展。也就是说,教育工作要面向全体学生,促进学生个体全面发展。②

(二)潘懋元高等教育思想对新生教育的指导意义

潘懋元先生的高等教育思想对于廓清人们关于大学教育的认识误区具有重要作用,一是个人的成长成功与社会的发展进步是协调并进的,个人在为社会服务中创造价值,实现其自我价值,反过来社会的进步有利于社会成员整体生存环境的改善;二是个人的发展应该是全面发展,养成完整丰满人格的高素质人才,具有高尚的道德情操追求,健全坚强的心理承受能力,多样化的生活方式、多元化的思维视角、多样性的创新意识等等。

大学新生教育,要让学生明白,大学是开启了一扇门,在这片新天地中每个人可以重新认识自己、改变自己、创造自己。大学以前的学习阶段都是一元化的思

---

① 潘懋元. 试论素质教育[J]. 教育评论,1997(5):6-8.
② 陈小红. 试述潘懋元先生的高等教育思想[J]. 教学研究,2003(3):189-193.

维和评价标准,都是唯学习成绩论,学生没有时间和精力认真审视自己,发现自己的特性、特长和缺陷短板,很多东西都处于隐匿或未知状态,这种状况到了大学才有所改观。大学是一个开放的多元的环境,在全面发展教育指导下,校园学习和生活是多元化的,学生是处在立体的全面的环境中,将有机会接触和认识到全面的自己,发现自己的优缺点。大学是要求学生德、智、体、美全面发展的,人际交往能力、心理健全水平也要跟上步伐,在这些基础上还要锻炼独立判断能力和创新思维能力等。

大学是一片新天地,学校提供了资源丰富的平台供学生享用,学生可以有意识地不断完善和丰富自己,其中思想素质的提升是重中之重。在现今世俗化社会中,拜金主义、享乐主义、个人主义观念非常流行,而奉献精神、实干精神、集体主义却受到冷落,为人所不屑,这是非常危险的倾向。高校作为社会先进文化的引领者,作为培养高素质人才的公益性机构,必须着眼于长远的未来,肩负起弘扬正气、引领未来的重任,为社会公众树立效仿的榜样。那么,在新生教育中,就必须让怀揣梦想的大学生认识到个人发展与社会发展的关系,树立起高尚远大的理想抱负。

二、皮亚杰的建构主义理论

(一)理论概述

皮亚杰(Jean Piaget)是过去几十年中儿童发展领域最杰出的代表人物之一。皮亚杰的建构主义发展论认为,发展就是个体在与环境的不断的相互作用中的一种建构过程,其内部的心理结构是不断变化的。

为了说明这种内部的心理结构是如何变化的,皮亚杰首先引出了图式(schema)的概念。所谓图式,就是人们为了应付某一特定情境而产生的认知结构。最初的图式来源于先天的遗传,表现为一些简单的反射,如握拳反射、吸吮反射等。为了应付周围的世界,个体逐渐地丰富和完善自己的认知结构,形成了一系列的图式。

图式的变化是通过同化(assimilation)和顺应(accommodation)两个过程完成的。同化就是把外界元素整合到一个正在形成或已经形成的结构中,也就是说,当有机体面对一个新的刺激情境时,如果主体能够利用已有的图式或认知结构把刺激整合到自己的认知结构中,这就是同化。顺应就是同化性的结构受到所同化的元素的影响而发生的改变,即当有机体不能利用原有图式接受和解释新的刺激情境时,有机体就会对自身图式做相应的改变,以适应新的情境。皮亚杰认为,心理发展就是个体通过同化和顺应日益复杂的环境而达到平衡的过程,个体也正是在平衡与不平衡的交替中不断建构和完善认知结构,实现认知的发展。

皮亚杰的另一个重要概念是平衡,即有机体作用于环境和环境作用于有机体必须是平衡的。但这种平衡不是静止的平衡,而是一个不断发展变化,不断同化,失去平衡又发生调整再达到平衡的过程。认知的发展会打破原有的平衡,此时个体会完善和提升自己以恢复新的平衡,这一过程就是成长的过程。在个体与外界的互动中,不断发生同化和顺应的过程,这两者达到平衡状态就是适应。不平衡就不适应。从不适应到适应就是发展,这是一个不断平衡和适应的过程。

另外,皮亚杰认为个体从出生到成熟的发展过程是有阶段性的(感觉运动阶段、前运算阶段、具体运算阶段和形式运算阶段),不同的人达到某一阶段的时间有早晚,但各个阶段顺序是一致的。前一阶段的完成是进入后一阶段的前提,前一阶段完成得好有助于后一阶段的顺利进行。

(二)皮亚杰建构主义对新生教育的启发意义

皮亚杰的建构主义理论在新生教育活动中非常有指导意义。一是凸显了新生教育这一阶段性任务的重要性,个体发展是有阶段性的,前一阶段的顺利完成是后一阶段的前提。新生教育做不好,学生没有及时适应大学生活,势必影响后面的学习,造成遗憾。二是新生入学与适应教育是一个打破学生原有图式,建立新的平衡和适应的过程,要善加引导,帮助学生形成新的认知结构,适应大学生活。新生教育做得好,学生能很快适应大学学习和生活,有利于他们在接下来的学习和活动中发挥自己的聪明才智,做出优异的成绩。否则,新生适应不良,状态低迷,当别人在往前奋进的时候,他还在调整自己适应大学环境,那就落后很多了。

对新生而言,大学也许意味着一个全新的未知领域。突然来到这个未曾接触过的地方,依靠以往的经验难以奏效,一切都有待重新学习和适应。每个学校在开学之初都会安排集中式的讲座和报告,介绍本校和大学生活,在这样的机会中,校方应该注重更加深入地阐述大学教育的意义和价值、方式和特点等,让新生明白上大学为了什么,怎么上好大学,引导新生形成自主探寻的意识和习惯,而不仅仅是宣讲学校的历史、现状和管理政策等。

新生教育是一个可以让学生在最短时间内了解大学的方式,新生应该在思想上高度重视,积极主动学习。作为新生,应该主动参与到认识大学、适应大学的过程中,而不是把自己包裹起来,沉浸在怀念过去的学校和同学的低迷情绪中。新生教育是一个打破原有图式,建立新的认知结构的过程,这个适应的过程离不开学生本身积极主动地参与和构建。进入大学,客观环境的变化与师长的教育引导都会冲击新生原有的观念和习惯,此时新生应该主动地寻求适应的方法,不能再自以为是,固持原有的行为习惯,必须建立新的、和谐的平衡适应关系。

第三节　入学与适应教育的内容

一、正确认识大学教育

(一)大学的文化本质

大学的本质是什么?大学教育的意义又在哪里?这些是学界和社会都比较关注的话题,也是新生入校需要认识和思考的问题。纵观各家之言,笔者赞同大学的本质在于文化的说法。人类社会特有的三种活动是政治活动、经济活动和文化活动,由此产生了三种不同的社会机构:政治机构、经济机构和文化机构。"大学的本质是一种功能独特的文化机构和传承、研究、融合、创新高深学术的高等学府"。[①] 人类的文化需要,是大学产生与发展的动力。纵观大学的诞生演化和发展历史,无论是中国古代的大学,还是中世纪崛起的现代意义上的西方大学,都根源于文化,其产生是文化发展的需要,其发展是文化发展的推动。文化是大学一切活动的根本指向。

那么,大学的最重要使命也就在于传承文化和创新文化,使人类文化获得大发展大繁荣。传承和创新文化,落脚点在于教育人,人才培养应当是大学的核心功能。人的发展是教育活动永恒的主题,是一切教育活动的根本出发点和最终归宿。促进学生的全面发展是我国教育的终极目标。

---

① 王冀生.文化是大学之魂—对大学理念的再认识[J].高教发展与评估,2007(4):1.

(二)大学的文化精神

作为文化机构的大学要致力于弘扬和发展文化,那么在大学之中就必须形成相应的文化氛围和文化精神。虽说不同类型的大学其文化精神有所不同,但以下几种应该是大学精神共同的追求。

崇尚人文精神。人文精神是一种普遍的人文关怀,表现为对人的尊严、价值、命运的维护、追求和关切,对人类遗留下来的各种精神文化现象的高度珍视,对一种全面发展的理想人格的肯定和塑造。简单地说,就是尊重人的价值、尊重精神的价值。大学应当把通过文化促进人的全面发展作为永恒的主题,实现学生从有知识的人向有文化的人的深刻转变,体现出对作为个体的人和人类社会和谐发展的终极关怀,努力培养学生创新能力和社会责任感,使大学真正成为人类文明和广大学生的精神家园。

注重理性精神。理性精神源于西方,与西方的法治传统一脉相承,其精髓就是探索和追寻真理,尊重客观事实。作为人才养成的重要基地和人类社会的知识权威,大学应当把通过知识的传承促进人的心智解放作为主要任务,也可以说,大学一项重点工作就是发展知识、探究真理和开启人的智慧,提高人类认识自然和驾驭自然的能力,使大学真正成为人才培养、知识创新和科技服务的学术殿堂。

自由独立精神。"独立之精神,自由之思想"最受学界推崇,最基本意思是指不受他人左右的为学态度。大学应该坚持把学术自由作为维持活力的源泉,有自己独立的精神文化品格,追求的是理性和学术的核心价值,坚守的是为真理而献身的基本精神,决不在政治和经济中随波逐流左右摇摆,确保大学真正成为一种文化氛围浓厚、文化育人环境良好、自主办学意识强烈的高等学府。

追求卓越精神。卓越不是一个标准,而是一种境界。卓越是一种追求,它在于将自身的优势能力,以及所能使用的资源,发挥到极致的一种状态。大学应当有追求卓越的文化精神,保持拼搏进取的态度,坚持对现实文化的超越和对理想目标的追求,以宽容大气的视野兼容多种价值追求,与时俱进,止于至善,决不陷入功利化和庸俗化的纷争,使大学真正成为大学文化建设乃至社会文化发展的指向标。

崇尚人文、注重理性、自由独立和追求卓越这四种精神,是大学千百年来一直长盛不衰的价值信念体系保障,是大学区别于其他社会组织的特有的文化精神体现。如果大学丧失了这种特有的文化精神,真正意义上的大学将不复存在。

新生教育要让学生明白大学的本质和追求,就要着重讲解这四种大学精神。首先,让学生有人文关怀和社会责任感,学会关心和理解他人,构建和谐融洽的人际关系,崇尚助人和奉献精神。其次,在学习和生活中,注重理性思维能力的训练和养成,尊重事实和客观规律,养成独立自主的性格和判断能力,减少个人情绪和人情关系等因素的负面影响。最后,让学生怀有不满足于现状,始终追求超越和卓越的精神,这是一种对崇高境界的追求,在这样的召唤下,必定充满动力持续奋进,并且会全身心投入,自觉乐在其中而不会懈怠和厌倦,只要坚持这样做,早晚是会做出成绩,取得成功的。

在大学精神的感召下,学生应该明白读大学不仅仅是为了找工作。读大学首先要提高自己的精神境界和道德情操,做一个有理想有追求的人,减少自身的俗气,培养较高的品位和修养。其次,对于个人与社会关系方面,促进社会的发展进步,关心他人的命运和幸福也是义不容辞的事,始终怀有兼济天下的普世心态。再次,非常注重锻炼自己的思维方式和创新能力,有真知灼见和远见卓识,而且不满足于已经取得的成绩,始终追求卓越。

总之,大学教育要培养高素质人才。高素质人才首先是高尚的人,有道德的人,这是我国教育政策和方针的目标,也是全社会对于高等教育的期待。其次,高素质人才是脱离了低级趣味的人,他们也有吃喝玩乐,但绝不以此为乐,绝不以此为生活的乐趣和精神寄托,他们代表了精英文化和先进文化,防止这样的文化被越来越强大的世俗文化所淹没才能保存民族的优良传统,承载国家未来的希望。再次,高素质人才是纯粹的人,纯粹的人通常专注于自己的职责和事业,他们只会为了实现目标而努力行事,绝不旁顾,不会被其他的诱惑所吸引而分散精力,纯粹的人容易在自己的领域干出一番事业,成为该行业中的精英甚至领袖式人物。拥有以上特质的高素质人才必定能造福社会,做一个既实现了自我理想价值又有益于人民的人。

二、正确认识学校生活

新生教育,在讲明白了大学教育的意义和价值,帮助新生树立了崇高追求和远大理想以后,要落脚到学校的相关情况和管理政策,帮助新生认识和了解自己的学校。

(一)校情校史

一所大学必有其悠久的发展历史和恢宏的办学成果,必有其明显的办学治学精神和校园文化氛围,这些正是吸引万千学子欣然前来求学的最重要因素,也是他们置身其中引以为豪的因素。这些精神和文化要让新生学习认识,还要传承下去。其次,要介绍学校总体办学情况,院系设置,各职能部门和服务部门,特别是与学生接触较多的教务处、学生处、图书馆、团委、就业中心等,让新生知道有问题找谁,怎么办理。

(二)校规校纪

大学对学生的管理力度是比较松散的,自制力差的学生放松了自我管理,生活因此过得散漫颓废,这是比较可悲的。其实,大学是一个比较自由宽松的环境,面对业已成年的学生,注重引导比管理多,目的在于号召大家养成自我管理的习惯和能力,所以校纪校规是比较宽松的,大多只是设置了行为举止的底线,底线之外,全凭自觉。在新生教育时,要注意引导学生树立自我教育、自我管理、自我服务的意识,但必须明确不可触犯的底线,否则严惩不贷。

(三)党团活动

大学课余生活是丰富多彩的,学校团委积极鼓励和组织学生参加各种各样的活动,比如文娱活动、志愿者活动、科技竞赛、体育竞赛等等。为建设活泼多彩的校园文化,就要发动尽量多的学生参与其中,提供多种多样的平台,让愿意尝试的学生都能有机会锻炼自己。所以,在新生教育中,要告知新生自己有哪些选择,需要具备什么样的素质,做什么样的准备。党团活动是新生入学非常向往,也愿意积极尝试的新鲜事物,但也可能因为信息不足、准备不够而适应不良,所以在新生教育时要加大权重。

三、正确认识校园环境

来到一个新的地方学习和生活,有必要在最短时间内熟悉生活环境。在完成入学报到手续之后,新生应利用空闲时间熟悉校园环境,和自己的父母或者同学一起参观校园,领略校园的美景、雕塑和建筑,感受校园的悠久历史、文化氛围和活跃在校园里师生们的蓬勃朝气。新生在逛校园的过程中,可以感受到大学与以往中学的差别,大学拥有其特有的大气和风范,其独有的校园文化氛围和人文气息,这些将是伴随新生四年成长的东西,也是毕业后仍然常留心中不时怀念的东西。

　　校园周边环境也需要熟悉。校园地理位置及交通情况，周边商业分布情况，至少先要搞清楚哪里可以吃饭买东西，解决了生活基本需求才能比较舒心地投入学习之中。高校一般是坐落在城市之中，那么熟悉这座城市就有必要了。城市里著名景点、商业区等，吃喝玩乐的地方都可以去逛一下。作为现代人，熟悉和适应都市生活还是必需的，特别是来自农村的新生，要尽快适应城市生活。

　　当新生走了一圈，有可能会欣喜若狂，对校园及周边环境点赞，但也有可能感到不满意，伤心后悔，觉得自己被坑了。这正是本章开头涉及的新生对校园环境可能存在的认识误区，需要正确面对。也许学校没有提供优越的生活环境，但基本生活设施肯定是可以保障的，新生应该明白上大学不是来享受的，艰苦的环境更能磨炼人的意志和专注于自己学业的定力。学校的发展只会是越来越好，自己克服困难、努力奋斗，就可以为后续的学弟学妹们创造更好的条件了。

　　适应校园生活，更重要的是引导新生适应宿舍集体生活，建立和谐人际关系，培养独立生活能力。以开放包容的心态与同学和室友相处，每个人都会有臭毛病，看到别人的，也要看到自己的。尊重他人，礼貌待人，注意讲话的语气语调和方式方法，避免语言刺头伤人。矛盾难免，但只要真心对人，真诚相待，尊重和关心他人，生活中遇到的小矛盾完全是可以化解的。这些都需要当事人主动面对，积极处理，在这样的过程中不断锻炼独立生活能力和解决问题的能力，这是新生必经的成长，走过了这一段，就成长了。

第四节　入学与适应教育的方法

一、开展专题讲座与讨论交流会

　　各高校基本上都会在开学初组织全校新生参加大型的专题报告会，介绍学校的传统、教学、科研等相关情况，学校各职能部门也会做相应的报告，介绍各自的职责范围等，但光有学校层面的报告会是不够的，而且这样大型的报告会效果并不是很理想，还需要院系层面组织相应的专题讲座。院系可以按照专业来开展关于学习方面的讲座，可以按照不同的主题来开展生活适应方面的讨论交流会等。

有的学校实行新生导师制,这是很好的做法。大学学习与以往有较大的不同,需要贴心的导师时刻关注新生的学习情况,更重要的是启发他们做学问做研究的兴趣和意识,训练其研究能力,着力培养其创新意识和能力,为长远发展打下基础。新生导师作为校院与学生之间的桥梁,也可以了解学生对学校教育和管理等方面的意见和建议,为学校发展做出贡献。

长安大学的二级学院基本上在新生入学之时召开专题入学适应教育,例如公路学院的新生大会。公路学院2013级本科生新生大会在渭水校区朝晖大学生活动中心隆重召开。学院党委书记、院长、党委副书记、副院长及学院各办公室主任,各系所、中心负责人出席大会。大会在庄严雄壮的国歌声中开始。院长首先发表讲话,他代表学院对2013级新同学到来表示热烈欢迎和亲切问候。他指出了公路学院在中国公路交通行业的地位及所发挥的重要作用。同时,他以一位学者、教授、专家的身份对在座的新同学提出了殷切的希望,他希望同学们既然选择了公路学院,那就去爱"她",爱这里的一草一木,爱老师,爱同学,爱专业。鼓励新同学尽快适应大学,适应新环境,适应新生活,寻求新的学习方法,以良好的状态迎接新的挑战和开启人生新的起点。他还要求大一新生提高自身修养,做好自我管理,要志存高远,补短扬长,学会与人相处,鼓励新同学在困难面前勇于彰显英雄本色,努力成长为德才兼备、全面发展、具有创新精神的新时代大学生。道路系主任、教授代表全院教师发表讲话。她简要介绍了公路学院的发展历史及交通行业的现状,并就新生如何快速适应大学生活提出一些中肯的建议。她希望在座的每一位学子转变学习方式,提高自身素质,尽快完成从中学生到大学生的转换。要有梦想,学会创造,制订周密科学的学习计划,培养浓厚的学习兴趣。要面向社会,注重知识整合,学会感恩,珍惜同学友谊,相互关心帮助,学会宽容与谦让。院学生会主席及2013级新生代表相继发言。他们分别表示,要以严格标准要求自己,努力践行公路人的职责,为我国公路交通事业做贡献。副院长宣读了2013级新生班主任聘用名单,并由学院领导为受聘者颁发聘书。新生大会结束后,学院特邀国务院特殊津贴获得者、全国劳动模范、78岁高龄的学院退休教师顾安全教授围绕"学生的培养和成长"主题开展专题报告。顾老师以陶行知的名言"千教万教教人求真,千学万学学做真人"对全体同学的行为做出规范。他告诫学生不要把全部精力仅仅放在书本上,要自我培养、自我锻炼,德智体美全面发展。顾教授以自己丰富的人生阅历,以典型的奋斗成功为例子,给在座的莘莘学子上了大学

"第一课"。顾老报告贴近大学学习生活,内容丰富,深受学生欢迎,多次赢得全场热烈的掌声。新生大会迅速拉近了新生与学院的距离,让大家感受到公路学院是一个温暖的集体,并让每一位新同学对即将展开的大学生活充满期待。

长安大学心理健康教育与咨询中心每年在新生入学时都开展心理适应讲座。例如心理中心主任负丽萍副教授在渭水校区朝晖大学生活动中心一楼礼堂为2012级新生举办题《促进自我成长,适应大学生活》的新生适应心理讲座。本次讲座由心理健康咨询中心主办,信息学院承办。信息学院、机械学院、政治学院、文传学院和理学院等五个学院约1300名新生聆听了讲座。负老师从新生初入大学的迷茫和困惑入手,结合生动形象的案例,深入浅出地与同学们探讨什么是大学、什么是健康、大学生心理健康标准等概念。接着,负老师从学习、生活、人际交往等方面阐述了大学生存在的共性适应问题,并针对性地给出建议,同时建议同学们结合自身实际情况正确认识和理解什么是心理健康,找到自己的学习生活目标,尽快适应大学生活。讲座过程中,负老师以专业性的小游戏为媒介,教会同学们确立正确的学习目标,尤其强调了宿舍交往、异性交往等人际交往的重要性和关键点,启发同学们认识自我、提升自我,讲座充满知识性和趣味性。整场讲座气氛热烈,现场互动高潮迭起,不时爆发热烈的掌声,最后,讲座在一首《凡事感激》的朗诵中圆满结束。新生适应系列心理讲座是"新生教育工程"的重要组成部分。帮助大一新生尽快适应大学生活,增强学生心理调控能力,促进大学生心理健康、人生阅历和专业知识的同步成长是新生适应心理健康讲座的目的所在,心理中心陆续开展不同主题的新生心理健康讲座。

长安大学很多二级学院都开展新生教务政策学习讲座。例如建工学院新生教育工程系列活动之教务管理讲座在渭水校区朝晖大学生活动中心一楼大礼堂顺利举行。担任主讲的分别为学院副院长吴涛教授和教学秘书黄小乐,2012级辅导员李阳及全体2012级新生聆听了本次讲座。吴涛副院长首先对我校本科生学分制学籍管理制度、考试制度、请销假制度、处分管理等规定作了解读。其次,他介绍了学校期中教学质量检查实施的办法,外语课的考核办法,有关本科生转专业的相关规定、要求与流程。再次,他重点介绍了大学生创新性实验计划项目,并鼓励大家今后积极参与。复次,他对有关推免攻读硕士学位研究生的管理办法作了详细说明,同时对大学生各类学科竞赛进行介绍,鼓励新生积极参加学科竞赛,丰富大学生活,提高自身素质。最后,他希望同学们能加强与班导师的联系,及时反映生活和学习上的困难,做好大学生活的规划,度过一个快乐而有意义的大学生活。教学秘书黄小乐老师首先分析了大学学习与中学学习的不同特点,指出大学生应当培养自主学习的意识;其次,他介绍了网上查询成绩、网上选课、网上考试报名以及学生证办理等工作的方法和流程,引导新生更好地利用网络平台及资源,并尽快融入大学生活,做到学有所获、学有所悟、学有所思和学有所感。作为学院新生教育工程系列活动之一,教务讲座及时解答了新生在教务管理方面的困惑,为他们今后的学习指明了方向,对于规范新生的学习行为和培养新一代富有创新性的优秀人才奠定了良好的基础。

二、强化朋辈辅导和传帮带

大学里学生之间活动频繁、联系紧密,学生互相之间的影响很大,尤其是高年级的示范和带动效果很明显,所以做好新生教育必须发动高年级的传帮带作用,强化朋辈辅导。很多时候,学生在宿舍之间串门闲聊,熄灯之后的卧谈,就是在进行新生教育了,而这样的言传身教也许比开大会的效果和影响大得多、深远得多。当然,在这样的过程中,好的、坏的信息都可能传到新生耳中,会带来什么样的影响也难以预测和控制。所以,做好每一件事,让良好口碑代代相传是至关重要的。

例如长安大学一些二级学院开展新老干部交流会。如汽车学院班长联合会新生见面交流会在渭水校区朝晖大学生活动中心圆满召开,会议开始,班长联合会2010级分会会长牛磊同学首先欢迎2011级新同学来到汽车学院,他简单介绍了班长联合会的基本情况,告诫大家在大学期间认真学习,然后2010级各班班长依次上台与2011级新生分享他们的经验。各班班长根据自己的经验,分别从新生们比较关心也将要面对的生活、学习、工作等方面向新生娓娓道来。他们告诫新生们要脚踏实地,认真学习,找准自己的定位,尽快适应大学生活,收获自己的别样精彩。另外,各班班长结合自己一年来的工作经验,解答了在场同学有关竞选班长及班委的疑惑,他们提到作为班长应该降低姿态,与全班同学共进退,要有严谨的工作态度及正确的工作方法,用自己的个人魅力去影响班里的同学。许多班长幽默风趣的演讲以及深情的话语赢得了在场同学的阵阵掌声。会后,2010级各班班长与2011级临时负责人进行了单独交流与沟通,交流会在融洽的氛围中圆满结束。班长联合会新生见面交流会的顺利召开,为接下来的2011级新生班委选举以及以后的工作奠定了良好的基础,更拉近了老生与新生的距离,增进了他们对班长联合会以及大学生活的了解。

三、建构学校与家长教育共同体

各院系应该利用开学初家长送新生到校的机会,及时召开家长会,传达学校的教育理念和管理措施等,取得家长的理解和支持,辅导员或班主任与家长互换联系方式,可定期汇报交流,有问题及时沟通联系。学校可采取分发资料、邮寄信件等方式,告知家长大学教育的相关情况,学生在校容易出现的问题等,争取让家长与学校步伐一致,统一思想,共同做好新生教育和引导工作。

例如长安大学公路学院召开的新生家长座谈会。公路学院在 WT1102 教室成功举办了 2011 级新生家长座谈会。出席此次座谈会的有公路学院党委书记王立平,院长谢永利,党委副书记廖谦、李满良,学院学办主任赵武刚,教务办路西利以及 2011 辅导员赵裕民、李杨、石广腾。百余名新生家长参与了此次座谈会。为了加强心理健康教育,学院还特邀学校心理咨询中心主任丁珊参加此次座谈。座谈会由廖谦副书记主持。学院党委书记王立平向各位新生家长表示欢迎和祝贺,并就学院基本情况向与会家长做了介绍。陈红副院长就学校和学院在教务方面的要求,课程设置、考试等各项制度向各位家长做了介绍。之后又详细地向各位家长介绍了大学与高中生活的不同,学习方式的改变,并鼓励各位学生要积极的适应。教务办路西利老师特别介绍了我校学分管理的特点,呼吁家长要时刻关注孩子的学习和成长。谢永利院长对学院学科进行了详细介绍。并就各位家长关心的问题一一做了详尽的解答。最后,心理健康中心主任丁珊老师从大学新生学习、生活、交往、自我评价等方面详尽地介绍了新生的特点和发生问题的机理。鼓励家长关心学生,与学校共同培养孩子的健全人格和良好的心理素质。整场座谈会气氛活跃,取得了非常好的实际效果。家长们表示将积极与学院联系,共同培养交通行业的优秀人才。

第四章

大学新生素质与养成教育

新生素质与养成教育是大学生人才培养环节中关键的部分，是卓越人才培养工程的起点工程。

第一节 解决的核心问题

由于我国传统中学教育一直受体制影响，对学生进行素质教育一直是雷声大、雨点小，多年来未见成效。尤其是高中教育，一直受到高考"独木桥"的影响，课程安排与考核机制和高考紧密对接，严重忽略学生的素质教育，造成中学生不能全面协调发展，多方面能力缺失，亟须提高综合素质。在这种背景下大学新生素质与养成教育就显得尤为重要，需要认真思考并有针对性地提出解决方法。大学新生在这方面普遍存在如下问题。

一、素质发展失衡
(一) 主要表现
大学新生素质发展不全面主要表现在以下几个方面：第一，道德人格缺失。大学新生虽说是经过高考磨砺的精英，是有文化、有知识的一代人，但不能否认的是他们在道德修养和人格养成方面还存在一定缺陷，这也就造成了在进入大学后，许多人不适应大学集体宿舍生活，矛盾重重、各自为政、班级涣散的情况；甚至有学生言行举止不够规范；自大心理，道德意识不强，言谈和行为都没有得到有效的控制和约束，养成了狂妄自大的心理等。第二，创新能力不足。创新能力是一个人的综合素质的集中体现,大学新生由于多年来受到应试教育的禁锢,其思维模式已变成一种具有普遍性的通向标准答案的形式,严重缺乏创新力和创造力。第三,人文素质欠缺。人文素质是决定一个人发展情况的重要因素,包括文学、艺术、历史、哲学、科学技术史以及伦理学等在内的人文科学知识是形成人文素质的基础。但是当代大学新生普遍存在应试能力强,人文素质欠缺的现象,除了老师课堂上讲的、书本上的知识点以外,对其他领域的了解可谓知之甚少。第四,合作精神缺乏。在这个信息化、数据化的时代,各领域的知识越来越高深和专业,合作也越来越密切,因此就需要人与人,人与自然保持良好的融洽的合作关系。虽然当代大学新生都是经过高考洗礼筛选过的天之骄子,但是中学教育强调学生独立思考和学习的能力,学生普遍存在以自我为中心,缺乏合作意识和团队精神,很少顾及自己与周围人、周围环境的关系。第五,实践能力偏低。大学新生普遍眼高手低,动手能力差是一个普遍存在的现象。这些学生在中学阶段大都没有参加过社会实践,对社会的认识仅局限于书本和媒体,因此很多学生实践能力偏低。

(二)成因分析

造成大学新生素质发展失衡的原因:第一,陈旧的中学应试教育。中学教学模式仍然摆脱不了应试教育的阴影。教学应该是以学生为主体,发挥学生主体的作用,通过多种形式促进学生独立自主地规划自己的学习生涯。我国教育虽然确立了素质教育的目标,但是学生受应试教育禁锢太久,素质教育"素质化"必然是一个长期的过程。中小学教育模式仍是为了应付考试,以填鸭式教学为主,极大地禁锢了学生的思想,老师和教科书成了权威,即使是书中有错、老师讲的有错,学生也将错就错。课堂没有真正达到良性循环,学生的创新能力和自主学习能力极大地被限制。第二,停滞的中学思政工作。由于高考成为上大学的主要途径,中学教育也就将全部精力都放到了应试教育上,中学的思想政治教育工作多成为一种应付和摆设。既没有纳入到对学生的考核体系中,也没有纳入到对教师的考核体系中。因此,学生在进入大学后普遍表现出思想政治教育基础薄弱的缺陷。

二、养成能力缺失

养成能力的缺失是当代大学新生普遍不适应大学生活的主要原因。它集中体现在以下两个方面。

（一）自理能力差

大部分大学新生在进入大学校园之前都没有长时间离开家独立生活的经历。一直生活在父母家长无微不至的照顾下的他们在上大学之后，往往会连最基本的生活技能，如铺床、叠被子、洗衣服、整理内务等事情都很难自理。有的大一新生甚至连这方面的意识都没有，造成宿舍卫生脏乱差，严重影响大学宿舍的生活环境和全体学生的生活质量。

（二）自控能力差

自控能力差是造成大学新生不适应大学生活的最主要原因。在中学，高考是最主要的也是唯一的目标。老师像监工一样从早上盯到晚上，每天的作业和任务应接不暇，学生几乎没有可以自由支配的时间，也没有机会和时间来培养自己的自控能力。进入大学之后，没有老师和家长时刻监督学习情况，加上大学课程安排得非连续性，造成学生突然有许多可自由支配的时间。那些还没有来得及建立新目标的学生就陷入了迷茫，他们中间自控能力差的人往往会误入歧途，沉迷于网络游戏、小说，甚至逃课。

第二节　素质与养成教育的理论依据

在社会不断发展的今天，对人才的需求也在不断地变化，那个"学好数理化，走遍天下都不怕"的时代已经一去不复返了，在全球化背景下的今天，科学技术高度发展，生活节奏逐渐加快，社会对人才的需求变得更加全面和多样化。不光要有高智商，还要有高情商；不光要有文凭会读书，还要有极强的动手实践能力；不光要学好自身专业，还要广泛涉猎各领域。高等学校作为给社会输送人才的重要基地，也看到了社会发展变迁对人才需求的这一变化，于是将人才培养的重点放在了学生综合素质的全面发展上。大学新生素质与养成教育的主要目标就是学生综合素质的全面发展，主要理论依据就是马克思的全面发展思想和素质教育理论。

一、马克思的全面发展思想

马克思认为，人的全面发展具有二重性，一方面是个人的全面发展，另一方面是人类的全面发展①,这两方面相辅相成,互相补充,人通过能动的创造力克服客观方面的障碍,实现自我价值,实现真正的积极的自由。人们必须实现全面发展,这是自由发展的前提和基础,而人的自由发展是人的全面发展的目标和归宿。

"人的全面发展"意味着什么呢？马克思认为,"人是一个特殊的个体,并且正是他的特殊性使他成为一个个体,成为一个现实的、单个的社会存在物,同样,他也是总体,观念的总体,被思考和被感知的社会的自为的主体存在。"②全面发展包含的内容很广,主要是这四个方面：个人社会关系、个人需要、个人实践、个人素质。③ 因此,人要实现全面发展,不仅要克服主观世界和客观环境的重重障碍,还要不断提高个人在社会关系、能力、素质以及个性等方面的能力。而整个社会的发展又是以学生的个体发展为前提的,只有教育实现了人的全面发展,整个社会才能实现全面发展。教育不仅要使学生个体的全面发展服从整个社会发展需要和适应时代发展要求,还要让学生个体的全面发展与整个社会的发展相互促进。

据此,我国的高等教育一直以马克思的全面发展思想作为教育方针和指导思想。长安大学自建校以来,教育教学目标就是围绕人的全面发展来制定的,长安大学的大学新生素质与养成教育也是依据马克思的全面发展思想,针对高中毕业生素质发展不全面及养成能力缺失的问题,采取的全面式、综合化的系统教育。大学新生素质与养成教育就是将马克思的全面发展思想渗透到新生入学教育的各个环节,学生通过参加学校安排的军事训练、安全培训、文化熏陶等一系列新生教育的课程或相关活动,来提高自身在人际交往、时间管理、安全自救以及自我管理方面的能力,实现自身全面发展,从而达到马克思全面发展思想的目标要求。

二、素质教育理论

素质教育指的是培育、提高全体受教育者综合素质的教育,它的价值取向是促进人、社会、自然的和谐发展,培养目标是力争使受教育者成为一名德智体美劳全面发展的合格公民,根本途径是全面贯彻党和国家的教育方针,一大显著特征

---

① 马克思恩格斯选集(第1卷)[M].北京:人民出版社 1995:294.
② 马克思恩格斯选集(第3卷)[M].北京:人民出版社 2002:302.
③ 吴德慧.马克思的自由全面发展思想及其辩证关系[J].今日湖北(理论版):2007(1):53-55.

是全面提升教育质量①。

　　素质是什么呢？它是建立在人的先天禀赋的基础上，受成长环境和所受教育影响而形成与发展起来的内在的身心组织结构和质量水平，具有相对稳定性。素质即是指整个主体客观化的过程，先天与后天一同起作用而逐渐形成的人类身心发展状况②。所以，我们不难看出素质的特征如下：首先，素质是先天遗传加后天客观条件相互作用的结果，二者辩证统一、密不可分，同时也是自然界和人类社会对立统一的鲜明体现。在人类素质的发展过程中，先天遗传的禀赋是基石，只有在它的基础上，一切的发展才成为可能。客观环境是重要的影响因素，它为主体的发展提供了现实平台，社会实践不断地发展要求人不断提高现有的素质水平，两者之间的矛盾是素质提高的根本动力。教育是素质提高的重要手段，起着主导作用。其次，素质是相对稳定与动态发展的辩证统一。素质稳定性在于人体的生理结构和知情达意的心理架构已相对固定。主体素质的不断提高恰好说明了人类素质的动态发展。最后，素质是个体与群体协调统一的发展③。

　　素质教育是依托人的发展以及社会发展的实际需要，着眼于提高人的综合素质水平，发挥人的主观能动性和伟大的创造精神，力求人的智慧潜在能力的开发，注重发展人的健全个性，以此种种为基本特征的教育。素质教育最重要的特点是不能离开人的发展，关注人的全面发展是灵魂、核心和目标。贯彻素质教育必须把人的发展放在第一位考虑，全面提高人各方面的素质，为个性发展创造空间，提高受教育群体的创造精神、创造能力，充分挖掘个体体内蕴含的潜在能力，真正实现全面发展的宏伟目标，将人的自身的发展与社会的发展在人的自身能力的作用下形成一个统一体。素质教育不是只培养出一个优秀的人，更重要的是创造优秀的群体，因此，素质教育是人体发展与社会发展的协调发展，是个体性与社会化的统一，它的内容包含了人文培养与科学技术两方面。

　　我国实行改革开放根本方针之后一段时期，素质教育这种培育人的方式得到了社会各界人士的充分肯定，但与其他发达国家相比，还完全没有达到重视素质教育的地步。教育不仅仅具有经济功能，我们不能单纯利用经济为社会主义建设

---

① 朱小曼等．素质教育的概念、内涵及相关理论[J]．教育研究，2006(2)：43-45．
② 曾茂林．素质教育核心理论研究评析[J]．广西师范学院学报(哲学社会科学版)，2010(1)：60-63．
③ 刘国权．素质教育与人的全面发展[J]．社会科学研究，1998(5)：130-133．

和经济发展服务,提高了 GDP,而忽视了人自身的发展。不注重人的素质的全面发展,通过教育手段培养出来的人的能力过于单一、功利性目的太突显。因此,全方位人才的培养既促进了人的发展,也促进了社会主义经济的建设。一直以来我国的教育指导思想虽是"全面发展""素质教育",但在主客观各种原因的作用下,教育思想并没有得到很好的贯彻,因此,教育得到的结果也是不尽如人意的。我国 80 年代末 90 年代初,在社会各界的呼吁下,国家对教育提出了全面发展的要求,素质教育是人之所向。各所学校纷纷改革,把素质教育作为行动的指南。高等学校更是将素质教育列入学生培养计划的重要位置,长安大学还特别将新生入学教育作为大学生素质与养成教育的一个重要环节。在此过程中,通过军事训练、安全培训和文化熏陶等一系列讲座和活动,重点加强对大学新生素质的培养,为学生素质的全面发展提供良好的外部客观条件。

第三节 素质与养成教育的内容

大学生素质与养成教育的主要目标是学生素质的全面发展,因此就要针对当代大学生普遍存在的素质发展失衡和养成能力缺失的问题,重新调整学生培养计划,着重培养他们在人际交往、时间管理、安全自救和自我管理这四方面的能力,从而达到学生素质的全面发展的培养目标。

一、人际交往能力

(一)人际交往能力的内涵

人际交往也可以称作人际关系,是指个体运用语言或非语言进行感情、需求、意见、思想等方面的表达交流,是一种人类社会化活动的基本形式。通过交往人们形成了人与人之间的心理关系,反映的是人与人之间的心理距离。处理人际关系的能力,不仅体现着人的品质和适应能力的高低,还在更高的层面上影响生活、事业的发展。良好的人际关系和综合素质是必须要悉心培养不断提高的,这既是现实生活所必需,又是实现自我和社会价值,服务适应社会的需求。大学新生正处于青春期向成年期的过渡阶段,环境和学习、交流方式的变化使得他们在心理上往往会有更多的不适和焦虑,如果不加以引导,就会比其他人群更难于适应纷繁复杂的人际关系。

(二)培养人际关系能力的重要性

1. 大学生世界观、价值观、人生观的树立受到个体人际交往能力影响

一个人思想观念的形成必须要通过不断交流与实践,不能够像闭门造车那样。而与人交往能够对思想观念和世界观造成影响和改变,其正确与否对于大学生价值取向、思想理念有着不尽相同的引导作用,正所谓"蓬生麻中,不扶而直,白沙在涅,与之俱黑"也即如此。

2. 人际交往能力是社会对大学生生存能力的基本需求

戴尔卡耐基教授的报告告诉我们,若想在职业、事业、生活等方面,更上一层楼,85%取决于人际关系,而仅有15%取决于知识和技能[1]。社会需要人与人交流、沟通、合作,是相互的,人要生存必然会与外界发生各种联系。通过交流合作,凝结更多的智慧财富,对于融入社会,创造社会价值有不可或缺的作用。

3. 交往能力对大学生知识、信息及各种技能的获取有极其重要的意义

课堂、书本中被动获得的新知技能往往是不够的,要通过不断的交往、实践、探索去主动获得知识。读万卷书,不如行万里路;行万里路,不如阅人无数。正是这个道理。韬略胆识,视野情操,对于新思维、新领域提供了途径,全面型人才也需要这些作为依据。

(三)大学生人际交往现状

根据权威机构对大学生人际交往能力进行的调查,结果显示:性别、学生性质、家庭出身、社会角色等是影响大学生人际交往的主要因素。男、女大学生人际交往综合能力有显著性差异,女大学生的人际交往能力优于男大学生;大二、大三学生人际交往能力优于大一、大四学生;文科类院校学生人际交往能力优于理工科类和艺术类院校学生[2];来自农村的大学生人际交往能力低于来自城市的大学生[3]。因此,要根据不同人群的特点,制定相应的策略,以提高大学生人际交往能力。

---

[1] 张潇等.引导大学生利用闲暇时间培养人际交往能力[J].药学教育,2010(1):17-20.
[2] 刘文等.大学生人际交往能力与心理健康关系的研究[J].中国特殊教育,2008(3):71-79.
[3] 周同磊.大学生人际交往现状调查与分析[J].重庆广播电视大学学报,2010(6):39-41.

(四)人际交往能力培养的思路

1. 增强人际交往认识引导

学校应该围绕对象、内容、途径、方法等制定教育计划,为开设闲暇教育及沟通类辅助性课程创造条件,有的放矢,指导学生对于闲暇时间的利用,解决学生在闲暇时间及沟通方面的困惑。要因时制宜、因地制宜、因材施教,教会学生在大学阶段的不同时期人际交往需要注意的不同问题。例如可以针对毕业生开展面试教育和礼仪教育,也可组织面试经验交流会、模拟招聘会,增加学生对人际交往能力的感性认识,理论课程联系组织实践,进一步引导学生增强对人际交往能力的认识①。

2. 提高人际交往实践能力

志趣相投的学生组成的学生社团,是学生锻炼和提高人际交往能力的有利场所。跨越班级、年级、学校甚至地域的界限,以需求、兴趣和特长爱好组合在一起,以座谈、科研、文体等活动形式,主动体验学习,改变传统被动的学习模式,充分发挥主观能动性和创造力。而通过自主建设的社团管理制,规划发展,决定运行模式,维持内外关系,都是对人际交往和组织管理能力的重要锻炼。勤工助学不仅可以帮助学生解决经济困难,更重要的是能提高学生的综合能力,特别是提高学生的人际交往能力,而且可以将学生课余时间充分利用,一举多得。此外,学校还应利用寒暑假时间,为学生联系社会实习的单位,让学生体验社会角色的转变,锻炼其人际交往能力。在劳动中,体会工作的意义和人际交往的重要性。既能够巩固和发展专业知识,丰富阅历,又可以将书本理论联系社会实践。学生只有了解自身不足,才能掌握全面发展的主动权。

二、时间管理能力

(一)时间管理能力的概念

时间管理是指通过事先规划并运用一定的技巧、方法与工具实现对时间的灵活以及有效运用,从而实现既定目标,其关键意义在于如何更有效地运用时间。时间管理倾向是一种时间维度上的人格特征,反映了人们对时间观念、态度以及时间运用的行为特征。

---

① 张潇等. 引导大学生利用闲暇时间培养人际交往能力[J]. 药学教育,2010(1):17-20.

(二)培养时间管理能力的意义

一个人的人生目标与方向取决于自身的态度和思维方法,而根据大量的前人经验,这两方面往往是正确的,也就是说只要坚定地往下走,就一定能够成功。因此如果想成功,如何往下走就是重中之重。而其中自身时间的应用就是一个极为关键的因素,个人成就跟其自身时间管理的效率是正相关的。

大学是求知的黄金阶段,也是实现人生成就的起飞阶段。大学的学习,是累积自身社会能力的过程,是准备起飞的过程,也是厚积薄发的过程。因此设置合理的大学规划,优化自身的时间管理就显得极为重要。做时间的主人,就能更加高效地提升个人的生活品质;时间管理好的人,是一个很忙碌的人,忙而有序,忙而有效。时间对于每个人都是公平的,高效的利用时间,尤其是合理的利用每天的"时间片段",时间是可以比别人"更多的",当然,这是一个相对的概念,不是说我们每天的时间更长,而在于在同样长的时间里,凭着我们更强的时间观念,实现更多的人生价值。人与人的区别就在于对时间的利用,如果能够合理地运用这些"时间片段",自身的提高也一定是无法想象的。如果我们能够学会在做不同事情时快速的切换状态,也就能更加有效地利用好这些"时间碎片",并且在每一项事物中的每一个时间单元里保持专注,就能产生高效益。

(三)大学生时间管理常见困惑及现状

新生进入大学后,由于学习和生活方式同高中有了极大的差异,摆脱了高考的压力,告别了父母照顾下的生活,开始第一次真正意义上实现自己的人生理想。在这种状态下,突然有了之前难以想象的自主决定,也会产生更多的自主的时间。

但在这个转变中,随着自主支配的时间骤然增多,很多同学并没有适时地学会相应的管理这些时间的方法。这些人常因为对自己要求不严或交友不慎,沉迷于网络游戏等不良习惯中,最终既荒废了学业,又耽误了前程。而有的人面对如此多的人生选择不知所措,人云亦云,而无法选择一条适合自己的道路,尽管每天为各种事物所累,但最终一事无成,进而完全地迷失自己。

当然,浪费时间是大学生普遍存在的问题,这其中原因很多,有主观的原因,也有客观的原因。而主观原因是一个人浪费时间的本质原因,其包括:(1)目标不明确;(2)做事拖拖拉拉;(3)分不清轻重缓急;(4)一叶障目;(5)虎头蛇尾;(6)小题大做;(7)抓不住重点,不懂得授权;(8)不懂得拒绝;(9)心态消极。

（四）时间管理能力培养的思路

第一，目标明确是基础。首先要明确地知道我是否确实要在这里试图实现什么目标。学生需尽可能清楚以及明确自己的目标，例如把目标都写下来。不要指望目标能够自动明确起来，就像一个雕刻家一样，良久的注视不如拿起凿子动手。第二，随时调整是重点。有目标和有蓝图是本质上完全不同的。典型的商用飞机可能会在90%的时间都偏离航线，但它却几乎总能到达目的地，这依赖于它有明确的目的地并在飞行过程中随时进行方向修正。Stephen Covey（著名作家和商业顾问）经常引用这个句子：诚实面对选择。第三，掌握技巧是前提。用纸笔记录要做的事是最基本的要求之一。在一个日程簿上记下所有任务和它的deadline。预先的安排和次序都不需要过多纠结，在有空余时间时，看一眼日程表，选出适合当前的要事就行了。一旦任务完成，就在列表中将其划去。第四，全心投入是关键。全神贯注于眼前的工作，在一段时间内不要考虑其他任何事情。如果有检查邮箱、上网溜达和泡论坛之类的念头，那么学习时就请断开互联网，关掉手机。工作开始前解决好诸如吃饭、上厕所等琐事，防止它们在这期间带来影响。并且也不要离开椅子，不要和他人说话。当决定要做一件事的时候，就不要三心二意。第五，增强学习是法宝。学会向知名人士学习，向专业内的顶尖人士学习，向师长、学长学习，拷贝他们成功的经验和失败的教训，保存自己值得学习的地方，删除不适合自己的方面，这也是一种学习方法，是一种节省时间的学习方法。

三、安全自救能力

（一）安全自救能力的内涵

《左传·桓公五年》中，有"苟自救也，社稷无陨多矣"。《史记·孙子吴起列传》中，有"君不若引兵疾走大梁，据其街路，冲其方虚，彼必释而自救"。可以见得，在一个没有他人帮助扶持的危险境地中，自己拯救自己就是靠自己的能力脱离困境。

这里所说的"自救"主要涵盖了两个大的方面：一是自然灾害发生时，如何以最安全的方式脱险和逃生；二是在产生心理问题时，如何利用已有资源进行调节。而"自救"对于大学生来说，则是其应该具备的一种能力，即自救能力[1]。自救能

---

[1] 赵红梅. 浅谈大学生自救能力的培养[J]. 山西高等学校社会科学学报,2013(4):82-84.

力是指大学生在价值观的判断和选择、在出现心理问题和在行为中遇到困难和挫折时,应该具有的自我辨别、自我分析、自我应对和自我解决的能力。

(二)培养安全自救能力的意义

多角度、多层次地对大学生进行安全自救能力方面的教育是一项系统性的工作。价值观的自救主要由心理自救和行为自救两方面构成,只有培养正确的价值观,才能确保整个系统性工作在一个正确的方向上进行,这是前提;在正确方向这一前提下,确保健康心理条件是整个工作的重要保证;最后,行为自救是所要完成的最终目标。三者在整个系统工作中相辅相成,密不可分。因而高校作为大学生存在的载体,就需要努力通过思想教育、实践等多种手段,对大学生自救的能力进行全方位的培养,从而尽量避免"高分低能",为社会主义建设培养出更多的适应当前需要的人才。

(三)安全自救能力培养思路

1. 心理自救

人"思想"和"心理"是一个有机的、不可分割的整体。对于大多数大学生发生的意外事件来说,看似是心理问题所引发的事件,其实绝大多数从根本上讲终归是思想问题得不到解决所引发的。所以说,培养大学生自救能力的关键在于帮助其跨越思想上遇到的难以逾越的鸿沟。心理自救是指通过多种适用于个体的方式对不同情况的学生进行心理辅导,以提升其心理素质,增强抵抗挫折的能力。

2. 行为自救

价值观自救和心理自救能力培养的最终目标是使学生能用健康向上的心理来调节自己的行为并对自己的行为负责,即实现行为自救。学生的行为自救能力,也是衡量整个自救能力培养工作成功与否的判断标准。

鼓励学生参加各种社会实践活动,只有通过不断的实践,使其在与人的不断交往中不断地完善自我,提高自我,才能够使学生更加切实地体会到实践的意义,从而完善自身的行为。对于大学生来说,可通过参加社团活动、勤工俭学以及到社会兼职等社会实践活动来检验自己的综合素质。同时,老师应该帮助学生分析失败原因,总结成功的经验,并激励学生不怕失败,敢于尝试;而作为学生自身,则应学会总结经验教训,以作为自身将来更好发展的积累。更进一步的,还需要培养学生承担责任的意识。尽管对于个体家庭来说,大学生仍是受保护的人群,但在社会层面来看,大学生已经是具有完全社会能力的成年人了。正是由于两者的矛盾,使得很多大学生缺乏承担责任的意识,不愿意或者没有能力对自己的行为负责。对于这一情况,父母和老师则应该引导学生,培养学生的社会责任感,鼓励其反思自身行为,承担应有责任,提升自己担当的能力。不吃一堑,不长一智。

四、自我管理能力

(一)自我管理能力的内涵

能力主要指完成既定实践工作过程中个体稳定的心理特征,能力水平主要由大脑机能所决定。而自我管理就是自己参与涉及自己的各种基本决策的活动①。

大学生自我管理不仅是指学习方面的管理,还指对自己的大学生活的规划,制定长远的奋斗目标,充分运用自身的资源实现自我认识、自我计划、自我激励、自我加压、自我奖惩,通过自身的主观努力去实现自身价值和提高综合素质的连续过程②。在整个过程中,大学生不断完善自身能力、培养个体稳定的性格。

(二)培养自我管理能力的重要性

从管理学的角度来分析,以自身素质、情感和意志等学识和心理品质为工具管理自己称作自我管理,在自觉历练自我的实践中完善自己的情绪、行为、人品和认知,从而达到"穷则独善其身,达则兼济天下"的境界。所以大学生自我管理实质上就是大学生以自身素质、情感和意志等学识和心理品质为工具去规划、管理自己的学习和生活,并在自觉塑造自我的活动中进一步完善自己的情绪、行为、人品和认知③。大学生的综合素质很大一方面是由自身的行为习惯所决定的,大学自身的综合素质不仅关系学生本身的未来,更关系到国家的未来。

从教育学角度出发,教育的客体是学生,学生的客观存在是高校开展各项教育管理工作的前提。而大学生的培养并不是简单地教会其知识,培养学习能力,科研能力,最重要的还是为人的能力,如何更好地进行自我管理的能力,这是成长成才必须要具备的素质。

---

① 张宾周. 大学生自我意识发展问题探析[J]. 林区教学,2007(2):28-30.
② 陈理. 当代大学生自我意识研究综述[J]. 大众科技,2011(3):106-108.
③ 黎敏. 关于高校培养90后大学生自我管理能力的思考[J]. 知识经济,2011(9):167-168.

(三)自我管理能力现存问题及其分析

1. 缺乏自理能力

现在的大学生在家习惯了父母无微不至的照顾,也习惯了父母、老师给安排好的一切,来到大学之后面对一个相对自由、需要自我管理的环境,很多人都不能融入。在生活中,许多人不能做到很好地自理,常常导致学生个人卫生和宿舍卫生堪忧;在学习上,失去了老师和家长的监督,一些人就放任自己上课迟到甚至逃课;在人际交往上,很多人也不能很好地处理和室友、同学之间的关系,造成大学生活十分不愉快。

2. 缺乏建立正确是非观的能力

在网络越来越普及的今天,信息的传播越来越方便。大学生们只要在宿舍动动手指就能看到成千上万条信息和观点。大学生作为网络中的重要组成部分,他们的思想深受网络的影响,而在大学生本身价值观、是非观还没完全建立的时候,网络上的很多非主流文化就很容易成为误导大学生的罪魁祸首。加上大学生本身就个性比较独立,容易被一些偏激的言论影响[1]。这就要求当代大学生有自己正确的价值观和是非观,也要有对自己未来清晰的定位。而这正是当代大学生十分欠缺的。每天日复一日地生活,不去思考,更没有对自己未来的规划和理想。白白浪费了青春的大好时光。轻易相信他人的言论,没有自己判断是非的能力,往往被一些极端分子所利用。

3. 缺乏认识自我的能力

大学生往往不能正确地认识自己,主观的自我与客观的自我常常有较大的区别,也就是我们常说的自我优越感较强,导致做了一些不合时宜的事情的时候自己还沾沾自喜,这对大学生的自身发展是十分不利的。不仅如此,理想的自我和现实自我之间也会有矛盾。在这样的情况下,不同的人会有不同的应对方式,有的人积极向理想中的自我靠近,这样的人一步一步往上走,有动力、有目标,生活积极健康;而有的人在理想和现实的巨大落差下表现得十分消极,主观上缺少奋斗改变现状的意愿,最终导致和理想渐行渐远,这样的人生活堕落而萎靡。

4. 自我管理能力培养的思路

第一,完成角色转换。从中学走进大学,学生大都背井离乡来到一个陌生的

---

[1] 任德辉. 谈高校大学生自我管理能力问题[J]. 企业家天地,2012(2):71-72.

城市独自求学,从"被监管"到"监管自己"的转变对许多同学来说是个不大不小的挑战:在自我约束、学习主动、时间管理、生活管理等几乎方方面面都需要正确的引导和帮助①。因此高校管理工作者要更多地引导和帮助学生完成角色转变,养成自律能力。第二,加强文化育人。通过建设校园文化,让学生参与到校园文化的建设中去,是加强学生自律能力的一个重要方面。营造积极向上的文化环境,通过优良的校风和传统文化教育潜移默化地影响学生,倡导健康学习生活方式,是提高学生自我管理能力的重要抓手,是决定学生素质发展的重要内在因素②。第三,明确管理主体。要明确自我管理的主体,唤起自我管理主体的主人翁意识,可以实行以班级为主体的自我管理模式,通过每个学生在班级中"被管理"的同时"参与管理",从而树立班级荣辱与共的意识,能够增强学生的主人翁意识、团队责任感和班级凝聚力。

第四节　素质与养成教育的方法

学校要怎样去进行新生素质与养成教育,都需要做什么?根据《中共中央国务院关于深化教育改革全面推进素质教育的决定》精神,经过多年的理论探索和教育教学实践,长安大学终于寻找出适应我校情况、具有学校特色的一整套素质与养成教育的方法,主要包含军事训练、安全培训和文化熏陶这三方面内容。

一、军事训练

(一)军事训练的含义和基本内容

军事训练,即军事理论教育和作战技能、指导思想等一系列训练的统称。我国各大高校目前进行国防教育的主要方式是军事理论教育和简单作战技能的训练③。

国防建设需要我们对大学生进行军事训练。通过大学新生必修的课程这一形式,锻炼同学们的基本技能,培养大学生的国防意识,掌握基本的军事理论知识

---

① 沈静飞. 浅谈如何提高大学生自我管理能力[J]. 科技创新导报,2011(24):231.
② 任德辉. 谈高校大学生自我管理能力问题[J]. 企业家天地,2012(2):71-72.
③ 余生明等. 论大学生的军事训练与素质教育[J]. 社科纵横,2004(3):126-127.

和相关技能,日常生活里可以锻炼自身,在国家需要时可以挺身而出,贡献一份力量。人才的培养不是单方面的,大学生不能只注重专业课成绩,国防观念的培养尤其重要,爱国精神的培养乃重中之重。我们提倡素质教育,自然要抓好军事训练,使大学生得到综合素质的提高。纵观全球,世界各国都结合自己的国情,采取不同措施对青少年学生进行军事训练。

高校军事训练蕴含的内容十分广泛,目前大学生进行的军事训练主要包括军事理论知识的学习和相关军事技能锻炼两方面。军事理论知识方面,主要包括我国历史过程中形成的重要军事思想、各著名军事家的理论、军事技术发展、军事技能理论等,教育方式是以授课方式,由老师向同学们讲解。军事技能训练不仅包括队列、射击、拉练、三防等作战技术,还包括重要的救护技能。通过广泛内容的军事训练,既加强了国防后备力量,也为培养预备役军官做了一定的准备工作。从战争力量的提高和增强国防力量的视角出发,军事训练无疑是一项兼具前瞻性与战略性的教育措施。

(二)高校军事训练对素质与养成教育的促进作用

1. 引导新生的政治关怀

大学教育时期是大学生观念塑造的重要阶段。军事训练的主旨是进行爱国主义教育,其显著特点是从思想入手进行教育,从而提高受教育者的思想修养和政治关怀,进一步塑造大学生的世界观、人生观、价值观。中国共产党三代领导的重要理论和军队建设政策以及其他形势与政策的学习活动,让大学生群体深入理解无产阶级的战争指导思想和具体方法论,用先进的理论武装大脑。通过对国家热点问题的探讨和学习,使大家养成"天下兴亡、匹夫有责"的整体意识和全局观念,坚定地树立主权意识,维护国家利益,保障国家安全,促进改革开放事业的进一步发展,为中华民族的伟大复兴增砖添瓦。通过对历史上著名军事家的理论学习,创造向人民解放军队伍学习的良好风尚,从向身边先进人物学习为起点,启迪思想,洗礼灵魂,使大学生确立对自身情况的认知。

2. 培养新生的优良品质

军事训练为大学生体验军旅生活提供了一次宝贵的机会,这样的洗礼和考验是难能可贵的,在这样的训练中,大学生直观地感受到军人顽强勇敢的优良作风。严格的训练使他们的吃苦能力得到锻炼,坚定信心,提高自制力,让大学生变得更果断、更顽强、更自觉,培养自身的良好作风。

3. 增强新生的合作意识和集体主义精神

在全面发展型人才的培养中,合作意识和集体主义精神无比重要,军事训练的重要作用就在于此。军人集体是一个特殊的群体,他们的组织纪律性是其他团体无法比拟的,他们毫不松散,他们紧张严格,他们配合紧密。令行禁止、雷厉风行、艰苦奋斗是每一个人都应该学习的。大学新生在开始接受军事训练时被编进了班、排、连、营的不同集体中,队列动作的基本要求是整齐划一、步调划一、令行禁止,集体成为每一个人脑海中时时刻刻的符号,合作成为大学生的自觉意识。每一次的军训都为大家留下了难以忘怀的记忆,那一幕幕都是日后记忆中美好的画卷。训练时他们不甘人后,拉歌时他们引吭高歌,内务整理争先创优,为了优秀而练,为了合作而争,这才是真正的集体主义精神,这才是真正意义上的合作。

4. 树立新生的纪律观念

纪律是一个群体必不可少的行为规则,是促进社会秩序化发展的必要规范,是推进社会主义精神文明建设的重要渠道,是培养有纪律、有文化、有道德、有思想人才的基本要求,这也是大学生应具备的行为规范。在军训教育中,教官要求学生严格遵守"三大条令",要求大学生在礼节礼仪、言行举止、军容风貌、内务卫生、请假销假等方面遵守规定。大学生不同程度上都有松、懒、散、娇等不良习惯,在队列动作中大学生培养了良好的军人姿态、在集体训练中养成了优良的作风。

5. 提升新生的爱国主义情怀

爱国主义精神是每一位公民应该具备的品质,也是大学生军事训练的主旨。大学生通过军事训练走近军人,体验军事生活,真正明白当前和谐社会的实现的背后是无数爱国人士的默默奉献。稳定的政治局面、安定富强的国家是每一位公民努力的结果。大学生是中国公民的先进代表,他们每一步的成长都是在家庭、学校、社会的共同努力下实现的,国家为大学生创造了良好的条件,大学生的发展同样也应该抱着回馈社会、回馈国家的心态,以国家的荣辱兴衰作为自己的喜怒哀乐。毫无疑问,军事训练提高了大学生的国防观念。学理论,长技术,继承传统,推陈出新,博览世界,以我为主。大学生,既是一名普通的公民,也是一名预备役军人,是国防武装的后备军,是国家的未来和希望。国防武装后备军是战时扩编、补充常备军和开展人民战争的基础,维护国家主权和领土完整是大学生义不容辞的责任。维护祖国统一、反对分裂,提升国防观念、拥军尚武是大学生必不可少的意识。

6. 提高新生的综合素质

军事训练提高了大学生的国防观念,培养了大学生的爱国主义精神,有利于他们思想意识的健康发展。思想上的进步有利于学习的提高。因为这种思想性的作用转化在学习方面,端正了大学生的学习态度,明确了学习的目的,从而采取科学的学习方式。另一方面,军事理论本身的趣味性、知识性拓展了大学生的视野,推进复合型人才的建设。另外,军事训练克服了非智力因素对大学生的不良影响,激发热情,转化为实践的动力。紧张艰苦的训练不仅增强体魄,同时也磨砺意志,提高大学生的自我控制能力,改正其曾经的不良习惯,从而实现自身全面发展的目标,进而提高综合素质。综上,军事训练是素质教育不可或缺的一部分,具有不可替代的作用。

(三)军事训练的做法

长安大学不断改进和提高以军事课教学及军训为核心内容的国防教育工作,做好新生开学"第一课",促进新生教育工程的顺利开展,强化军训育人和养成教育,巩固学生军训成果。加强对学生国防文化社的学生社团的指导,继续定期举办国防知识讲座;抓好"强优补缺",即强化学校军事技能训练方面优势,弥补学校军事理论课教学方面的不足,结合学校艰苦行业专业,结合学生养成,结合学生应急突发事件能力等,创新军训内容,增加反恐、野外生存、防灾救护等内容,向特色精品课发展。

二、安全培训

(一)安全培训的基本内容

安全教育的进行应该与其他教育活动相辅相成,其他一切教育活动的开展都应该将安全教育贯穿其中。除此之外,安全教育还有其自身独立的内容,已经在历史发展中形成了自己的特色。站在安全防范的高度来看校园安全教育,可以分成几个方面:

1. 国家安全教育

随着我国不断加强对外交流,其他国家的教育者来我国进行学术交流,举办讲座、留学项目、科技合作等与日俱增,与此同时,也增加了各大高校的安全隐患。这时,大学生便是主力军。我们要深刻认识到当代社会的战争不是显性的,要从发展中看到隐藏的矛盾和危机,学会分辨,发自内心地抵制敌对势力在意识形态层面的渗透。

要提高全体大学生的法律意识,自觉遵纪守法,维护法律的尊严,就要抓好《国家安全法》等法律、法规的宣传教育,教育大学生们清醒地意识到,国家存亡是首要关心的问题。没有国何来家？只有国家和平安全,每一个家庭才有发展的可能,每一个个体才有发展的希望。没有国家,空谈发展有何用？同时不断推进爱国主义教育,增强责任感。中国近代以来,发展虽缓慢,但也取得了卓著的成就。民族自尊心和自豪感是爱国主义的源泉。开展爱国主义教育,将大学生群体和国家紧密联系在一起。进一步加强保密教育工作,强化对敌对势力的防范意识,增强大学生的保密意识,要求大学生任何时候都要自觉遵守国家保密规定,坚决维护国家机密。

2. 网络安全教育

网络的飞速发展致使网络和整个社会紧密相连,大学生更是如此,几乎人人涉足网络。但是大部分大学生仅仅只能使用网络,而做不到驾驭网络,网络安全防范意识薄弱。从现实情况来看,校园网络安全实在堪忧。主要体现在黄赌毒侵入、反动言论侵入、教唆犯罪侵入等。要提高大学生的网络安全意识,就要加强网络法律、法规的宣传教育,并且积极开展净化网络环境等宣传教育活动。树立良好的网络学习、交流风气,提倡、宣扬网络文明与网络道德,坚决抵制不文明、不道德的网络行为。从各高校近年来的经验证明,学生对网络上有害信息的自觉抵制,对有利信息的健康吸收,是保证校园网络安全的有效方法和途径。

3. 消防安全教育

随着大学规模的扩张,校园人员密度也不断扩大,火灾隐患也随之增加。因为一直以来没有受过与消防安全相关的教育,使大学新生的消防安全意识淡薄,相关的消防常识和自救逃生技能更是十分缺乏。因此,大学新生教育应该让学生学习相关消防法规,按照法律法规的要求解决现实问题；此外,还应该大力宣传消防安全知识,让学生学习火灾发生时逃生、自救、互救的本领和一些简单的灭火技能。消防知识讲座,让学生熟悉防火、灭火的全过程。通过以上各种方法的有效结合,减少火灾的发生。

4. 财物安全教育

学生宿舍近些年来盗窃案件不断上升,学生物质上遭受损失的同时也破坏了安全校园的建设,影响学校秩序,破坏和谐的人际关系。仔细分析现在学生宿舍盗窃案件产生的具体原因,大部分案件都是因为大学生缺乏安全防范意识。必须进行宣传教育,增强大一新生的安全防范观念。结合具体案例组织同学们进行学习,积极开展防盗教育、堵塞防盗漏洞、学习各项防盗措施,提高学生的防盗意识。同时要教育学生自觉遵守学生宿舍管理相关规定,不擅自留宿外客,妥善保管自己的贵重物品,对形迹可疑的人更要提高警惕。建立治安信息通报制度,以公告栏或者晚点名教育等形式,及时向学生通报宿舍失窃具体情况及需要加强防范的地方。提高学生的安全防范能力,增强学生的安全防范意识。

5. 交通安全教育

当前社会高速发展,交通设施已经相当发达,但是另一方面,交通安全事故频发。究其原因,是人们严重缺乏交通安全意识。从大学生这一群体来看,主要是当代大学生缺乏交通安全培训导致交通安全意识淡薄。学校应组织学生进行《中华人民共和国道路交通管理条例》和其他相关法律法规的学习[1]。通过对法律法规的学习掌握,使广大学生能够自觉遵守交通法规,避免发生交通事故。通过交通安全教育,使广大学生提高交通安全意识,从我做起,自觉遵守交通法规。同时加强对广大学生的注意力、观察力和应变力方面的相关心理训练,从而使学生对交通情况的反应能力、应变能力和心理素质得到提高,使学生在行车、走路时集中精力,遇到紧急情况可以冷静、迅速处理,从而降低交通事故发生的概率。

6. 心理安全教育

高考是我国通向大学的重要路径,千军万马过独木桥的局面和巨大的压力,对学生的思想观念和思维方式长期影响和禁锢,使学生长期处在巨大的心理压力之下。在这种情况下,如果不能对学生的这种不良情绪进行及时疏导,很可能会引发一系列安全问题。要保障学生安全的一个十分重要的内在因素就是良好的心理素质,要在一定程度上杜绝心理性安全事故的发生,就要使学生具备健康的心理。学校对学生心理安全教育应区分普遍和个体的特点,目标明确地进行健康人格教育、心理疾病防治教育、心理卫生知识教育、挫折应对教育、人际关系和谐教育以及环境适应教育等相关心理知识教育。学校应当在大学生安全教育中积极引进心理健康教育内容,进行新生的心理健康普查,建立心理健康档案,设立心理咨询热线,建立健全心理咨询队伍和设施,帮助大学新生及时解决心理问题。

---

[1] 王武宁. 大学生安全教育的内容与途径[J]. 湖北广播电视大学学报,2011(10):38-39.

开展针对大一新生的心理健康排查同时还有助于发现有违纪苗头甚至有轻生倾向的学生,配合其他安全教育工作能够挽救不少走向歧途的学生,使学生安全教育翻开新的篇章。

7. 自我保护教育

大学生在进行社交活动的时候经常会面临很多危险,因为缺乏自我保护教育,使我们的学生在面对威胁和侵害的时候显得软弱无力。要利用课堂讲授对大学生进行法律知识教育,并指导他们加强自我保护意识,学会运用法律武器来保护自身合法权益不受侵犯。同时要教育学生在遭遇不法侵害威胁时,不要向罪恶势力低头,及时向公安保卫部门寻求帮助。遇到抢劫、强奸、行凶、杀人等违法行为时,应大胆采取正当防卫措施来保护自己和他人[1]。最重要的是要教育学生树立邪不压正的思想意识,面对危险时应该大义凛然、无畏无惧,通过各种方式迫使罪犯停止侵害行为。要善于同违法犯罪行为做斗争,不能硬碰硬,一定要沉着冷静,运用智慧和罪犯进行周旋,为赢得自身安全争取时间。

(二)安全培训的做法

长安大学将安全教育贯穿始终,融入学生日常管理。新生入校后在基础课教学开始之前,学工部和公安处、医院、教网中心等职能部门联合举行多场讲座,全员、全方位地进行安全教育,内容涉及国家安全教育、心理安全教育、人身安全教育、交通安全教育等。利用周日晚点名教育等集中教育渠道反复灌输安全教育理念,在开学前积极开展学生思想动态调研,及时发现并消除学生中的不良思想萌芽,定期开展宿舍安全检查,进行财产安全意识培养,针对毕业生进行求职安全教育,自我保护教育,配合相关部门积极开展防控防疫方面的知识讲座。重点有以下两种方法。

1. 全方位进行安全教育

由于没有意识到安全教育的重要性,很多学校都是在出了事情之后才想起来要重视。目前许多大学的安全教育处于宣传阶段,基本上没有目标和计划,更加谈不上规范化。学校对新生进行的安全教育应当采取更有效的措施,使新生安全教育做到全员、全面、全过程的教育。全员教育即学校各级单位要结合单位业务参与到对学生的安全教育中来,比如说医院和后勤部门。要将安全教育放入第一

---

[1] 王武宁. 大学生安全教育的内容与途径[J]. 湖北广播电视大学学报,2011(10):38-39.

课堂,要充分发挥课堂教学的首要渠道作用,结合各自的专业进行和自身专业相结合的安全教育,如在化工专业的课程中,讲授化学实验安全方面的内容。在日常教育管理中,全面灌输安全第一的指导思想,随时随地对学生进行安全教育,从而营造浓厚的安全教育氛围。

例如,长安大学汽车学院举办"结核病防控"主题讲座。讲座由西安市未央区疾病预防控制中心结核病防治科科长李敏主讲,学院党委副书记赵武刚老师担任主持,校医院副院长汪履明、学院渭水所有辅导员以及学院渭水各学生班学生参加了本次讲座。讲座伊始,赵书记对今天的讲座进行了一个大致的概述并讲述了结核病防控的重要性。接下来李老师开始了今天的讲座,她就3月24日"世界结核病日"的"你我共同参与,依法防控结核"主题,分四个部分展开讲座。首先,她向大家讲述了结核病的基本知识,结核病的发展历史以及结核病在我国预防与治疗的现状,使大家对结核病有了大致的了解。李老师指出,由于结核病的传播源不定型,传播途径难以捕断以及没有有效措施保护易感人群,因此治愈患者是最好的预防。接下来,她结合相关数据对校园结核病流行的现状进行了分析,使大家了解到近几年来结核病的发病率有回升的趋势,让大家意识到防控结核病的必要性。之后,她向大家讲述了校园结核病的防控措施,其中及早发现病人是防控的关键;其次,要注意个人卫生以及宿舍和教室、食堂等地点的卫生。最后,她向大家推荐了与结核相关的一些网站,以便大家进一步了解。医疗保健讲座向大家大致讲述了结核病的相关知识,使大家对如何防治结核有了更多的了解,对于预防校园结核病的产生和传染,保障同学们的健康有着重要意义。

2. 有侧重地进行安全教育

加强安全教育必须在"遍地开花"的基础上抓侧重点。要在教育的基础上增加其他手段来加强教育的效果,如对学生进行思想动态摸排,了解学生的思想状况,从而有的放矢。不能搞形式主义,不能一味地进行填鸭式的灌输,而要讲效果,从内心深处使被教育者也就是学生受到触动。特别是要重视重点场所的安全教育,如一些实验室对温度和易燃易爆物都有特殊的要求,相关教师就一定要告知学生实验室的操作规程和注意事项,杜绝安全隐患。组织学生进行公共活动时,必须教会学生安全常识,检查安全设施,避免发生意外事故。最后抓重点时期的安全教育,新生入学时期的安全教育,提醒新生防盗防骗防抢;进行节假日期间外出旅游的必备常识以及自我保护教育;重大事件纪念日或者抗议游行期间必须要求学生注意自身安全,不盲目随从,不能被不法分子利用。

例如长安大学信息学院在渭水校区树惠园广场组织全院本科生开展安全应急教育。此次安全教育由学校指定的国防生主讲和现场演示。院学办主任、2009级辅导员黄亚男,2010级辅导员周平和2011级辅导员陈卓及全院三个年级1300余名学生参加。在应急教育大会上,周平老师宣读了学校公安处关于加强安全防范的提示。他特别提醒广大师生切实做好安全防范工作,学生要注意在教室、图书馆及宿舍等活动场所的人身安全和财产安全,尤其是不要用贵重物品占座位。信息学院将全院学生进行分组后,以班级为单位,开展心肺复苏等急救知识培训和现场演练,每两位国防生为一组向大家进行应急示范。通过他们的耐心讲解和示范,同学们学会了正确的心肺复苏方法,以及各种意外发生时,应实施的急救措施,了解到很多急救的基本常识。通过应急教育,有效地提高并强化了信息学院大学生的安全意识,能减少或杜绝以后安全事故的发生,即使在发生突发事件时也能最大限度地减少伤害。

三、文化熏陶

(一)大学校园文化内涵

大学校园文化的概念有广义与狭义之分,广义是指大学生活方式的总和;狭义的校园文化则是指在大学历史发展过程中形成的,反映在人们价值取向、思维方式和行为规范上有别于其他社会群体的一种团体意识、精神氛围[①]。大学校园文化具有精神性、集合性、社会性、历史性、时代性和可塑性等具体特征。它是维系大学团体的一种强有力的精神力量,是如今素质教育不可或缺的重要组成部分。大学校园文化形成之后就能成为一种特质,不管你有没有意识到它的存在,它都无时无刻影响着身处于其中的每个莘莘学子。

大学校园文化至少包含五个方面的含义:第一,大学校园文化来源于大学的客观生活,具有明显的层次,因此,大学校园文化也相应具有层次性,其中包括物质文化、行为文化、制度文化和精神文化,依照存在的形态依次递进。第二,大学校园文化的产生、发展与完善离不开一定的行为载体,大学中一切的教学与学术

---

① 吉飞. 素质教育视野中大学校园文化的内涵、功能与建设途径. [J]. 教育与职业,2009(8):50-51.

活动,以及整体学术氛围为大学校园文化提供了良好的发展基点,同时也造就了大学校园文化独具一格的鲜明特色。第三,大学校园文化的传播和发展离不开大学生这个特定群体发挥的重要作用。除开大学生这个庞大的群体,发挥作用的主体还包括教师群体和众多党政管理人员。第四,特定的制度载体是大学校园文化得以反映在大学生活中的重要因素,因此,大学的组织制度在大学校园文化中十分重要。大学作为一种有着明确目标的社会团体,人们之间的关系在相当程度上需由组织制度来维系①。第五,大学校园文化的发展也逐渐形成了自己的核心要素——价值体系。

(二)大学校园文化在素质教育中的功能

大学校园里校园文化与素质教育是相辅相成的关系,二者协调发展缺一不可,共同促进着大学教育进步。素质教育是校园文化建设的主要内容和重要目标,校园文化建设是素质教育的重要载体和有效手段,二者相辅相成,共同发展。

1. 引领素质教育的发展方向

大学精神是大学在办学过程中所形成的特有的风格和目标,以及为实现这个目标,形成这个特质共同努力的行为和道德规范。大学的全体人员为了大学精神共同努力的过程中形成了大学校园文化,优良的校园文化能够引导人、鼓舞人、激励人,它能让人凝心聚力、斗志昂扬、积极进取,它是大学生全面素质教育的灵魂,是实施大学生素质教育工程的关键,对大学生的思想政治、道德品质、行为规范有着巨大的影响。

大学既是文化传播的繁荣地,又是引领时代发展与文化跃进的圣地,文化的传承、发展和创新是大学文化教育的主要目标之一,这决定了在大学校园形成、发展的文化具有无可替代的时代性、先进性、导向性。大学校园文化引领着不同时期学生素质教育发展的方向,为国家和民族培养着一代代革命者、建设者和继承者。

2. 推动素质教育的全面发展

文化素质教育是素质教育的一个核心组成部分,是大学校园文化的根本内容

---

① 吉飞. 素质教育视野中大学校园文化的内涵、功能与建设途径. [J]. 教育与职业,2009(8):50-51.

和精神实质,是大学校园文化建设的一项重大任务。塑造大学生的健全人格是文化素质教育的主要内容之一,也是大学校园文化理应具备的功能之一。

　　培养健康的心理品质是大学校园文化的重要功能。校园文化活动在完善学生心理素质教育和调节其心理状况方面,具有无可替代的重要作用。远离家庭、没有依靠的学生,非常渴望情感交流,而多姿多彩的校园文化活动为他们提供了条件。心理障碍,往往起源于缺乏自信和孤独。在各种适合自身特点的活动中,他们充分表现了自己平时没有发挥的才能,从而增强了自信,也在集体活动中满足了情感交流的需要,使人格得以逐渐健全①。

　　校园文化活动可以使学生知行合一,理论知识和实践活动完美地结合在一起,形成一个以专业知识、综合知识与实践能力为主体结构的、和谐的学习型载体,达到知行合一的理想状态。校园文化以其广博的内容拓展了大学生的视野,并通过各种文化活动促进大学生逐步建立起以专业研究方向为核心,以专业基础知识、专业技术知识为主要内容,相关的外围知识为补充,以锻炼实践能力为目标的网络型知行结构②。

(三)文化熏陶的做法

　　基本思路如下:第一,学校坚定树立价值文化,全面完善师生品格。学校重点培养学生爱党、爱国、爱人民、爱社会主义的高尚情感,培养学生热爱母校、发展母校,以母校为荣的爱校意识。思想政治教育与学生管理、学生发展等具体工作结合起来,贴近学生、贴近生活、贴近实际,增强学生综合素质。第二,深入推动健康文化,砥砺师生身心意志。通过营造"团结紧张、严肃活泼"的身心活动氛围,培养师生具有良好的心态和健康的体魄,使之在学习、生活和工作中更加奋发有为,充满力量。第三,大力营造制度文化,帮扶学生顺利成长。通过建立完善各项学生教育管理制度,创新学生教育管理模式,制定各项学生管理工作的规范化流程,通过一定形式向学生公布和宣传,实现学生管理的常规化、动态化和信息化,管理效果实现持续化,提高了数字化管理水平。以学生为本,注重学生管理的柔性和弹性,改进管理方式,注意刚性制度和柔性管理的结合,实现管理育人的良好效果。具体从以下几个方面着手。

---

① 杨海娇.论职业院校校园文化建设与素质教育.[J].教育与职业,2004(21):51.
② 刘文初.校园文化在大学生素质教育中的作用[J].黄冈师范学院学报,2007(4):125.

1. 深化对校园文化建设的认识

行动的先导是认识。教育的主体要认识到加强校园文化建设对于推动高等教育改革发展、加强和改进大学生思想政治教育、全面提升大学生综合素质的重要意义,从而增强文化建设自觉性。

2. 充分发挥教师的导向作用

在校园文化建设中,教师是主要的参与者和完成者,在各个方面和各个领域有着不可替代的导向作用。学校要充分发挥教师在教育引导方面的优势,鼓励教师积极参与校园文化建设,带动学生树立正确的人生观、价值观、世界观。

3. 积极引导学生的主体意识

大学生是校园文化建设的生力军。他们是教育的受体,而同时也是校园文化的参与者和创造者。校园文化这个阵地也正好是青年学生进行自我教育、自我管理、自我服务的舞台,这个舞台有两方面的作用,一方面师学相长,互为补充,另一方面达到"兵教兵","兵学兵"的目的,使学生在校园主流文化的引导下,发挥其主体作用[1]。

例如长安大学一些二级学院开展的新生公关礼仪培训。如资源学院为规范干事们的行为举止,在长安大学渭水校区修远4201教室召开了"新生教育工程——公关礼仪培训"。出席本次培训会的有:学院学生会主席马泽民、学生会副主席陈琳、秘书长高超、各部部长及干事。本次会议特别邀请到学校大艺团礼仪部副部长张琳、杨晓晨为大家进行公关礼仪培训。培训会议中,大艺团礼仪部副部长张琳对礼仪的概念及为什么要进行礼仪培训做了解释,强调了礼仪培训的重要性。随后,她从仪表和仪态详细讲解了男女着装的基本要求。在日常礼仪的讲解中,她分点讲解了打招呼礼仪、鞠躬礼仪、握手礼仪、引导礼仪等九种基本礼仪,重点强调了相互介绍的细节和递物礼仪的注意事项。此外她还列举了个人举止的各种禁忌及在办公室的注意事项。伴随着主持人的详细讲解,大艺团礼仪部副部长杨晓晨对两位自愿上台的干事分别进行了现场化妆演示,她还现场演示如何捡拾物品。随后,学院礼仪队女生通过屏幕上演示的领带系法为男生佩戴领带。接着,干事们积极上台演示站姿与行走姿势,互动环节气氛十分活跃。培训会议受到大家的一致好评,不仅规范了干事们的言行举止,更提升了学院干事的整体

---

[1] 谢勇刚. 大学校园文化与素质教育[J]. 医学教育探索,2006(7):640-641.

素质,培养大学新生文明礼仪。

4. 加快特色化校园文化建设

特色使校园文化生命力得以延续和能够被识别。无特色的、混杂于社会文化中的"校园文化"不是真正的校园文化。它既可以由高校所在地的环境中得到启发,又能够从高校已经成功塑造出的社会形象中明确解读出来。校园文化的特色是从其自身的历史轨迹中归纳出来的,是从未来的发展展望中能动地创造出来的,是缔造者和创新者心血凝结出来的精华。在校园文化建设中,要坚持以科学的理论武装人,以正确的舆论引导人,以高尚的精神塑造人,以优秀的作品鼓舞人,将学校特色和时代特征有机地结合在一起,努力培育具有大学特色的校园文化。

第五章

大学新生专业与职业教育

高等教育是国家教育体系的重要组成部分,其显著特点之一就是在完全中等教育基础上进行的专门教育,目的是为社会培养高级专门人才。形成巩固的专业思想和树立正确的职业目标不仅是大学生圆满完成学业的重要基础,更是促进大学生完成从学生到职业人角色转变的关键保障。因此,必须从新生入校开始就要对他们加强专业与职业教育,帮助大学新生树立正确的专业思想,良好的职业目标。

第一节 解决的核心问题

正确的专业思想,科学的学习精神,良好的职业目标能帮助大学生树立远大志向,催其进取,是大学生学习动力的重要源泉。而没有目的的学习则使大学生迷茫、消沉,最后导致一事无成。在我国应试教育为主导的大环境下,绝大多数学生在入校之前对大学的专业、大学中如何科学地学习、毕业之后能从事什么工作都不甚了解。这里就大学新生对专业和职业认知中的特点和成因概括介绍,帮助新生对比分析自身,吸取经验教训,在大学入学初就树立正确的专业和职业观。

一、专业的困惑

(一)专业学习兴趣缺乏

目前,好多高校学生身上普遍存在着这样一种现象:由于高考的发挥失常,或是高中所学不精,导致并没有考上心目中理想的大学。而且就算考上理想的大学,却没有选到理想的专业,所以只能服从学校的分配,被分到其他自己并不是十分向往的专业。由于没有根据自身的特长和兴趣被分配到自己喜欢的专业,所以对所学专业力不从心。学生由此会对此专业灰心,从而丧失了对此专业刻苦钻研的精神,缺少了刻苦钻研的精神,就不能称之为具有科学精神,所以,对所学专业的力不从心,严重导致了科学精神的缺乏。

(二)专业知识基础不牢

大学是向国家输出人才的最重要的一个载体。但是,目前的情况并不是十分乐观。大学生刚刚脱离了高中严重的应试教育和灌输式教育,在大学校园这样一个自由自在的天地里,往往忽略了最基本的学习能力。在告别了早上需要早读,晚上需要上自习,每天还要冲刺着大量的试卷和习题的高中生活的时候,自主学习的能力越来越下降。导致了大学生进入大学的校园里,缺乏自主学习的能力,对大学所学专业的基础知识非常不牢靠。

(三)学习内容脱节

在我国,高中教育有两个目的,一是为高一级学校输送合格生源,另一个是为社会培养后备劳动力量。但目前,我国高中普遍盲目追求升学率,导致步入大学之前学习完全以外语、语文、数理化、史地生为学习内容,仅仅局限在知识的灌输,与社会发展需要的各类专业人才培养脱节,学生对各类专业的具体学习内容、学习方法,专业到职业的转变无从了解。

大学的任务是培养具有创新精神和实践能力的高级专业人才,这就要求大学生的学习生活从一开始就必须同专业相联系。在我国大学,按照现行标准,包括12个大的学科门类,包括哲学、经济学、法学、教育学、文学、历史学、理学、工学、农学、医学、军事学、管理学。学科门类下设一级学科,一级学科下设二级学科,二级学科下再结合社会需要设置相关专业,种类繁杂。除了理学、文学、历史学等专业和高中所学知识对接较多外,绝大部分专业就大学新生而言都是第一次接触。新专业学习又涉及众多知识,包括专业认识、专业培养、专业理论学习和专业实践技能的培养,这些都需要大学新生在较短时间适应,给大学新生带来挑战与困惑。

(四)学习方法僵化

我国高中目前基本是应试教育,以填鸭式的传授知识为手段,以反复训练,应对考试为主要教学目标。一般情况下,高中学生完全按照老师、家长的指导完成学业,老师给你安排什么作业,什么时候考试等,一切都是教师、家长安排好。日常的学习重点也往往针对某一类型考试题,来探讨考哪些知识点、应该用某一种方法完成。学习内容有限,通过反复训练达到掌握知识和方法,通过考试来评价学习成效。

大学的专业学习中,基础知识的教学内容大,节奏快,很多时候一个学时的学习内容超过高中一周的学习内容。大学老师不会反复讲知识,只会告诉你如何去做,告诉你从哪些方面下手,接下来的事情就是你参照这些提示,自己去完成任务。大学老师会在课堂上提出很多种学习方法和研究方法,至于这些方法你用不用是你自己的事情,老师也不会强制让你采用某某方法,强制你怎么样。

(五)专业认识零碎

高中生在报考志愿时,选择专业,主要的信息来源是网络、媒体,以及亲朋好友的建议,评判的标准也往往单一地以社会对某专业的需求,以及该专业毕业就业难易、就业环境和薪资待遇。考生以热门、冷门来选择专业,而不是以兴趣来选择专业。有学者曾经做过一项学生对专业了解的调查,发现在对1000名大学新生的调研中,有86.5%的学生在报志愿的时候对自己的专业很少了解。由于成绩不理想,录入冷门专业的学生担忧就业竞争和前途,觉得该专业学了也找不到好工作,没有发展前途,不如另作打算。录入热门专业的同学,由于对专业期望过高,且没有准确认识,在专业学习一段时间后,由于现实和理想的冲突,导致觉得自己不适合该专业,对专业失去兴趣,产生困惑。

(六)专业学习没有及时强化

行为主义心理学家斯金纳的操作性条件作用理论认为,一个人的行为发生以后,如果得到正强化(奖励),那么这种行为的后继发生概率会增加。如果一个人的行为发生后,得到的是惩罚(如批评,不良学习成绩,失败体验等),这种行为的后继发生率会降低。[1] 在高中的学习过程中,学生定期测试,学生能够得到激励或惩罚,老师也及时根据学生的情况,做出引导策略。但大学学习内容多,且几乎日常没有考试,学生很难得到自己对学习的评价,往往不能体会到学习的收获与喜悦,导致学生慢慢对学习失却兴趣,陷入迷惑。同时,大学专业面向社会和职业,但大学新生专业学习往往集中在理论学习阶段,学习的收获既不能通过成绩

---

[1] 徐云. 斯金纳与罗杰斯人格理论之比较[J]. 宁波大学学报(教育科学科学版),2003(2):1-4.

体现,也很难再实践中应用,新生没有办法了解到自己所有知识具体有什么作用,无法促进学生加强专业学习。

二、职业的恐惧

目前我国大学生就业政策以市场为导向的自主择业、创业,其总体特点是大学生就业情况与经济发展密切相关。且扩招后,大学毕业生总量不断增长,2014年本科毕业生总人数突破700万,就业市场压力空前。媒体报道大学就业难屡见不鲜,不时爆出"世上最难就业季""大学毕业生回家卖猪肉"等新闻,在网络媒体发达的今天,这些信息在高考报志愿时已经萦绕在考生心头,在大一新生入学时就带来无形的就业压力和就业恐惧。特别是部分农村困难学生,读大学后的预期就业难与高中外出打工的现实收益冲突,给他们带来学业和就业的压力和忧虑。

(一)职业认识偏谬

大学新生在以往的学习中,都是以进入高一级的学校继续深造为目的,是从学校到学校。而进入大学后,发现学习的主要目的之一是进入社会,找到一份职业,与以往不同的学习目的,以及将要面临一个以前并不熟悉的社会环境,这些都给大学新生在思想上带来冲击。同时,由于传统应试教育带来的影响,绝大多数的大学新生对于毕业之后的从事行业、工作的具体内容,甚至如何找到工作等所有情况的了解基本是空白,这些因素汇集成大学新生对于大学学习的茫然和职业的恐惧。

(二)职业期望过高

大学新生入校前基本没有接触过专业和职业教育,对于职业的了解绝大多数都是通过网络、影视媒体等,对于职业的理解过于理想化,往往将这种理解带入到大学的学习当中。片面认为职业必须光鲜体面,选择职业,就是选择未来,十分看重就业,有较高的自我期望,想实现较高的个人抱负,但进入大学后,通过老师、学长了解到的信息,所学专业以后的职业普通,工作的内容单一,有的甚至工作的地点偏远,这些与理想中职业的冲突,给大学生新生带来较大的心理压力。

(三)就业的功利主义价值观

社会价值的多元化,网络信息的杂乱,有时候甚至家长的错误引导,导致大学新生在专业的选择、职业的选择过程中过分强调经济利益,把金钱、权力作为衡量自我价值的重要尺度。重眼前实惠,轻长远发展,把地域好、薪水高、工作舒适作为职业选择的重要条件，放弃自己的兴趣爱好、职业目标、发展方向。但在双向选择就业的今天，新生向往的"好工作"只有少数精英学生才能获取。现实的压力和期望，以及朋辈之间的对比，在错误的价值观下，更加剧了大学新生对于未来的担忧。

三、科学精神的缺失

（一）缺少发现问题的眼睛

大学生都经历了三年的高中生活，为了考进一所理想的大学，充斥了三年严重的应试教育，考什么老师就讲什么，学生就学什么；不考什么老师就不讲，学生也不用学。所以，新生很少主动去读一些课外书，培养自己的科学精神素养。刚迈入大学的校门，新生在学业方面茫然，缺少合理的学习方法，不会读书，也不会独自一人做学问，所以缺少自主学习的机会，更加缺少发现问题、提出问题、解决问题的能力。

（二）缺少提出质疑的声音

大学新生在高中接受灌输式教育的程度非常严重，好多知识学问并不是通过自己自身努力学习和消化得到的，而是靠老师反反复复的灌输式学到的。所以缺少了提出质疑的声音。新生缺乏与老师交流的有效方式方法，与老师之间的距离较远，交流的机会越来越少。新生很少主动在课余时间与老师交流所学的内容，缺少了提出质疑的精神，也导致了高校大学生科学精神严重地缺乏。

（三）学术腐败现象的冲击

目前，大学新生自主学习的能力较差，为了应付老师所留的作业，或是自身能力比较低，选择抄袭作业，拷贝网络知识，甚至方式完成学习任务，缺少了治学严谨的态度，缺少了对科学精神的严谨治学的态度。高校学术不端行为盛行、学术造假现象猖獗等屡屡被报道，严重冲击了大学新生的学术风气，也严重地影响了大学新生的身心健康和学习能力。

（四）网络迷信盛行

近年来，随着科学技术的进步，网络已经成为迷信活动最盛行的载体。正是由于在网络上的盛行，这正好迎合了大学生的需求。大学生中存在的迷信现象是多种多样的，如看手相、看面相、抽签、测名字的凶吉、测手机号的凶吉等形式。学生算命的主要内容有恋情、事业、财运等。而且经过时间的推敲，迷信算命的形式更加优雅,如星座、血型,更甚者每天都要上网查询每天运势,算塔罗牌等。大学新生由于缺乏客观判断能力,较容易受到影响,从而导致新生信迷信而不信科学,追求心理满足,而不追求真理。

第二节 专业与职业教育的理论依据

所有的教育活动必须要依据科学的教育理论,正确的教育方法,孟子说过"事必有法,然后可成。师舍是则无以教,弟子舍是则无以学"①。大学新生专业和职业教育中,要达到既定的目标,必须以科学理论为指导。本节介绍专业教育、职业教育和科学精神培育三个方面相关知识和理论,供新生教育参考、掌握和运用。

一、专业教育理论

(一)专业教育的含义

专业教育,即是指为学生从事某一职业所需的知识和技能做准备的高等教育,由教育学者顾明远主编的《教育大辞典》中对专业教育有专门的界定:"专业教育是根据社会职业分工、学科分类、文化科学技术发展状况及经济建设与社会发展需要划分各个学科和专业,高等学校据此制订专业培养目标、专业教育计划和组建专业课程体系,为国家培养、输送所需的各种专门人才,学生亦按学科和专业的分割来进行学习,形成自己在某一专门领域的专长,为未来的职业活动做准备。"②从这个定义中可以看出,就培养目标而言,专业教育以培养"专才"为目标,教育价值取向的功利性强,强调实用和为学生将来从事的职业做准备。就教育内容而言,学科分类是专业形成的一个重要依据,学科知识按系、专业分割,分门别类,专业口径一般很窄。

(二)专业教育发展

"专业教育"并非一个现代概念。西方,早在中世纪大学建立时,就有为社会培养官员、医生、律师和牧师的专业教育。美国建国初期继承欧洲的传统,把大学

---

① (宋)朱熹. 孟子集注[M]. 济南:齐鲁出版社,1992:45.
② 顾明远. 教育大辞典[M]. 上海:上海教育出版社,1990:187.

视为培养牧师、教师、律师和医生的场所,这也是大学专业教育政治论背景的初始体现。贯穿19世纪的工业革命的力量赋予大学所发现的知识以越来越现实的影响。学术知识,特别是占优势地位的研究性大学所提供的知识创造了工业生产上的奇迹。政治论的高等教育哲学压倒了认识论的高等教育哲学。到了19世纪末,科学主义对高等教育产生了重大影响。以科学主义为基础的教育哲学认为,大学是以社会需要、国家需要为基础的,大学教育的培养目标就是要把学生培养为对社会和国家有用的科学人才,主张大学教育的专业化和职业化。知识的专门化、学科的分化以及社会分工的细化导致高等教育中专门教育的规模扩张,社会政治经济的快速发展要求大学为社会培养高级专门人才,因此专业教育在大学中不仅取得了有利地位甚至成为高等教育的主要发展方向,其目的在于使受教育者获得一定的专业知识和技能以便更易生存、更切近地适应社会的需要以及更专业地为国家服务。

(三)专业教育相关理论

1. 皮亚杰(cognitivism)的认知发展论。认知主义学习理论是认知心理学派的主要理论之一。它开始于20世纪50年代中期,60年代之后迅速发展并形成了系统完整的理论体系。该理论流派的主要代表人物有皮亚杰、奥苏泊尔和布鲁纳等。皮亚杰吸取了格式塔学派的学习认知和学习组织观点,提出了认知发展论。他认为,发展就是个体在与环境相互作用中的一种建构过程,也是个体通过同化(有机体利用已有的认知结构把新刺激整合到自己的认知结构中去的过程)和顺应(同化性的结构受到刺激的影响而发生改变)日益复杂的环境而达到平衡的过程。个体正是在平衡与不平衡的交替中不断建构和完善其认知结构,从而实现其认知的发展。[1]

新生入校后,进入一个新的环境,个体与环境之间必然出现新的冲突,特别是在专业学习认知方面。专业学习方面,迈入一个几乎是新的领域的学习,单靠新生个人很难融入新的学习中,从而达到个体与环境的通话,进而适应大学的专业学习,达到新的个体与环境的平衡。这样,就需要在大学新生入校后,通过学校、教师以及管理人员以教育引导,活动带动,朋辈帮助等形式促进这一平衡过程。

---

[1] 徐小贞. 中国高职英语专业教育理论研究[M]. 外语教学与研究出版社,2006:201.

2. 联结主义(connectionism)认知观。联结主义作为一种学习理论早已有之,但计算机科学给了它新的活力。自20世纪80年代中期以来,越来越多的人试图将联结主义理论运用到记忆和学习的一般研究中去。联结主义把认知看作类似于神经元组成的网络系统的整体活动。网络是由节点构成,联结是加权的联结,权值为正的是兴奋性联接,权值为负的是抑制性联接。每个节点都有不同的活性,既可以使其他节点兴奋或受到抑制,也可以受到其他节点的兴奋或抑制作用的影响。在学习某种行为时,行为样本逐渐改变网络联系中的权重。权重的改变会在网络结构中蔓延传播。已经学会的行为与网络联系中的某一权重分布形式相对应,而与网络结构本身固有的形式无关。学习的过程就是逐渐改变网络联系权重的过程,而不是建立抽象的规则。

通过联结主义我们可以清楚地了解到,激发新生对专业学习的兴趣,不能简单通过一次的讲座、活动就能解决,而是要通过不间断地对学习中的一些结点进行刺激,并有序地将结点串联起来,形成一个系统的刺激过程,这样才能更好地帮助新生适应、了解并掌握专业与职业的知识,有效地帮助新生专业的学习。在大学新生入校初,对大学充满兴趣与探索,依赖丰富多样的专业教育活动,多点全面地让新生对专业进行了解,必然能够形成良好的效果。

3. 人本主义(Humanistic)学习理论。人本主义心理学家罗杰斯就学习问题进行了专门的论述。罗杰斯认为学习是个人潜能的充分发展,是人格的发展,是自我的发展。罗杰斯反对行为主义对学习实质的看法,认为学习不是刺激与反应间的机械联结,而是一个有意义的心理过程,因为具有不同经验的人在感知同一事物时,他的反应是不同的。罗杰斯认为,人在本质上是自主的、能动的,其行为受自己意志、价值观的驱动和维持,不受外在因素的支配。罗杰斯认为,学习是学生自我表现、自我价值实现的过程,学生是学习的主体,教师只是一位咨询者,教学的实质和根本任务在于创建一个让学生感到安全、轻松、消除心理压力和负担的情境。让学生敢于和勇于自动发表见解、自由想象和创造。

罗杰斯认为,意义学习主要包括四个要素:第一,学习具有个人参与的性质,即整个人(包括情感和认知两方面)都投入学习活动;第二,学习是自我发起的。即便推动力或刺激来自外界,但要求发现、获得、掌握和领会的感觉是来自内部的;第三,学习是渗透性的,也就是说,它会使学习者的行为、态度,乃至个性都发生变化;第四,学习是由学习者自我评价的,因为学习者最清楚这种学习是否满足自己的需要、是否有助于导致他想要的东西、是否明了自己原来不甚清楚的某些方面。罗杰斯学习理论的特点在于他试图把认知与情感合二为一,以便培养出完整的人。

在"以人为本"深入社会每个方面的今天,罗杰斯的教育理论可能更受到大学新生的青睐,同时也告诉我们在对新生进行专业的教育过程中,必须以激发新生对于专业的兴趣,将他们对专业的学习转化成满足于自身需求的动力。特别是对于已经步入大学的90后,他们更强调自我的认同,因此,对于新生的专业教育,应该着眼于激发新生的学习与兴趣,通过开展适合当代学生特点的活动,才会有更好的教育效果。

二、生涯规划理论

(一)职业生涯的含义

生涯,英语是"Career","生",即"活着";"涯",即"边界"。广义上理解,"生",自然是与一个人的生命相联系;"涯",则有边际的含义,即指人生经历、生活道路和职业、专业、事业。

职业生涯就是一个人的职业经历,它是指一个人一生中所有与职业相联系的行为与活动,以及相关的态度、价值观、愿望等连续性经历的过程,也是一个人一生中职业、职位的变迁及工作、理想的实现过程。职业生涯是一个动态的过程,它并不包含在职业上成功与否,每个工作着的人都有自己的职业生涯。

职业生涯(Career)这个概念的含义曾随着时间的推移发生过很多变化。在20世纪70年代,职业生涯专指个人生活中和工作相关的各个方面。随后,又有很多新的意义被纳入到"职业生涯"的概念中,其中甚至包含了生活中关于个人、集体以及经济生活的方方面面。

职业生涯就是一个动态的过程,是指一个人一生在职业岗位上所度过的、与工作活动相关的连续经历,并不包含在职业上成功与失败或进步快与慢的含义。也就是说,不论职位高低,不论成功与否,每个工作着的人都有自己的职业生涯。

(二)职业生涯规划的含义

职业生涯规划是指个人发展与组织发展相结合,在对个人和内外环境因素进行分析的基础上,确定一个人的事业发展目标,并选择实现这一事业目标的职业或岗位,编制相应的工作、教育和培训行动计划,对每一步骤的时间、项目和措施做出合理的安排。个人职业生涯规划设计应该遵守如下准则:择己所爱、择己所长、择世所需、择己所利。职业生涯规划按其时间长短,划分为短期规划、中期规划和长期规划。

(三)职业生涯规划相关理论

目前有关职业生涯选择和发展的理论分两类:静态规划理论和动态规划理论。

1. 静态规划理论。静态理论把职业生涯问题和决策看作在一个时间上发生的事件,即在个人生活中某一时刻所发生的事。这类理论强调选择什么以及将个人与环境相匹配。

(1)帕森斯的人职匹配理论。帕森斯的人职匹配理论,是最早的职业辅导理论。他认为人与职业相匹配是职业选择的焦点,每个人都有自己独特的人格模式,每种人格模式的个人都有其相适应的职业类型。[①] 他试图考察与个人选择和职业选择相联系的所有因素,强调制定生涯决策时需要掌握有关个人及其各种选择的良好信息,仔细运用逻辑和推理的技能来决定哪种选择最佳。一个人如果缺乏对自己和职业的信息,或推理技能不足,那么他就会有做出不适宜的职业选择的危险。帕森斯认为,高水平的自我评价、职业信息,再加上专业的咨询,是帮助人们解决职业生涯问题的核心。

人职匹配是任何一种职业规划理论都不能跨越的过程,且基础是人对于自身与职业的了解。但对于刚入校的新生来说,对于自身认知不成熟,对于职业更是无从了解,所以新生职业就业的基础应该放在帮助新生了解自身,了解专业,了解职业,并让其有机结合起来,在新生阶段就树立寻找自己喜欢、符合自身价值观的职业目标。

(2)罗伊的理论。罗伊也是一个结构取向理论家。罗伊认为个人需要满足的发展与个人早期的家庭气氛及成年后的职业选择有着密切的关系,并且依据对个人需要可能充分满足的程度来看待职业。如个体成长过程中,父母对他(她)是接纳的还是拒绝的,家中气氛是温暖的还是冷漠的,父母对他(她)的行为是自由放任的还是保守严厉的,这些都会反映在个人所做的职业选择上。

一个人如果未能考虑各方面因素,或者未能考虑不同因素的相对重要性,他

---

① 杜林致. 职业生涯管理[M]. 上海:上海交通大学出版社,2006:69.

就可能会做出一个不太令人满意的职业选择。[①] 在对大学新生进行职业教育的过程当中，务必要考虑到学生的实际情况，包括其家庭情况、个人成长历程，因为这些都对新生对于职业选择有着不可分割的影响，不能简单地仅仅从学生的专业出发。

（3）霍兰德的环境类型理论。这是关于人格类型和与之匹配的环境类型的理论。在后面，我们将进一步介绍霍兰德的理论，因为自1950年起，他开发出了职业生涯领域最为广泛使用的工具和资料。霍兰德的理论不断产生大量新的研究，他编制的兴趣量表——"职业兴趣自我探索量表"，已经广泛应用于各种社会和工作环境，包括各种职业、职位、组织、学校和人际关系等。

霍兰德的理论已经成为职业生涯教育中经常使用的一种工具，在新生的职业教育当中我们应该充分利用好类似的方法和工具，比如新生入校后，通过不同层面对新生进行相应的职业测试，并系统分析后反馈给学生。通过测试、教育引导、再测试的方法，循序渐进地引导新生寻找到适合自己的职业。

2. 动态规划理论。动态规划理论家探索年龄、学习、成熟和人格对职业生涯选择的影响方式，强调个人进行职业生涯选择是毕生的事情，需正确理解生涯发展过程和良好的决策制定过程，而不是任何特定选择的结果。

（1）舒伯的生涯彩虹图理论。职业生涯规划大师舒伯拓宽和修改了他的终身职业生涯发展理论，创造性地描绘出一个多重角色生涯发展的综合图形——"生涯彩虹图"。综合阐述生涯发展阶段与角色彼此间的相互影响，形象地展现了生涯发展的时空关系，更好地诠释了生涯的定义。在生涯彩虹图中，纵向层面代表的是纵观上下的生活空间，是由一组职位和角色所组成。分成孩子、学生、休闲者、公民、工作者、持家者六个不同的角色，他们交互影响，交织出个人独特的生涯类型。

他认为个人在发展历程中，随着年龄的增长而扮演不同的角色，图的外圈为主要发展阶段，内圈阴暗部分的范围长短不一，表示在该年龄阶段各种角色的分量；在同一年龄阶段可能同时扮演数种角色，因此彼此会有所重叠，但其所占比例则有所不同。

根据舒伯的看法，一个人一生中扮演的许许多多角色就像彩虹，同时具有许

[①] 殷智红，邱红著. 职业生涯规划[M]. 北京：北京大学出版社，2010：132.

多色带。舒伯将显著角色的概念引入了生涯彩虹图。他认为角色除了与年龄及社会期望有关外,与个人所投入的时间及情绪变化都有关联,因此每一阶段都有显著角色。

在生涯彩虹图中,最外的层面代表横跨一生的"生活广度",又称为"大周期",包括成长期、探索期、建立期、维持期和衰退期。里面的各层面代表纵观上下的"生活空间",由一组角色和职位组成,包括子女、学生、休闲者、公民、工作者、持家者等主要角色。各种角色之间是相互作用的,各角色的成功,特别是早期角色的成功,将会为其他角色提供良好的基础;反之,某一个角色的失败,也可能导致另一个角色的失败。舒伯进一步指出,为了某一角色的成功付出太大的代价,也有可能导致其他角色的失败。

舒伯的职业生涯规划理论从一个人一生的角度出发,帮助我们更清楚地理解生涯发展和决策制定所涉及的内容,也告诉我们对于新生的职业生涯规划不能孤立当作大学期间的一个教育任务,而是要贯穿学生一生成长,以一个更为宽泛的角度出发,帮助学生寻找到自身的角色。同时也提醒我们,在大学的不同阶段,要进行不同的教育内容,不能急于求成,毕功于一役地在新生阶段解决职业教育问题。

(2)克朗伯兹的生涯决定社会学习理论。社会学习论是由班都拉所创,强调的是个人独特的学习经验对其人格与行为的影响。克朗伯兹将其观念引用到生涯辅导上,用以了解在个人决策历程当中,社会、遗传与个人因素对于决策的影响,并对职业生涯决策影响因素进行了分析。

依照克朗伯兹生涯社会学习理论的观点,你的偏好折射了你所习得的反应。当你做或观察别人做与某项职业有关的事而得到正反馈,如赞许、认可等,你会倾向于对该职业有所偏好。反之,没有反馈或因你的偏好、技能、行动而受罚,会减弱,甚至会完全消除你对某一职业的偏好。例如,在校成绩较差,看到他人在所选的领域里找不到工作,听到父母或其他人贬损某些职业,自己做的职业规划总是被他人否决,看到他人的职业计划受挫,于是得出结论说你也无法控制自己的未来等。

1983年,克朗伯兹提出社会学习理论应用于职业生涯规划的一个方面是检测人们在职业决策和求职时可能产生的一些棘手想法。克朗伯兹认为,个人信念与期望是生涯发展的一个重要组成部分。个人信念与期望有时被称为自我效能期望。自我效能期望是后天习得的,它是指人们对自己组织和执行各种活动以达到特定绩效水平能力的判断。例如,数学的自我效能感是我们相信我们能够在有关数学的问题解决任务中取得某种水平的成绩。生涯的自我效能感是指我们相信我们能够成功地完成生涯决策活动。重要的是,在生活的许多领域,我们都能学习和改变我们的自我效能感期望。人们如果有一些不利于自己的自我效能期望,不改变自己的自我效能期望,就可能会做出不现实的选择或者找不到有可能令你满意的职业。

克朗伯兹的理论从更为人性的角度告诉我们,职业生涯规划的重要性。对于可塑性极强的大学新生来说,我们要通过更为人性、有效的方式对于新生在专业认识过程中予以激励,通知激励手段促进新生在大学期间的学习,帮助他们树立对于自己喜欢职业的信心。而就大学新生的职业教育来说,一个积极向上的引导能更好地帮助学生找到适合自己的职业目标。

(3)泰勒曼的生涯决策制定模型。生涯理论家泰勒曼强调生涯是一种过程。他有时以船在开阔的海面上航行做比喻。对于生涯这艘船来说,没有导航的坐标,但船长可以使用地图、指南针、风和有关洋流的知识来保持航向。在开阔的海面上,各种情况总是变化莫测,所以为了不使船沉没并保持航向,船长必须经常做出判断。泰勒曼还指出,当行驶中的船驶过海洋时,它不会破坏环境。有时你是否也会想到你的生涯就像开阔的地平线一样机遇无限,但如果没有安装导航设备,那么你根据什么设定你的生涯航向呢?

泰勒曼提出了一种决策模型,描述了决策制定的两个阶段:最初发生在个人头脑中的期待阶段和包含许多行为活动的执行阶段,见图5-1。

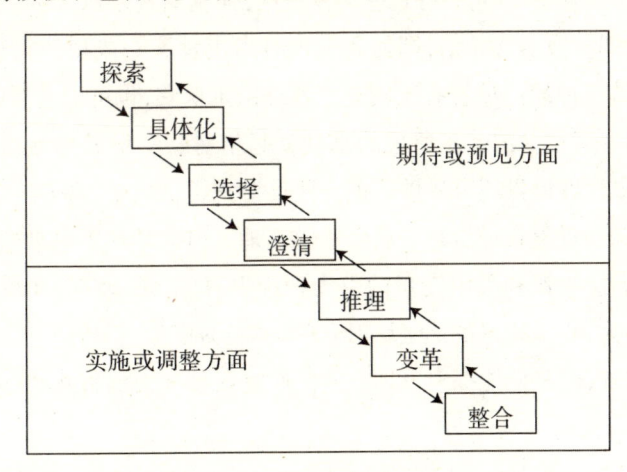

图5-1 决策制定模型

在决策制定过程中,要注意以下几个问题:

·模型中七个步骤之间的箭头指向都是双向的,这表明决策过程不只是向一个方向发展的。

·"选择"阶段发生在这个过程的早期而不是发生在过程的结束。

·决策制定过程中有四个阶段主要发生在个人的头脑中,因此涉及我们的思维过程。

·即使我们开始实施一个选择,我们依然处于决策制定过程中。当一个人已经处于推理阶段,也并不表明他无法回到澄清阶段,这只是决策制定过程的一部分而已。

泰勒曼职业生涯理论给我们打开了一个更为广阔的职业天地,突破了专业与职业对应的局限。因此,在新生的职业教育中,我们要以广阔的视野去应对,除了结合专业的职业教育之外,更应该充分调动新生自身的主观能动性,发掘新生的潜能,通过不断的实践检验,给新生在专业的基础上打开一条更适合他们的路,比如广泛的创业教育。

三、科学教育理论

科学教育理论主要借鉴波普尔科学理论思想,具体如下:第一,真理观念及真理特性。在真理观念方面,波普尔坚持"符合论",他认为"真理就是符合事实"的同义语[1]。据此波普尔首先坚持真理的客观性,强调真理不以人的主观意志为转移。一种理论即使没有人相信,即使我们没有理由承认它或相信它是真的,它也可以是真的,另一种理论尽管有比较充分的理由承认它,也可以是假的。第二,真理具有绝对的普遍性。波普尔所说的真理就是指对整个世界绝对无误的全部符合,即对无限发展世界的穷尽性认识。他反对把类似"二二得四""所有的桌子都是桌子"的同语反复说成真理。科学追求真理。但科学绝不追求这样无意义的真理,尽管它们比牛顿和爱因斯坦的引力理论更真实。[2] 第三,真理具有不可知性。波普尔认为,科学研究虽不能认识真理,但能够探索它,猜测它。真理在我们的可及范围以外,但我们能探索真理。人们通过各种努力的猜测和探索虽不能认

---

[1] 波普尔. 客观知识[M]. 上海:上海译文出版社,2001:142.
[2] 波普尔. 客观知识[M]. 上海:上海译文出版社,2001:143.

识真理,却能接近真理。虽不知道距离真理有多远,但我们能愈来愈接近真理。我们的目标不是获得真理,而是通过批判找到愈来愈接近真理的理论。在波普尔看来,科学的发展、新旧理论的不断取代就是一个通过探索和猜测不断向客观真理接近的过程。

大学新生入校前在硬性的应试教育模式影响下缺乏了想象力、创造力,严重地影响了他们的思考能力,更谈不上科学精神的培养。大学生科学精神的核心即是科学精神在大学生这样一群特定人群身上的表现。波普尔的真理思想能够帮助大学生树立正确的科学思想,以思辨的精神认知大学的学习生活,坚持对科学的追求,通过现实中的学习与精力,探求符合于生活的真理,追求知识,探寻真理,学会学习。

第三节 专业与职业教育的内容

刚进入大学的新生,对于所学专业的学科特点、学科地位、培养目标、发展前景、就业形势缺乏正确的认识,开展学科专业与职业认知教育是大学新生的现实需求。给大学新生系统介绍专业、职业概念及系统知识,帮助新生确立专业思想,掌握专业学习,明确职业选择,树立职业目标。能够激发新生专业认同感和学习热情,有利于帮助学生明确专业发展方向,规划职业发展,为大学生成长成才奠定良好的基础。

一、专业认知

(一)专业的概念

专业,《辞海》将其定义为"高等学校或中等专业学校根据社会专业分工需要所分成的学业门类",并指出"各专业都有独立的教学计划,以体现本专业的培养目标和规格"。根据这一定义,从大学的角度来看,专业是为学科承担人才培养的职能而设置的;从社会的角度来看,专业是为满足从事某类或某种社会职业所必须接受的训练需要而设置的。该性质决定了专业的若干基本特征,专业的教学计划是三类课程的组合,即思想道德、科学与人文知识课程,学科基础知识课程,专业性(专门化、职业化)知识和技能训练课程。第一类课程是对学生进行全面素质教育所必需的基础,第二类和第三类课程是由某一专业培养高级专门人才的目标所规定的。它体现的原则是:"以育人为目标,以学科为依托,以社会需求为导向。"①

(二)如何选择专业

无数的事实证明:一个人无论是处于主动或者是盲从地选择了某一专业,他都无法保证这个专业一定是自己将来要从事的职业或事业,所以我们只要用科学合理的方法,以认真、慎重的态度加上轻松的心情来对待填报志愿和选择专业就可以了,完全没必要大伤脑筋。在此,我们给出专业选择的可操作的建议:两个准则、两个适度。

两个准则:一是以发展的眼光分析社会形势。社会变化是如此之快,不要把目光只局限于眼前,要有前瞻认识,避免盲目从众。当前热门的专业,随着社会的发展,等到毕业可能已经变成冷门;相反,目前有些专业看似冷门,但其发展前景却是相当乐观的。二是以个人的全面发展为主线和准则,不要忽视自己的兴趣。因为兴趣是最好的老师,可以激发你学习和工作的动力,促使你积极地感知和关注专业知识、动态,并且积极思考,大胆探索,不畏困难地完成学业。

两个适度:一是适度参加测评,最好在专业教师的指导下进行测试,关于这类测评在网站和市面上有很多,测评的结果未必真正适合你,要一分为二地看待测试结果;二是适度地考虑所报考专业毕业后的就业机会问题,但不要过分地纠缠于这个问题。

(三)专业与职业的关系

任何人都不会否认大学教育对人生和职业发展的意义,而职业生涯发展所要解决的问题绝不是一个人走向工作岗位才需要开始思考的,而是在你迈入大学校门前就应提醒自己要思考的伴随一个人终生的问题。

那么什么样的工作是好工作呢?首先,好工作的标准对每个人来讲是不一样的,但是有一点是可以肯定的,在大学毕业刚刚迈上工作岗位时,对自己锻炼最大的工作就是好工作。

大学的专业选择跟将来所从事的职业之间没有绝对必然的联系。而且,毕业以后即使从事本专业,也不是没有改行的可能。全球第一大管理咨询公司,麦肯

---

① 訾红,张云霞.大学生职业发展与就业指导[M].重庆:重庆大学出版社,2008:180.

锡的中国区总裁吴亦兵是生物学博士,麦肯锡每年招聘的毕业生中既有学文科的,也有学工科的,还有学经济学的,可以说什么专业背景的人都有;全国教育软件行业的龙头企业北京金洪恩软件公司的总裁是学化学的,所招聘的程序员80%都不是计算机专业科班出身;全球第一大投资银行摩根士丹利银行每年在国内清华、北大招聘的毕业生并不仅仅是学会计、金融的,反而是学国际关系或工科专业的同学更受青睐。跨行业招聘已成为大型企业招聘人才的一个重要参考标准和用人机制,并且该趋势目前一直呈发展状态。

(四)专业学习的目的

第一,获取从事某种职业的知识和技能。这种获取主要通过学校教育和自学来实现。我们选择高等教育就是为将来的就业做准备,在大学学习期间就要充分利用时间,获取我们将来从事这项职业的资本。无论你对所学专业是否感兴趣,一定记住一切围绕职业目标进行规划:首先,没有兴趣,要尽量培养兴趣;其次,尽快调整到自己感兴趣的专业;如果上述两个方法都不行,就要保证在已修专业取得毕业资格的基础上,辅修和自学兴趣专业,获得任职资格,或是积极参与与兴趣专业有关的活动,比如实习、打工、志愿者等,目的是获得资历。要记住:有专业才会有高度,任何时候,把一个专业做精了,都是可以获得竞争优势的。在学校里浑浑噩噩度日子,是不会受到用人单位青睐的。

第二,培养获取某种职业的意识以及这种职业要求的综合能力。在大学求学期间就要关注有关这种职业的信息,了解相关行业的最新发展动态。根据变化及时调整自己的就业计划。比如,有针对性地为将来的就业考取相应的资格证书或是接受培训。最后1~2个学期可以选择到自己中意的单位去实习,或是参加社会实践,获得实际的操作技能和社会经验。有些学前教育的学生,从未接触过幼儿园和学龄前儿童,不懂得如何与孩子沟通,就业时很难应聘到理想的单位。

专业选择只是你人生过程中的一些经历而已。关键在于你是否在大学期间做了充足的准备,你的知识、能力、观念、心态、心理素质、经验都有什么程度的增长,你是否为自己的内在成长做好了科学的规划,你是否为自己的无形资产做好了可操作性的增值计划,用一句职业生涯理论的话来说,你是否为自己的职业做好了充足的准备,是否为未来的职业做了科学的、可操作的规划。这也决定毕业以后,到底能不能进入自己向往的公司去工作,找一份自己满意的工作。

专业是职业发展的基础,但并非简单的对应关系。不同的专业有不同的培养目标、课程设置和发展方向,专业能力要求和专业前景也是不同的,因此专业是我们职业发展的基础。但是,还有一点是必须强调的,专业与职业之间不是简单的对应关系,你从事的职业或许与你学习的专业并没有直接的关系,但是不要忘记正是高等教育开拓了你的视野,锻炼了你的思维,使你能够站在巨人的肩膀上。

二、职业认知

(一)职业的特征

(1)经济性,即从中获取收入。

(2)技术性,即可发挥才能和专长。

(3)社会性,即承担生产任务,履行公民义务。

(4)伦理性,即符合社会需要,为社会提供有用的服务。

(5)连续性,即所从事的劳动相对稳定,而非中断性的。

(二)职业的要素

任何一种职业都具备如下五个组成要素:

(1)职业名称。

(2)工作的对象、内容、劳动方式和场所。

(3)任职资格和具备的能力。

(4)工作取得的各种报酬。

(5)在工作中建立的与其他部门或社会成员的人际关系。

这些要素充分体现了职业是社会与个人、整体与个体的联结点。社会整体依靠每一个个体通过职业活动来推动和实现发展目标,个体则通过职业活动对整体做出贡献并索取一定的回报以维持生活。整个社会因众多的职业分工和从业者的工作构成人类共同生活的基本结构。

(三)职业的分类

所谓职业分类,是指按一定的规则和标准把一般特征和本质特征相同或相似的职业,区分并归纳到一定类别系统中去的过程。职业分类广泛用于经济信息交流、人口统计、就业服务、职业培训等诸多领域,它能帮助择业者了解不同职业、认识各种职业特点及其对人的要求后再对照自身实际情况选择职业。

随着社会生产力的发展,社会分工日益精细,原有的很多职业逐渐退出历史的舞台,新兴的职业不断涌现,职业分类一直处于不断发展和变化的过程中。1999年由国家社会和劳动保障部、国家质量技术监督局、国家统计局颁布了全面反映我国社会现阶段职业结构状况的《中华人民共和国职业分类大典》,将我国社会现有职业结构划分为8个大类,66个中类,413个小类,1838个细类(职业)。

(四)职业的资格

职业资格是对从事某一种职业所必备的学识、技术和能力的基本要求。职业资格包括从业资格和执业资格。从业资格是从事某一专业(工种)学识、技术和能力的起点标准。执业资格是指政府对某些责任较大、社会通用性强,关系公共利益的专业(工种)实行准入控制,是依法独立开业或从事某一特定专业(工种)学识、技术和能力的必备标准。

职业资格分别由国务院劳动、人事行政部门及其委托的机构,通过学历认证、资格考试、专家评定、职业技能鉴定等方式评价,对合格者授予国家职业资格证书。职业资格证书是求职任职、独立开业和用人单位录用的主要依据,也是境外就业、对外劳务合作人员办理技能水平公证的有效证件。《劳动法》第八章第六十九条规定:"国家确定职业分类,对规定的职业制定职业技能标准,实行职业资格证书制度,由经过政府批准的考核鉴定机构负责对劳动者实施职业技能考核鉴定。"《职业教育法》第一章第八条明确指出:"实施职业教育应当根据实际需要,同国家制定的职业分类和职业等级标准相适应,实行学历文凭、培训证书和职业资格证书制度。"这些法规确定了国家推行职业资格证书制度的法律依据。

大学毕业生除了应获得本专业的毕业证书以外,还应该对与本专业相关的职业资格有所了解。比如,会计专业的学生,除了获取会计专业的毕业证书以外,还应至少要考取会计电算化证和会计证。这是具有从业资格的基本条件。此外还有一些与此专业对应的资格证书,包括注册会计师证,资产评估师证等,这些是今后能否具有执业资格的证明;还有专业技术职务证书,如助理会计师、会计师、高级会计师,这是专业水平的体现;此外,跨职业的能力水平证书,如外语、计算机、普通话和汽车驾驶证等,这些都是与提高求职成功率有关的证书。

(五)职业发展新趋势

职业是人类社会发展到一定阶段的产物。职业从其产生开始,就随着生产力的发展和社会的进步一直处于不断变化之中。新的职业不断产生,很多旧的职业

由于社会生产的变化而逐渐退出历史舞台,职业的内容也在不断更新以适应发展的需要,未来职业的发展呈现如下趋势:

1. 由单一基础向跨专业、复合型转化

从目前招工、就业的情况分析,职业岗位的要求和劳动方式逐步由简单向复杂方面转化,过去单一技能就能胜任的工作,现在职业内涵发展扩大了,往往需要相关专业的许多知识和技能,更多地需要跨专业的复合型人才。

2. 由封闭型向开放型转化

随着改革开放的深入,职业岗位工作的范围和面向的服务对象越来越广泛,接受信息的渠道也必须加大,人们相互之间的交往和协作大大加强,所以要求人们具有开放的观念和心态,彻底摆脱封闭的状态。另外,开放型体现在职业岗位工作的性质上,也增加了一些以人与人之间联络、沟通、信息咨询和交易为表现形式的内容。

3. 由传统工艺向信息化、智能型转化

传统工艺型在科技含量上相对滞后,在技术更新速度方面比较缓慢,有时跟不上时代前进的步伐。生产力发展的关键之一是增加职业岗位科技含量,改善劳动组织和生产手段,提高劳动生产率。能熟练应用信息管理方法的智能型操作人员,是今后职业岗位更新、工作内容更新需要的新型人才。

4. 由继承型向知识创新型转化

知识经济的到来,要求社会成员必须不断树立创新意识,在自己的职业岗位上进行创造性劳动。社会发展变化的迅速,已经使完全以继承方式获得的劳动技能和方法大大落后,国家的知识创新工程,将科技成果迅速转化成生产力,劳动效率的迅速提高改变着现有职业岗位的职业特征。今后,只有创造型人才才能更好地胜任岗位职责。

5. 第三产业、社会服务业发展壮大

社会生产力的提高解放了劳动力,人们越来越多地需要社会服务行业为他们排忧解难、提供方便。第三产业的劳动人数将迅速增加,信息传播与管理行业的各种职业,文化教育事业,休闲、娱乐、保健等事业,提供各种各样服务项目的社会服务业等,将迅速发展壮大,不仅能产生大量新职业,而且是吸纳社会劳动力的主要渠道。

三、科学认知

(一)科学的概念

科学指发现、积累并公认的普遍真理或普遍定理的运用,已系统化和公式化了的知识。科学包含自然、社会、思维等领域,如物理学、生物学和社会学。科学知识指覆盖一般真理或普遍规律的运作的知识或知识体系,尤其指通过科学方法获得或验证过的。科学知识极度依赖逻辑推理。

达尔文曾给科学下过一个定义:"科学就是整理事实,从中发现规律,做出结论"。达尔文的定义指出了科学的内涵,即事实与规律。科学要发现人所未知的事实,并以此为依据,实事求是,而不是脱离现实的纯思维的空想。[①] 至于规律,则是指客观事物之间内在的本质的必然联系。因此,科学是建立在实践基础上,经过实践检验和严密逻辑论证的,关于客观世界各种事物的本质及运动规律的知识体系。《辞海》(1999)中也对科学进行了定义:"运用范畴、定理、定律等思维形式反映现实世界各种现象的本质的规律的知识体系。"我国学者刘金寿也对科学做出了定义,认为科学是如实反映客观事物固有规律的系统知识。

(二)科学的分类

按研究对象的不同可分为自然科学、社会科学和思维科学,以及总结和贯穿于三个领域的哲学和数学。

按与实践的不同联系可分为理论科学、技术科学、应用科学等。

按人类对自然规律利用的直接程度,科学可分为自然科学和实验科学两类。

按是否适合用于人类目标来看,科学又可分为广义科学、窄义科学两类。

(三)科学的研究方法

经典的科学方法有两大类,即实验方法和理性方法,具体地说,主要就是归纳法和演绎法。第一,归纳法。将特殊陈述上升为一般陈述(或定律定理原理)的方法。经验科学来源于观察和实验,把大量的原始记录归并为很少的定律定理,形成秩序井然的知识体系,这就是经验科学形成的过程。可见怎样的归纳是有效的、可靠的,这是经验科学要研究的最重要的问题。自从严格意义上的科学诞生以来,从未停止过这方面的探索和争论。第二,演绎法。应用一般陈述(或公理定

[①] 刘金寿. 现代科学技术概论[M]. 北京:高等教育出版社,2008:201.

律定理原理)导出特殊陈述或从一种陈述导出另一种陈述的方法。在演绎论证中,普遍性结论是依据,而个别性结论是论点。演绎推理与归纳推理相反,它反映了论据与论点之间由一般到个别的逻辑关系。演绎推理的主要形式是三段论,即大前提、小前提和结论。大前提是一般事理;小前提是论证的个别事物;结论就是论点。用演绎法进行论证,必须符合演绎推理的形式。

(四)科学精神

科学精神是指由科学性质所决定并贯穿于科学活动之中的基本的精神状态和思维方式,是体现在科学知识中的思想或理念。

对于科学精神向来有各种不同的理解。一般认为追求认识的真理性,坚持认识的客观性和辩证性,是科学精神的首要特征。科学精神作为人类文明的崇高精神,它表达的是一种敢于坚持科学思想的勇气和不断探求真理的意识,它具有丰富的内涵和多方面特征,科学精神包括求实精神、创新精神、怀疑精神、探索精神等几个方面。其中最主要的是求实与创新。

1. 求实精神

科学认为世界是不依人们主观意志决定的客观存在,科学活动要求人们从事各种物质创造活动时应该遵循"实事求是"的态度,要求正确认识客观世界的运动,因此,客观唯实、追求真理是科学精神的首要要求。科学精神,就是彻底的唯物主义精神,也即实事求是精神。"解放思想,客观唯实,追求真理"是科学精神的实质。科学认为世界的发展、变化是无穷尽的,因此,认识的任务也是无穷尽的。不断求知是科学精神的要求。科学要追求真理,不盲从潮流,不迷信权威,不把偶然性当必然性,不把局部看作全体。

2. 创新精神

如果说求实精神深刻反映了人们对客观规律的探索与尊重,那么创新精神则充分体现了人类特有的主观能动性。从实际出发,尊重客观规律,并不是要人们墨守成规。科学精神倡导创新思维和开拓精神,鼓励人们在尊重事实和规律的前提下,敢于"标新立异"。科学精神的本质要求是开拓创新。科学领域之所以不断有新发明、新发现、新创意、新开拓,之所以充满着生机和活力,就在于不断更新观念,大胆改革创新。因此,科学的生命在于发展、创新和革命,在于不断深化对自然界和人类社会规律的理解。科学的突破和创新往往要受到旧思想的强烈反对,所以创新也包含着勇敢无畏精神。在科学研究中要敢于根据事实提出与以往不同的见解,科学史上重大的发现无不是一种创造思维的结果,比如,"场"概念的建立,"黑洞"的发现等。实践证明,思维的转变、思想的解放、观念的更新,往往会打开一条新的通道,进入一个全新的境界。一部科学史,就是一部在实践和认识上不断开拓创新的历史。

3. 怀疑精神

怀疑精神是由求实精神引申而来,它要求人们凡事都要问一个"为什么",追问它"究竟有什么根据",而决不轻易相信一切结论,不迷信权威。合理怀疑是科学理性的天性,著名的科学方法论学者波普尔说:正是怀疑、问题激发我们去学习,去发展知识,去实践,去观察。在这个意义上可以说,科学的历史就是通过怀疑,提出问题并解答问题的历史。在科学理性面前,不存在终极真理,不存在认识上的独断和绝对"权威"。怀疑精神是破除轻信和迷信,冲破旧传统观念束缚的一把利剑。缺乏怀疑精神,容易导致盲目轻信。怀疑精神是批判精神的前导,批判精神是怀疑精神的延伸。没有合理的怀疑,就没有科学的批判;而没有科学的批判,就没有科学的建树。新思想是在对旧思想的否定中诞生的,真理是在同谬误的斗争中发展的。当然,科学的批判精神并不是形而上学的绝对否定,而是辩证的扬弃。科学精神体现了科学性与革命性、建设性与批判性的统一。

4. 探索精神

探索精神是由作为科学研究对象的客观世界的无限性和复杂性所决定的。研究对象永无止境,科学永无止境,科学探索永无止境,思想解放亦永无止境。科学的最基本态度之一就是探索,科学的最基本精神之一就是批判。

科学研究不仅是一种智慧的劳作,也是一种精神的探险,单靠聪明的大脑是不够的,还需要坚韧精神、不怕失败、不怕困难、敢于向困难挑战的精神。科学精神是顽强执着、锲而不舍的探索精神,古往今来,任何一项科学发现和发明,都不是凭空出现的,都经历过实践、认识、再实践、再认识这样一个完整过程;都不是一帆风顺的,都经历过不断探索真理、不断追求真理、不断坚持真理这样一个艰难过程。马克思曾指出:"在科学的入口处,正像在地狱的入口处一样,必须提出这样的要求:这里必须根绝一切犹豫;这里任何怯懦都无济于事。"科学家们正是凭着锲而不舍、不畏艰难险阻的精神,以非凡的勇气和毅力,孜孜不倦地探索着科学的奥秘,在科学的各个领域做出了杰出的贡献。

第四节 专业与职业教育的方法

马卡连柯认为和谐的有组织的手段和体系才是有决定意义的教育手段和方法。① 在新生专业与职业教育过程中，不能将专业教育与职业教育割裂开来讲，而是应该将两者结合起来，要告诉新生专业是职业赖以生存的基础，而职业是专业在社会生活中的具体应用。在具体的实施过程中，依赖专业教师、高校管理者、校友以及在校的高年级学生，依赖具体的活动形式，将各方面资源结合起来，从不同角度、不同维度、不同视野出发，开展丰富多彩的专业与职业教育活动。

一、专业教育的方法

（一）专业介绍报告会

1. 系主任专场报告

每学年新生入学后，组织各系主任亲自为新生和家长们作专场报告。为新生介绍专业和学科的设置背景和发展历史，让新生了解专业的课程特点和办学特色，以及专业人才的培养目标和方向。明确各专业设置的科学性与实用性，为了使新生端正专业思想，让新生从心理层面上接受所学的专业。强化专业学习的责任感与使命感，从思想的层面上，端正新生对专业学习的态度。现代教育强调"德才兼备"的教育思想，提倡"知行德才并进"的人才培养模式。要引导新生确立科学的世界观、人生观和价值观，培养新生良好的思想道德、社会责任感和使命感。结合社会对人才的需求，教育新生处理好做人与做学问的关系，处理好基础与专业、学习与健康、知识与能力等方面的关系，培养良好的心理素质和政治素质，帮助新生增强专业学习的责任感和使命感。

例如，长安大学一些二级学院的系所开展的专业教育。如资源学院地信系自然地理与资源环境专业2013级新生在渭水校区明远教学楼1309教室成功举办了题为"我们的地理学"的专业介绍讲座。地信系硕士生导师姚华荣教授、赵永华副教授、黄馨博士以及地信系副主任马超群出席了讲座。讲座由地信系副主任马超

---

① 巴拉诺夫等. 教育学[M]. 北京：人民教育出版社，1983：142.

群主讲。首先，专业负责人马超群致辞，欢迎各位新同学进入长安大学，并介绍了各位到会老师。随后马超群作了题为《我们的地理科学》的报告，从地理学的学科性质、科学研究领域、贡献及作用、机遇和挑战等几方面介绍了地理学科。报告多次引用钱学森、黄秉维、陆大道等国内外知名学者对地理学的认识，使大家明白了地理学在整个国民经济发展和城乡建设之中所起到的重要作用，并结合长安大学自然地理专业的发展历程，向学生展示了地理科学的广阔前景，增强了学生对专业的认识，提升了学生学习信心。然后，以班主任身份，向新同学提出了在四年大学生活中应做到"能独立、有操守、会学习"三点要求。最后进行了师生互动，缩短了师生距离，增强了师生了解。专业认知教育中，老师们语重心长的肺腑之言提升了同学们对本专业的热爱，增强了学习的信心和动力。

2. 校友专场报告会

充分发挥校友的作用，高校为社会培养了数以千计的优秀人才，很多校友在各自的岗位上都做出了很大的成绩。新生入学后，邀请校友给新生作报告，通过他们实际工作的经验和收获，让新生了解到这个专业的人才以后能干什么，工作具体内容是什么，都会有哪些发展和成就。通过校友的人生发展经历提升新生专业学习的积极性与主动性，从行动的层面上激发学生对专业学习的爱好和兴趣。

(二) 学术沙龙

1. 新生教授接待日

充分动员学校的师资力量，精心设计，从全校各专业选拔副教授及以上职称教师积极参加新生接待日活动，在相对固定的接待地点，由教授轮流值班接待新生。参与接待日的教授，要倾听、解答和指导学生关于思想道德、心理健康、专业学习、课外创新等方面的问题。对学生提出的问题，一是给予肯定，营造畅所欲言的氛围，使每一个学生都乐于参与、敢于发言、善于提问；二是用平等的态度和平实的语言与学生进行交流和沟通；三是用教授丰富的知识和广博的阅历帮助学生解答思想、心理及学业等方面存在的困惑。

2. 学术活动沙龙

在新生入学后，先以博士、硕士研究生为主体，选择新生关注的专业问题，组织开展讨论沙龙，帮助新生了解专业，解决专业学习中的具体问题。之后，以新生为主体，结合自己的大学学习、专业学习，确定沙龙讨论题目，通过新生自己的自由谈论、思想交流，提升新生自主学习的能力，激发专业学习的兴趣。

(三)课程教学

1. 开设学科导论课

解决大学新生的专业困惑,帮助学生尽快适应大学的学习和生活,开设专业导论课是一种行之有效的途径。专业导论覆盖的内容从专业性质、专业定位、学科特点到教学计划安排、培养目标和应用前景等。结合学院概况、办学理念和育人模式,系统地介绍专业的教学计划、课程体系、课程设置,及其学业成绩记载、考核方式、学分规定等情况,加强新生对学院和所学专业的认识和了解,从而使学生结合自己的志向和兴趣进行有针对性的学习。依托专业导论课,不仅使学生了解"专业的过去"和"专业的现在",而且使学生看到"专业的未来",促使学生确立远大的职业理想。通过导引课,教育学生正确处理好专业"热"与"冷"之间的关系,切实疏通大学新生的专业情绪,培养学生良好的专业素质。让学生在课程中体会到研究和发现的快乐,促使学生热爱专业,激发学习热情。

2. 专业选修课

根据新生的特点,在教学环节中推动适合新生的选修课,包括专业名人介绍、专业发展前沿、专业历史发展轨迹等课程,帮助新生系统了解所学专业,增强专业的归属感,开阔新生视野、拓展学科领域,培养学术氛围。

3. 专业实践课

这包括"案例式"分析课:通过对专业相关的实际案例的了解、学习、分析,使学生从具体案例中掌握专业相关的基本原理和技能,明确不同阶段的专业学习任务和学习目标。通过对案例的研讨,有利于学生在教学过程中主动学习和提高,从而拓宽学生的专业视野、激发学生的创新思维。参观课:充分利用校内外行业平台,组织学生参观学习,开拓学生视野。组织新生参观校园建筑、校史馆、博物馆是专业教育当中的常规做法,除此之外,学院更是把专业教育拓展到了校外,参观相关生产单位,了解专业人员工作状态以及生产的工艺流程,使学生对毕业后从事的工作有初步的印象,加深学生对专业的认知。仿真实验课:积极推广和应用虚拟仿真和多媒体等教学技术手段,促进实际教学与虚拟教学效果的结合,提高学生专业学习的热情,使学生在宽松愉快的教学环境中领会和理解专业知识。这种多元化的教学方法将激发学生的创造力和想象力,大大提高学生对专业的学习兴趣和效率。

例如,长安大学各学院经常组织新生参观专业实验室。如汽车学院2012级新生教育工程系列活动之一"参观实验室"在渭水校区汽车综合试验场拉开序幕。学院2012级辅导员王抢老师组织2012级新生分批参观了汽车试验场和相关实验室。在车辆结构实验室，实验师雷淼全老师负责对同学们的讲解。他对汽车结构实验室的历史、实验室的功能、实验室的相关设备作了介绍。随后，他一边讲解一边回答了同学们提出的各种问题。他告诉同学们，汽车的产生与发展凝聚着无数汽车先辈的智慧，作为汽院学子，一定要好好学习与汽车相关的知识，争取早日使我国的汽车事业得到腾飞。走出实验室，他又勉励同学们，一定要提高兴趣，打好基础，搞好试验，圆满完成大学四年的学业。2012级新生普遍表示，学院组织本次汽车实验室参观活动，不仅拓展自己视野，增强了专业方面的相关知识，更激发了自己对科学的探索热情。

（四）同辈互助

1. 新老生经验交流会

大学新生入学后，接触交流最多的除了班级同学之外，可能就是本专业高一级或两级的老生，由于朋辈之间的自然亲近，他们最相信，也最愿意接受这些老生的帮助与指导。因此，通过组织本专业学习突出，专业学习有特点、特长，方法掌握良好的老生与新生进行经验交流，可以极大地调动新生对专业的学习兴趣，帮助新生解决专业学习中的一些细节问题，在最短的时间内帮助新生投入专业学习。

2. 主题专业教育活动

学校策划和组织知识性强、教育性强和学术科技氛围浓厚的主题活动，培养新生爱学习、爱专业的高度使命感和责任感。如以"我爱专业"为主题的演讲比赛和"专业知识"竞赛等活动，让学生在活动中感受到专业学习的氛围，引导新生主动去查阅专业图书和专业资料，从而有效地掌握和熟悉专业背景和专业知识。

例如，长安大学一些二级学院开展的"专业秀"活动。如由地测学院科技协会主办的第一届地测学院"专业秀"大型科技周活动在树蕙园广场隆重开幕。来自2009级新生的14个班级的代表队通过舞台表演、模型展示、展板宣传等方式"秀"出自己的专业，为全校师生带来了一道科技大餐。此次地测学院"专业秀"主要分为两大部分：展台展示、舞台表演。在展台展示部分，各班级以PPT、展板、模型、演讲等各具特色的方式展示自己的专业：测绘三班同学用硬纸板、泡沫塑料自制了小型全站仪、水准仪，并在绘有珠穆朗玛峰的展板上写下测绘人的理想与抱负——"广测天下、精绘人生";地质工程二班的展板则是三棱柱形,上面的照片展现了"地质人的足迹":湖南、重庆、安徽……全国各地的建筑工地,不管是楼房、桥梁,还是隧道、山川,都有他们辛勤工作的身影。勘查技术与工程二班别具匠心地用矿泉水瓶盖组成"勘二"两字,引来众多同学的关注。展台之上精彩连连,舞台演出也极具吸引力。地测学子们充分发挥想象力和创造力,通过小品、诗朗诵、歌曲等方式凸显了专业特色。地质工程一班用三段情景剧逼真演绎出本专业在高层建筑、西安地铁及青藏铁路修建中做出的贡献,尤其在青藏铁路环节,四名同学背着地测仪器在恶劣气候条件下艰难地工作,当他们从广播里听到"青藏铁路顺利通车"的消息后,在《天路》的歌声中紧紧相拥,穿藏服的同学为他们献上了洁白的哈达;地理信息系统歌曲《GIS依旧》由《涛声依旧》改编,将专业知识融入歌词,令人耳目一新;安全工程一班的舞台剧《安全真好》由班级同学自编自导自演,提醒同学们注意安全,极具感染力。本次科技活动除了有丰富的"专业秀",还有相关的科技知识问答以及野外急救应急方法介绍等,增长了同学们的见识。

3. **课题导向的学习小组**

以高年级同学为主导,成立课题小组,动员新生参加,以"挑战杯"课赛、大学生创新创业项目、社会实践等项目为内容,在高年级学生的带领下,开展专业相关的学术研究,促进新生主动阅读专业书籍,搜集专业相关知识,掌握专业的学习、研究方法,激发新生专业学习的兴趣,促进新生学习方法的掌握,帮助新生尽快熟悉并融入专业学习。

二、职业教育的方法

(一)职业生涯讲座

1. **专业与职业讲座**

针对新生的特点,将校内职业生涯规划教师与专业教师资源结合,开设的专业与职业相关专题讲座。让新生从所学专业出发,在了解专业未来发展方向基础上,帮助新生将所学专业与未来可能从事行业相关联,通过专业与职业的结合,让新生从大学开始就树立好自己的职业目标,在专业学习中不断修正,最终形成具体清晰的职业方向。

例如,长安大学资源学院在渭水校区会议中心报告厅举行大学生励志成才专题报告会,报告以"兴奋、迷茫、警悟、博发"为主题,资源学院博士生导师、地球化学专家姜常义教授担任主讲人。资源学院党委副书记薛冬钧、团委副书记查方勇、2012级辅导员任芯蕊出席了报告会。资源学院全体2012级新生及部分2011级、2010级学生共计500余人聆听了报告。报告会由院党委副书记薛冬钧副研究员主持。姜教授报告共分为四个部分：文艺复兴与欧风东渐、科学道德、学风建设以及合格的科学工作者。在讲到文艺复兴与欧风东渐部分，姜教授旁征博引，严谨论证，希望大学生坚持真理，不懈求索；在讲到科学道德部分，姜教授就当今社会剽窃、作假、欺世盗名等问题进行了犀利尖锐的分析，号召全体学生坚持真理，远离造假；在学风建设方面，姜教授希望广大同学坚持实事求是的思想路线，勇于探索、探幽索微，深刻理解每一个概念和原理，扎实掌握基础知识，不要急功近利、浅尝辄止、心浮气躁；姜教授指出，一名合格的科学工作者一定要心存高远志向，要拥有广阔的学术视野，要刻苦努力，要人生目标与国家利益相结合。整场报告，姜教授以讲故事的方式，娓娓道来，阐述了做人做学问的深刻道理，赢得在场学生经久不息的热烈掌声。报告伊始，薛副书记为学生播放了中国达人秀冠军、用双脚弹奏钢琴的断臂男孩刘伟的精彩比赛视频。最后，薛副书记现场以首登珠穆朗玛的盲人埃里克·韦汉梅尔登峰的震撼视频结束了报告会。让在场的每一位同学都为之震撼，为之触动。

2. 个人认知讲座

如何正确评价自我是自身职业生涯规划的基础。新生入校后，聘请职业生涯规划专家开展个人认知讲座。帮助新生了解自己的职业兴趣、气质、性格、能力，清楚自己的优势和劣势，确立正确的、合理的职业目标。同时，也要引导新生学会通过各种职业教育的途径，促进自身职业化发展，营造一种职业化环境，帮助新生尽可能快地明确自己的奋斗目标，实现自己的职业理想。

3. 企业知识讲座

聘请企业经理人、企业人力资源部门负责人、各行业优秀校友等开设丰富而多样化的企业运营、企业对人才要求方面相关讲座。通过他们与新生面对面的交流，引导学生准确定位自己的职业方向，并从企业的角度对新生提出要求并解答新生关心的问题，让新生实际感受到工作性质、内容，为新生提供不同角度、不同层面的有益指导。

例如，长安大学一些二级学院组织开展的校友讲座。如由环工学院团委主办的以"梦想与收获"为主题的讲座在会议中心二楼报告厅成功举行。此次讲座的主讲人是恺英网络创始人、董事长兼任 CEO 王悦。出席本次讲座的领导和嘉宾还有恺英网络人力资源部经理申亮、环工学院党委副书记马明芳老师、院办主任邓红章老师、学办主任王妍老师。王悦董事长介绍了自主创业的发展历程，讲述了一路走来自己的成长与体会，总结了成功道路上的经验和教训，阐述了对广大同学未来的希冀与展望。然后，进入自主提问环节。新生们针对自己的创业想法或是创业中可能会遇到的各种问题进行提问，王悦简明扼要、深入浅出，有针对性地解释了何为创业、如何创业，为迷茫中的同学拨开云雾。王悦董事长2005年毕业于长安大学环工学院，是环工学院杰出校友，《财富》（中文版）2012 年"中国40位40岁以下的商界精英"榜单中，王悦排名第35，30岁以下排名第3。通过这次讲座，同学们不仅感受到了成功人士的风采，分享了创业的宝贵经验，而且更深入地了解了创业历程，激发了自己创业的热情。

（二）新生职业测评

人才测评是运用现代心理学、管理学及相关学科的研究成果，通过心理测验、情景模拟等手段，对人的能力水平、个性特征等因素进行测量。在国外，人才测评是作为高校就业指导中心必备的指导手段来使用的。新生入学后，进行专业化的职业测评可以帮助新生更加科学客观地认识自我的能力、兴趣和个性，进行一个更为科学、客观的自我评估，消除职业生涯规划过程中的迷茫。

（三）职业生涯课程

课堂教学是新生职业生涯教育的主渠道。把职业生涯规划作为大学新生的必修课，可以帮助新生了解职业生涯规划理论、个人探索、职业探索、职业素质塑造、职业体验等内容，启发新生的职业生涯规划意识，帮助新生科学合理地思考和规划自己的职业生涯，更好地指导新生在以后的大学期间的成长成才。相关职业生涯教育的课程如"职业测评与自我探索""成功心理学""职业社会学""大学生心理学""大学生求职技巧"等等可作为选修课。

（四）朋辈互助

1. 职业生涯实践活动

结合大学生社会实践活动，根据大学新生的实际情况为其设定特色活动。比如参观知名企业、志愿者活动、寒暑假的校友走访等活动。在磨炼意志、锻炼能力、了解社会的同时，也可以对其所学专业的应用以及将来可能从事的相关职业有一个比较清晰的感性认识。同时帮助新生有目的地构建与职业目标相一致的能力结构、知识结构和素质结构。

2. 开展职业生涯的相关校园活动

丰富多彩的校园文化活动是帮助新生了解职业生涯教育的主要方式。可以充分利用学校的报纸、网络、广播站等为新生营造以"职业发展"为主题的校园文化氛围。开展新生职业生涯设计比赛、创业设计比赛、征文与演讲比赛、新老生交流、毕业座谈等适合新生参与的职业生涯教育相关活动。成立"职业发展协会""创业者联盟""未来管理者协会""素质拓展协会""自强社"等学生社团,吸引更多的新生通过自我管理与教育深入了解职业生涯教育。

第六章

大学新生学风与学务教育

高校学风与学务教育一直是全社会关注的焦点,也是高等教育发展中急需解决的主要问题。近几年国家越来越重视高校的学风建设,教技〔2011〕1号文件《教育部关于切实加强和改进高等学校学风建设的实施意见》中指出:"优良的学风对学生起着潜移默化的作用,是保证教育质量的重要前提。高等学校要将学风建设作为教学工作的一项重要内容来抓。"[1]国家教育部于2006年成立了学风建设委员会,专门承担对全国高校学风进行指导和规划等职责。《国家中长期教育改革和发展规划纲要(2010—2020年)》要求,坚决反对不良学风,有效遏制学术不端行为,营造风清气正的育人环境和求真务实的学术氛围[2]。学风是大学精神的集中体现,是教书育人的本质要求,是高等学校的立校之本、发展之魂。学风建设既是学校育才的需要,也是学生成才的需要,两者的利益密切相关,互相一致。加强学风建设的重要意义就在于促进高校教育质量与学生学习绩效的提高,培养和造就大批具有现代意识、适应社会主义现代化建设需要的优秀人才。

大学一年级是学生完成从高中到大学转变的关键时期,是大学生养成良好学习习惯和生活习惯的重要阶段。大学新生正处于人生定位与理想选择的特殊时期,在行为表现上易受到暗示与引导,具有极强的可塑性。因此,在这一时期抓好学风与学务建设对于整个大学的学习意义重大。

---

[1] 教育部关于切实加强和改进高等学校学风建设的实施意见. 教技〔2011〕1号文件. http://news.xinhuanet.com/edu/2012-03/15/c_122835609_htm.

[2] 国家中长期教育改革与发展规划纲要(2010-2020). http://www.moe.cn/publicfiles/business/htmlfiles/nioe/moe_177/201008/93785.html

<<< 第六章 大学新生学风与学务教育

第一节 解决的核心问题

大学一年级是大学生涯的开局之年,是人生旅途的一次重要转折,因此加强学风与学务教育,引导新生明确学习目标、养成良好学习习惯、树立良好学风,为完成大学学业和今后发展奠定了基础。但是,目前大学生学习方面还存在一些问题,如部分学生学习目的功利化、学习主动性不强、学习目标缺失、专业意识不强。

一、存在的问题

所谓学风,最早源于《礼记·中庸》:"博学之,审问之,慎思之,明辨之,笃行之",意思是广博地学习,详尽地提问,慎重地思考,清楚地辨别,切实地实行[①]。它十分精辟地概括了学习的方法、态度和规律。学风与学务建设涵盖学校领导的治校作风,教师的治学作风和学生的学习风气。大学生的学风有好坏之分,优良的学风包括正确的学习目的、端正的学习态度、科学的学习方法、严明的学习纪律和良好的学习氛围等;反之,即为不良学风。

近年来,各高校通过开展文明学校创建活动,以及加强教学管理和深化教学改革,使大学新生的学风发生了较大的转变。广大新生的学习目的进一步明确,学习兴趣不断提高,学习作风日渐踏实,学生的精神面貌有了很大改善。然而,大学新生的学风整体状况与优良学风的标准还有一定的差距,还存在一些令人担忧的问题。

(一)学习目的功利化

学习目的是指一个人对学习的社会意义和功能的自觉认识和追求,是一个人的理想、志向在学习活动中的体现。学生学习的动力既来自学习以外的因素,也称外部动机或功利性的动机,如学习是出自父母的要求、教师的约束、升学的压力、同伴的竞争压力、求职的需要等等;也来自学习自身的因素,也叫内部动机,如学习是对知识本身的兴趣、认知过程中的积极情感因素、获得知识的内在需要等。现代心理学和教育学理论更看重内部学习动机的作用,认为一种成功的教育必须

---

① 金国华,汤啸天. 高校优良学风建设研究[M]. 上海:上海人民出版社,2010:215.

以激发学生的内在求知欲为前提。而中国传统教育的主流思想更看重学习的责任和压力。现在越来越多的人认为两类学习动机都是需要的,很多时候学生的学习动机是两者兼而有之。从功能上看,学生的内部动机对学生学习的影响更持久、更活跃。而功利化的动机能较好地把学生的学习组织成一个有社会意义的事件,同样有利于学生的学习。但在现实中,随着学生受教育年龄的增加,学生的内部动机有一种逐步减弱的倾向,他们对学习的兴趣越来越低,厌学的情绪日渐增强,而功利性的外部动机则成为主要的学习动机。笔者对某高校大一新生开展了关于学习目的调查。486 名同学参加了调查,其中 292 名女生,194 名男生,去掉 6 份无效调查问卷,最终有效问卷是 480 份。结果显示:近 36% 的学生学习是为了能找个好工作、提高社会地位;有 45% 的学生为了提高能力,完善人格;还有近 10% 的学生学习是为了报答父母,仅仅想混个文凭的占 5%,表示没有学习目的有 4%,1% 的同学是为了谈恋爱,见图 6-1。

在学生的实践环节,大一新生选课时主要关注哪门课程的学分高或者容易拿分、老师给分比较慷慨或者较少点名,而非根据自己真正的兴趣。对于一些公共课,如"毛邓三"或是自己不感兴趣的课堂,学生选课程仅为求学分,而缺课现象严重。

由此看来,部分大学新生受到一些错误思潮和社会不良风气的影响,学风或多或少地存在一些问题。反映在学习目的中,主要表现为考虑个人利益的因素比例较大。还有少数学生自我迷失,缺乏上进心,奉行"及格万岁",尽管目前这种学生人数不多,但也会影响学校的良好学风。

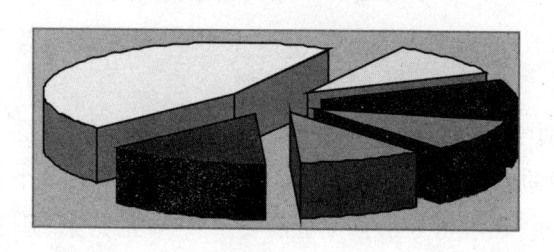

图 6-1 大学新生学习的目的

- 找个好工作 36%
- 提高能力 45%
- 报答父母 10%
- 混文凭 5%
- 没有目标 4%
- 谈恋爱 1%

(二)学习目标缺失与主动性不高

新生进入大学后,面对众多选择往往不知所措。一方面,部分学生目标模糊,对自己没有清醒的认识,不知道自己适合做什么;另一方面,部分学生目标很多而且多变,今天觉得"应该"考研,认为提高学历才有出路,明天又想多考点资格证书便于找工作,后天又认为在大学就"应该"多参加社会实践,"能力强比成绩好更实用"等等,到头来目标都没有实现。因此,制定学业生涯规划的前提与关键是做好自我认识与评估。要从兴趣、性格、能力、特长等方面深入了解自我,分析自己适合做什么,对什么感兴趣,最想做什么以及自己有哪些性格特点,然后确定发展目标。只有在充分认识、分析自己的基础上才能确定科学、可行的目标。

在对学生学习主动性调查中,只有18%的学生认为自己学习"主动性强,求知若渴",53%的学生认为自己"可以按照老师的要求完成课业任务",25%的学生认为自己的学习可以应付考试即可,尚有4%的同学不能自主学习,详见图6-2。

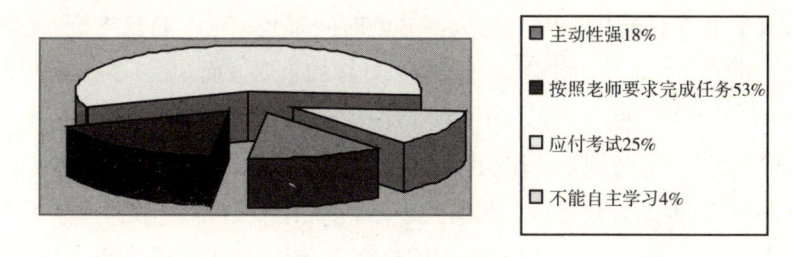

图6-2 大学新生的学习主动性

(三)专业意识模糊

在本次调查中,90%以上的大学新生入学前对自己所录取专业不甚了解,对学科特点、课程设置、专业前景以及就业状况知之甚少。调查显示,大学生在传统应试教育中成长起来,还没有认真地思考高考后属于自己的大学专业情况如何,专业意识模糊。

(四)课余时间安排不合理

同学特别是关系亲密的同学之间,彼此的学习状态、学习态度和学习习惯会相互影响。以班级学习氛围为例,39%的同学在晚自习时主动上自习;34%的同学晚自习时上网,9%的学生晚自习时进行业余爱好的活动,12%的学生参加校园社团活动,还有6%的学生无所事事,详见图6-3。

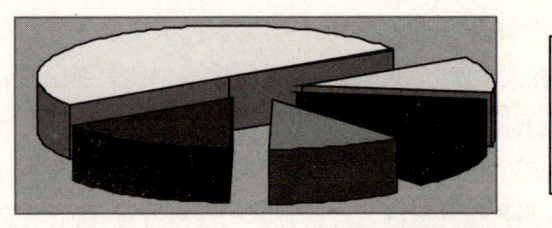

图6-3 大学新生的课余实践安排

调查发现,虽然利用课余时间学习的同学还是占大多数,但是学生总体的时间安排不够合理,课余时间主要用于"发展自己的兴趣""从事学生工作或者参加社团活动",还有一小部分同学整天"无所事事",在学校里混日子。另一方面,经常去图书馆看书的人不多,很多学生把宝贵的时间都花在玩乐或者是兼职等方面。大学生活不同于高中生活,大部分的时间都是由学生自己支配,大学生课余时间安排的合理与否也是影响高校学风好坏的重要方面。

(五)学习方法转变带来的不适应性

学习方法上,特别是新生,往往会沿袭高中阶段的学习方法。可能付出了相当多的努力,但却收效甚微。久而久之,部分同学就会丧失信心,对学习产生了放弃的念头。我国的中学教育都是应试教育,一切以追求升学率为目标,教师的教学多采用"填鸭式"的方式,教师"主讲",点点滴滴,面面俱到,学生"听、记、背、练、考",所有环节均由教师亲自安排,学生习惯了"被安排""被要求""被检查",缺乏主动性和自觉性。他们还不清楚,大学和中学的学习方法存在很大的不同。大学课程内容丰富,涉及面广,在修完基础课程后还要学习专业基础课。而中学始终只是几门课程。大学课程的学习只占学习的一部分,学生还需要利用图书馆等资源,通过自学来获取知识。大学中的学习是学生为主体的自主学习,大学里教师的讲课方式也是各具特色的,需要学生主动地去适应。所有这些大学学习的特点,都需要学生掌握科学的学习方法。

二、成因分析

大学生学风问题的存在总是与一定的社会环境和相关背景息息相关的。因此,要了解学风问题出现的原因,就必须站在大学生生活的各类环境中去剖析。下面从大学的社会风气、校园环境、家庭环境以及个人因素来分析大学生学风问题出现的原因。

(一)社会环境的渗透

1. 市场经济环境的负面影响

首先,市场经济本身对大学生学风的影响。市场经济一方面具有开放、竞争、民主、平等的优点,但也存在一定程度的局限性。"市场的缺陷和消极因素也会反映到人们的思想意识和人与人的关系上来,容易诱发拜金主义、享乐主义、极端个人主义。"这些现象逐步渗透到高校校园,影响着青年大学生的世界观、人生观、价值观。部分大学生的人生理念出现了扭曲,开始人心浮躁、急功近利,在学习、生活、工作中投入了功利化思想,无心向学,彼此间开始攀比家庭条件的好坏,议论社会发展过程中个别富人投机取巧所敛取财富的轻而易举,对大学学习的知识的实用性开始质疑,影响了部分大学生的学习。

2. 政策环境不完善的影响

目前,高校在大学生学术道德建设中普遍缺少健全的制度和合理的评估机制。由于缺乏健全的学风和学术道德管理制度以及科学的评估机制,对一些违反学术道德和学风的行为很难制裁,比如高校对于作业抄袭或捏造虚假实验数据的学生一般都无法处理,这样致使大学生学风和学术道德失去了制度上的约束。同时现行的应试教育在某种程度上,也是一种"同化教育"。这种教育方式极易磨灭人的个性和兴趣,忽视个体需要和人文关怀。这不但会助长学生厌学情绪,更重要的是掘杀差异和创新。现在的大学生,基本上是"90后",个性独立、崇尚自我、自我意识和民主意识高涨。一味地强调"同化",忽视个性和差异,也会将学校和学生放在两个对立面,引发一系列严重的问题。要尊重差异、发挥个性、标新立异,创造一个生动活泼的局面,形成百家争鸣的学习风气。

我国大学教育长期存在着只重视学生学术能力的培养,而忽视学生学术道德素质的培养。而且我国对知识产权的保护工作起步较晚,即使在高校这种知识密集型组织中仍然不同程度地存在着知识产权法制观念淡薄的现象,加上我国学术规范管理机制尚未完全形成,一些学生的学术行为失范有了生长的空间。

(二)学校的因素

1. 教师队伍的素质

通常情况,"一个人的发展,取决于和他直接或者间接进行交往的其他一切人的发展"①。高校师资队伍对大学生学风的影响是最为关键的。根据美国心理学家班都拉的模仿学习理论,教师是被学生敬重的对象,因而学生会更愿意模仿教师,好的教师、教师好的行为学生会模仿,不好的教师、教师不好的行为学生也会模仿,因而教师作为榜样,其示范、引导作用对学生的教育、培养是相当重要的。教师的道德修养、行政干部的管理督学能力、辅导员队伍的服务精神,对学风的影响是非常重大的。

首先,教师的教风对大学生学风的影响。"一个学校能不能为社会主义建设培养合格的人才,培养德智体全面发展、有社会主义觉悟的有文化的劳动者,关键在教师。"②教师作为"人类灵魂的工程师",不仅是为学生传道授业解惑的领路人,而且是帮助学生育人成才的良师益友。不过,在现实中,教师知识能力、素质、教学观念、教学方法等方面的问题还是存在的。教师知识和素质是教育教学最基本的内容,教学观念和教学方法在一定程度上影响甚至决定着教学效果。如果这些方面出了问题,学风也会受到很大程度的影响。

另外,教师对失范事件缺乏监督和处理。对大学生的很多学风问题,如对论文的抄袭、剽窃,负责任的教师是可以发现的,也是可以监督和处理的。所以,这不是教师能不能发现的问题,而是愿不愿意发现和处理的问题。现在,教师重级别而偏离教学的不良现象普遍存在。这些现象也将会助长学生的功利、浮躁的不良学习风气。"身教重于言教。"③教师是学生前进的重要向导,是学生学习过程中的重要伙伴。我们不能忽视教师队伍对大学生学风的影响。

2. 学风查处不力

目前,多数高校对学生的学风监督一般由学生管理处或学位办公室负责,没有成立专门的学术行为监察机构,也没有专人,因而难以有效监督学生的学风。多数高校也没有尽全力惩治学风问题。除了期末考试作弊和毕业论文抄袭处罚较严厉外,其他行为只要不是太过分,一般会给学生留情面,能不处理就尽量不处理,采取纵容的态度。正是由于学校的纵容态度,助长了学术失范之风,使学生的学风难以好转甚至恶化。例如,抄袭,在国外很多研究已经证明了这样一种观点,

---

① 管敏. 我国大学生学术诚信建设研究[J]. 消费导刊,2011(15):146-147.
② 李玉兰. 教授,教和研谁重要?[N]. 光明日报,2011年1月7日第006版.
③ 邓小平文选(第2卷)[M]. 北京:人民出版社,1994:7.

即学生是否做出抄袭的行为,在于他们对被抓住的可能性和结果的看法[1]。Elliotts. Levy 和 Carter C. Rakovski 对学术失范行为所对应的惩罚(penalty)以及发生频率(frequency of behavior)进行了相关性分析,研究发现,在学生眼中,学术不端行为应受到的惩罚与其发生频率成负相关,即学术不端行为受到的惩罚越严厉,该行为发生的频率会越低[2]。在国外,大学生学风问题之所以比较少,就是因为违反学术道德是非常严重的问题,处罚相当严厉。在美国,对违规者不论是谁,一旦确认违规,则严肃处理;在英国,涉及不良学术行为将被结束学术生涯;在瑞典,高校新生一入校便被明确告知,学习中不得有弄虚作假的欺骗行为,否则将会受到纪律的惩处,情节严重者将被停学半年,而且在停学期间必须交还国家所发放的所有学习补贴和被禁止使用大学的任何教学设施[3]。因此,学校本应该健全监督和惩治机制,并且加大惩治失范力度,但高校惩治失范力度不大,一定程度上纵容了大学生的不良学风。

(三)家庭因素

我们不能忽视家庭对高校学生的影响。当今社会,独生子女家庭越来越多,父母对子女的保护和期望也在加重。父母对子女的过多保护会影响到孩子的成长学习。干涉过多,学生自己容易对未来失去信心,沉迷享乐,缺少学习责任感,形成对抗、消极、厌学情绪。有些学生之所以会作业抄袭、考试舞弊、不做实验而捏造实验数据、不劳而获,主要是因为懒惰,不愿甚至害怕努力。在这种情况下,新入校大学生的学习是十分危险的。缺乏学习动力和学习兴趣、精神压力沉重却又无所事事,非常不利于大学生优良学风的培养。[4]

(四)学生个人的因素

学生个人的影响因素在大学新生学风发展中占据着重要地位。当代大学生的性格越来越多元化,功利化思想越来越浓,同时个性也比较突出,经常以自我为中心思考问题,功利心理;清高、自负等心理特点容易导致学习方法务实性不强的

---

[1] Chris Park. In Other (People's) Words: Plagiarism by University Studoits — Literature and Lessons. Assessment& Evaluation in Higher Education? 2003, 28(5):471-488.
[2] Elliott S. Levy, Carter C. Rakovski. Academic Dishonesty: a Zero Tolerance Professor and Student Registration Choices [J]. Research in Higher Education, 2006, 47(6):735-754.
[3] 刘英,胡建华. 论治理高校学术失范的对策[J]. 黑龙江高教研究,2010(7):50-52.
[4] 陈丹丹. 大学生学术规范与学术道德认知研究——基于成都市高校的数据分析[J]. 西南民族大学学报(人文社会科学版),2012(5):225-229.

问题;自我中心、自我保护的心理滋生小团体思想;挫折、自卑心容易引起消极性学习态度。个别学生甚至认为是在为自己的父母而学习,对学习采取敷衍的态度。

新生不良学习风气的产生都有一定的心理环境。引起大学新生心理问题的因素也具有复杂性。有的因为环境的改变而不适应,有的因为父母施加的压力过大,有的是在某方面的挫折造成,也有可能是家庭经济困难,还可能因为社会不良现象导致。生活上方方面面都可能是大学新生心理问题的诱因。尤其是目前,社会结构、生活方式、价值观念和行为模式都在发生巨大改变,作为最积极、最敏感、最富有生机活力的大学新生们还正处于人格和观念的形成期。同时,新入校的大学新生的生理和心理发展也正介于成熟与不成熟之间。因此,掌握和分析好大学新生的心理特点,是大学新生教育工程中学风建设的重要基础。

第二节 学风与学务教育的理论依据

一、动机理论

动机理论的典型代表是马斯洛,他的激励理论是新生学风与学务教育的重要理论依据。

(一)激励机制的内涵

激励,在管理学中的内涵是"激发人的动机,诱导人的行为,使其发挥内在的潜力,为实现所追求的目标而努力的过程,也就是人们通常所说的调动和发挥人积极性的过程"[1]。激励理论是20世纪在西方逐渐发展起来的一种管理理论。美国心理学家贝雷尔林将"激励"定义为"一切内心要争取的条件、希望、愿望和动力"。20世纪30年代末70年代初,美国心理学家和行为学科家沙因提出了"复杂人"假设,他认为人有着负责的动机,不能把所有的人都归结为同一类人,且人的动机变动性大。随着社会经济的发展,各种激励理论也得到了很大发展,如人本主义心理学家马斯洛的"需要层次理论"、赫茨伯格的"双因素理论"和麦克利兰

---

[1] 马斯洛. 动机与人格[M]. 许金声译. 北京:中国人民大学出版社,2007:98.

的成就需要理论等都被广泛地应用到企业组织管理及高校学风建设等方面。在我国,光明日报于1980年8月发表了《工人思想动态的心理学研究》,是我国心理学工作者最早发表的关于激励与人群关系的调查报告,此后,我国管理学、心理学界的专家学者开始把激励理论引进到国内①。

1943年,美国心理学家马斯洛发表了《人类动机的理论》一书。在这本书中,马斯洛提出了著名的人的需求层次理论。在他看来,人的需求有一个从低到高的发展层次。低层次的需要是生理需要,向上依次是安全、爱与归属、被尊重和自我实现的需要。自我实现指创造潜能的充分发挥,追求自我实现是人的最高动机。

根据马斯洛的激励理论,人的所有行为都是由需求引起的,而需求又有高低层次之分,低层次的需要获得满足后,才有可能发展出下一个高层次的需要。由于个人动机结构发展的情况不同,人在不同时期、发展的不同阶段其需求结构不同,但总会有一种需求发挥主导作用。因此针对不同的学生主体和不同层次的心理需求采取激励措施,才能行之有效。

(二)激励理论的教育意义

马斯洛理论提出生理需求只是人们的最基本需求。随着社会的发展,人们的要求会不断提高,会更多地向求得社会认同和尊重这个方向努力。反映在高校学风建设上,就是对学生的尊重。它要求我们在对学生的管理中,应该进行一种人性的回归,实行以尊重学生为核心的人本管理。

良好的学风对学生全面成才有积极作用,是培养学生综合素质的主渠道。大学新生学风建设是一项复杂的系统工程,学生是学风建设的直接创建者和推动者。大学生面临着知识爆炸和多元价值观的冲击,刚入校的大一新生往往更容易迷失自我。通过完善激励体系可以激发学生内在的求学动力,实现自我教育、自我管理和自我服务,同时形成良好的学习生活作风。将多层次系统的激励机制合理应用于学风建设中,可有效地激发学生的潜力和促进学生全面发展。扭转新入校学生缺乏积极上进的精神状态,激发他们积极的心理推动力,促进他们成长、成才。

---

① 陈方敏. 基于需要层次理论的高校学风建设激励机制探索[J]. 群文天地,2012(9):233-234.

（三）应用激励理论进行学风建设

1. 建立健全高校学风激励机制

对学生的激励应包含物质激励和精神激励两方面。物质激励包括新生奖学金、助学金等，精神激励包括目标激励、师德激励、榜样激励、荣誉激励、同伴激励、和成长激励等。激励手段应多样化，如通过心理健康教育、军训团体辅导、学生社团活动和课堂教学来进行成长激励，也可通过表彰和表扬在学习、工作和生活中表现优异或进步突出的个人和集体进行荣誉激励。通过完整的激励系统达到学风建设的目的。

新入校的大学生往往出现许多心理不适应的现象。经过三年超负荷的拼搏以及身心能量的过度透支，不少新入学的大学生滋生了对学习的厌倦情绪。一些同学新的人生目标尚未确立，出现理想真空和目标丢失，加上高校管理不像中学那么严格和直接，被禁锢惯了的学生在突如其来的自由面前，反而茫然不知所措。同时，一部分学生存在失落心理，这种心理的产生与两种因素有关：一是没有录取到理想的学校或专业，退学或转系意念强烈，心理上的抵触情绪和失落感比较严重。二是有的新生将大学生活过分理想化，入学后却发现并非完全如此，导致情绪波动和失落。除此之外还有自卑心理。高考发挥失常录取到较低层次学校的学生、来自偏远贫困地区或者一心埋头苦读而很少注意全面素质发展的学生、进大学后成绩排名下降的中学尖子生容易出现较大的心理落差。

根据以上提到的大学新生心理消极因素，要建立切实有效激励机制作用于学风建设，必须归纳和梳理高校现有学风建设体系中的学生学习习惯、学习动力等要素，从学风建设主体——学生内心的根本需求出发，通过激励扭转学生的消极心理，从根本上减少影响学风的消极现象。大学新生期待成长、渴望成才，他们的成长需求不尽相同。如家庭困难的学生目前在普通高校中所占的比例达20%左右，他们往往和其他新生对比，贫富差距给他们带来了自卑心理。由于生活环境的改变引起了焦虑或失去安全感等问题影响了他们的学业。对于这样的学生，应首先从物质层面给予激励，可以通过助学金和勤工俭学提供资助。满足生活需求后，通过成长激励鼓励他们自强自立；再通过目标激励，激发他们进一步自我价值实现的需要。基于马斯洛的"需要层次理论"，根据大学新生群体中面临的主要问题和他们不同的主导需要，将学生分为五个群体，见表6-1。

表6-1 不同心理需求的大学新生群体

新生群体	遇到的主要问题	主导需求
贫困生群体	生活保障	生理,安全
目标缺失群体	学习动力和生活目标	安全,归属
失恋和特殊家庭群体	情感问题	安全,情感和归属
习惯养成、少数民族群体	学习生活的不适应	自尊
目标明确群体	发挥最大潜力	自我实现

2. 多层次的激励体制

对于不同的激励群体应设计不同的激励机制。但不论是何种群体,作为新入校的大学生,往往都面临着目标缺失、功利主义价值观的冲击、心理空虚等困扰。因此,通过理想信念的激励可以帮助他们树立正确的世界观、人生观和价值观,激发他们对大学生活的向往和热情,从而对学风建设起到至关重要的作用。对于不同的群体,则分阶段、分层次应用不同激励手段进行激励。

综上所述,提出基于激励体制的学风建设基本架构,如图6-4所示。

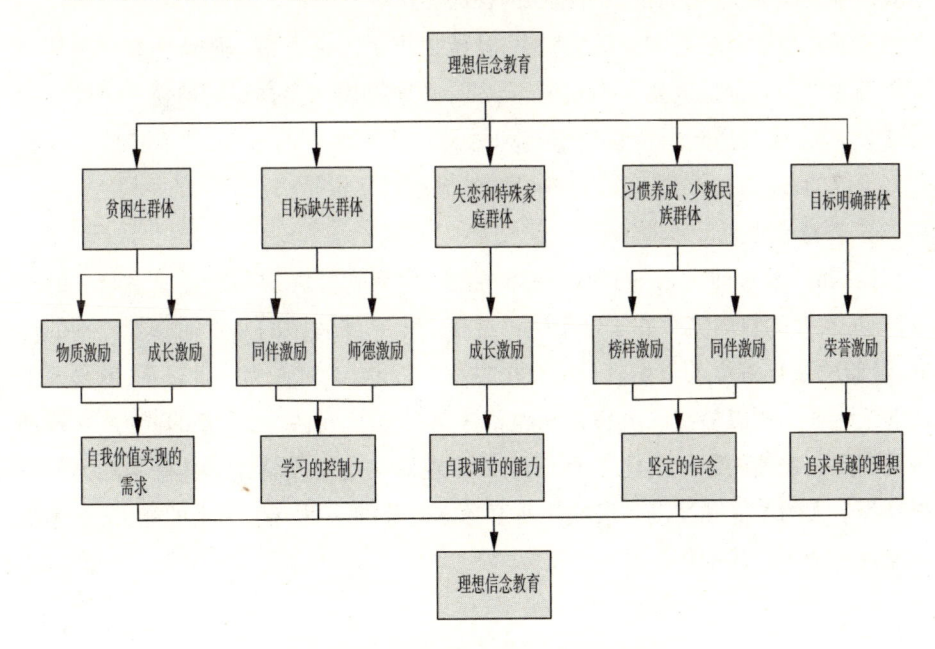

图6-4 激励体制的学风建设基本架构

二、活动理论

教育活动理论的典型代表是杜威,他的活动教育思想是新生学风与学务教育的重要理论依据。

(一)杜威教育哲学的几个重要命题

杜威教育哲学中比较重要的几个命题,分别是"学校即社会""教育即生活"以及"从做中学"。

1. 学校即社会

杜威认为,"社会群体每一个成员的生和死的这些基本问题的不可避免的事实,决定教育的必要性。"他把教育分成两种,一种是在和别人共同生活中得到的教育,另一种是人们对年轻人有意识的教育。前一种是偶然的教育,后一种是正规的教育,学校则是进行这种正规教育的机构。杜威认为教育是一种社会过程,把学校看成社会生活的一种形式。他认为校外和校内的学习应该连接起来[①]。学校一旦与社会隔离,学校里所学知识就不能够应用于生活。因此,他强调学校不应该脱离社会生活,而是一个雏形的社会团体。

为了避免学校教育和生活的脱离,杜威提出了改造方案。他认为教学在能通过符号的媒介完全地表达事物和观念以前,必须提供许多真正的情境。个体要参与这个情境,领会情境所传达的信息和意义。从学生方面来看,他们获取的经验是有价值的;从教师方面来看,这些经验就像教材一样是一种教学的手段。

2. 教育即生长

杜威的"教育即生长"的理论强调,生长、生活和经验的改造是循序渐进的积极过程,教育的目的就存在于这个生长过程之中。发展中的儿童面临着变动的环境,经验的变化贯穿着学生成长的整个过程。因此,教育作为一种过程,就是要保证继续生长。所以最好的教育是从生活中来的。杜威认为,儿童的能力、兴趣和需要都建立在他的原始本能之上,儿童的心理活动的实质就在于其基本能力的发展过程。人的本能和冲动是潜藏在儿童身体内部的一种与生俱来的能力,基本上是原封不动一代代地传下去的。

---

① 王淑华. 杜威教育哲学评述[D]. 长沙:湘潭大学,2009:96.

3. 从做中学

杜威主张从经验中学,"从做中学"。在杜威看来,教学应该从学生的经验和活动出发,使学生在学校就能够体会到以后从事活动类似的形式。由此,杜威竭力反对以获取和积累知识为目的的教学,他认为这是成人按照自己的标准强加给学生的,忽视了学生的个性和个人经验。

可见,杜威的思想不是单纯要学生去学习书本上的知识,而是要求学生主动去做;不是以静止式的方式去吸收知识,而是积极主动地通过经验获得新鲜的知识。

(二)应用杜威教育思想进行新生学风与学务教育

根据杜威的教育哲学,作为社会机构的学校的首要责任就在于提供一个雏形的社会。这个雏形的社会有以下一些重要的任务:

第一,需要将复杂的文明分成许多个部分,选择最基本的能为青少年所接受的某些部分,然后循序渐进地用先学会的东西来帮助其了解掌握以后要碰到的比较复杂的东西。

第二,建立一个净化的活动环境,排除真实社会中的丑陋现象,抛弃那些"无关紧要的东西,就是留下的废物以及确实是邪恶的东西"①,选择最优秀的东西为自己所用。

第三,创造一个更加广阔和更加平衡的环境,使每一个人都有机会与广泛的社会群体接触,以此来抵制因不同种族、宗教和风俗习惯的群体而产生的离心力。杜威之所以如此重视"学校即社会",一是因为他清楚的看到了学校教育对社会秩序所起的稳定作用,他把学校看作是培养学生具有一定的社会精神的主要场所②。其次,他认识到了学校教育要为现代社会培养人才。学校应该培养具有现代文化科学知识和生产技术的新人,要反对学习脱离社会生活的静止式的或冷藏式的知识。

目前大学新生学风存在的问题:人文精神普遍丧失,抄袭剽窃成风,投机主义和功利主义盛行。究其原因,很多有识之士认为,这主要由于目前我国行政权力对教育的过多干涉所导致。行政主导的教育体制已改变大学的教育初衷。杜威

---

① 杭州大学教育系编.杜威教育论著[M].上海:上海师范大学出版社,1977:198.
② 王淑华.杜威教育哲学评述[D].长沙:湘潭大学,2009:143.

教育哲学是民主主义的教育哲学,杜威主张教育之外无政治目的,因为任何阶层、任何权力也无权把自己的意志强加给高校。正是因为民主的教育环境论,才可能有高校自治。

三、学习理论

学习理论是学习规律和学习条件的系统阐述,主要研究人类与动物的行为特征和认知心理过程。对学习理论的定位:一、它注重把心理学的一般原理应用于学习领域,是一门应用性学科;二、它主要探讨行为(包括内部行为)是如何变化的,并试图解释和预测行为的变化,从而为课程与教学理论奠定基础,从这个角度来看,它又是一种基础理论。它重点研究学习的性质、过程、动机以及方法和策略等。学习理论主要有行为主义学习理论、社会学习理论、认知主义学习理论、建构主义学习理论和人本主义学习理论。

(一)行为主义学习理论

作为一种早期的学习理论,行为主义学习理论以桑代克(E. L. Thorndike)为先导,以华生(J. B. Watson)为激进的代表,之后斯金纳(B. F. Skinner)又对它作了总结和发展。这一理论的核心观点是:学习是通过强化和反馈建立刺激与反应的联结,从而使学习者产生预期的行为。行为主义关注学习者的行为习得及其改变,认为刺激与反应之间的联结是学习的基础,联结的强度越高,即预期行为出现的可能性越大,学习就越有效,反之,联结的强度越低,即预期行为出现的可能性越小,学习的效果则越差。行为主义者注重安排环境中的刺激,以利于学习者做出恰当的反应并对其进行强化。通过对反应的强化或塑造,促进学习者有效学习。在行为主义阵营里虽然存在着不同的理论观点,但是,他们研究的重点都可以归结为:采取什么样的刺激,能够有效引起学习者的反应。有效学习的基本原理就是刺激与反应之间的有效联结造成行为的预期发生[1]。

(二)社会学习理论

行为主义学习理论由于动物实验研究结果的局限,在完全解释人类的行为时表现出不足。因为人与动物的根本区别在于,人有观察、思维、判断等能力,借助

---

[1] 周成海. 基于行为主义学习理论的教学:主要特征与信念基础[J]. 教育理论与实践, 2011(11):49-51.

这些能力,个体在人际互动中,不须依靠直接的亲身经验,照样可以获得学习。

班杜拉是社会学习理论的创始人,他的模仿观察理论学习理论对学风与学务建设有贡献的主要观点是:学习理论的三元(环境、个人、行为)取向。在社会环境中,环境因素、个人对环境的认知以及个人行为这三者彼此交互影响,最后才确定学到的行为。

(三)认知主义学习理论

认知学习理论——解释学习是在既有知识之上学习新知识的历程,这是由"知"而学到知识性行为的看法。主要代表有布鲁纳的发现学习论和奥苏贝尔的意义学习论。认知主义并不是认知心理学的同义词,它涵盖了一切具有认知倾向而反行为立场的理论,认知主义学习论的观点纷杂多样,取向各异,并没有形成统一的理论系统,但共同趋势却是一致的,主要表现在强调"刺激—反应"的中介因素;强调已有认知结构的作用;强调学生学习的主动性;强调知识的结构性和教师的指导作用。

认知学习论在学务指导的应用价值主要有:1)布鲁纳的发现学习理论为启发式教学法确立了理论基础;2)奥苏贝尔的意义学习论对学校教学提示了一个重要的建议:教师对学生经验能力的了解并给予清楚的讲解引导,是形成有效教学的必要条件。

(四)建构主义的学习观

建构主义学习理论可追溯至18世纪拿破仑时代哲学家维柯(Giambattista Vico)提出的"人们只能清晰地理解他们自己建构的一切"的观点,在这一观点基础上,美国的心理学家杜威、瑞士的心理学家皮亚杰和俄国的心理学家维果茨基等人对建构主义理论体系的完善起到了重要作用①。建构主义可分为认知的建构主义、社会的建构主义和激进的建构主义等多个派别,尽管在理论见解上每个派别有很大差别甚至分歧,但有一点是共同的——都认为学习知识不是直接的、确认式的接受,而是在模仿基础上重建的过程。因此,被称为建构主义。建构主义的理论极其丰富,而且对科学指导社会科学及社会政治都有具体的影响。

传统的教学理论认为:知识即是对客观实在的摹写或反映,知识的真实性是由其与客观实在符合的程度决定的,知识因而是客观的。而建构主义者认为,知

---

① 庄丽. 建构主义学习理论与高校学风教育[J]. 徐州教育学院学报,2004(3):19.

识在被个体接受之前,它对个体来说是毫无权威可言的,不能把知识作为预先决定了的东西教给学生,不能用科学家、教师、课本的权威来压服学生,学生对知识的接受只能依靠他自己的建构来完成①。建构主义的学生观强调学习过程不是简单的信息输入、存储和提取,而是学习者的积极活动、独立思考,是学习者以其独特的经验和方式来实现对现实的意义建构。学习是个体自己建构知识的过程,这意味着学习是主动的,学习者不是被动的刺激接受者,他要对外部信息做主动的选择和加工,这种学习是探索性、研究性、理解性的学习过程。在这个过程中,教师必须改变以往单向控制教学活动的角色观念,应从一个给学生提供知识的权威形象转变为学生学习活动中的一名高级伙伴或合作者。

建构主义学习理论对高校学风教育也有很重要的启示。当今高校全面实施素质教育,主要培养大学生的创新精神和实践能力,而建构主义的学习理论反映了社会对创造性人才的需求。建构主义关于知识相对正确的观点,有助于学生不盲从、不迷信知识和权威,敢于突破条条框框的束缚,提出自己对于问题的看法。建构主义的学习理论强调以学生为中心,充分发挥学生的主动性。杜威认为,教育必须建立在经验的基础上,教育就是经验的生成和经验的改造。学生从经验中产生问题,而问题又可以激发他们运用探索的知识产生概念。建构主义的主体学习理论为大学的学风教育提出了新的理念,传统的教育重在单向灌输,学生对外部世界的认识只是简单的复制和单纯的模仿,建构主义强调如何在大学环境中更好地发挥学生的主体性,在学习过程中的引导重在调动学生的积极性。同时,建构主义学习理论为高校营造新型的学习环境提出了更高的要求。

(五)人本主义学习理论

人本主义学习理论是对学习者整个成长历程的解释,其代表有罗杰斯。人本主义学习理论有两点独特之处:第一,它所提倡的学习理论,多半是根据经验原则提出观点和建议,而不像行为主义和认知主义从验证性研究中得到原则后再形成推论。第二,它所倡导的学习理论,不限于对片面行为的解释,而是扩大到对学习者整个成长过程的解释。

人本主义在我国近几年越来越受到重视,其对中国大学新生学风和学务教育

---

① 温彭年,贾国英. 建构主义理论与教学改革——建构主义学习理论综述[J]. 教育理论与实践,2002(5):17-22.

的影响是多方面和深刻的。首先,它主张以人为本的教育目标。强调"学生为中心"的教育理念。目前我们的教育过多地关注社会对高学历人才的需要,而较少关注学生的主体需求和自我发展。其次,人本主义理论重视教学的过程而不是内容,重视教学方法而不是结果,改变以往只重结果轻知识的教学观念,对学生的评价不只关注分数。最后,除知识外还应重视生活能力学习以适应社会的变化;自动、自发、全身心地投入的学习才会产生良好的效果;学校教育中对情意教育的重视。

第三节 学风与学务教育的内容

高校学风关系到学校的办学水平和声誉、关系到学生成长、成才及为社会培养人才的质量。因此,学风建设和教育永远是高校学生工作的主旋律。目前,"90后"的大学生已成为高校学生的主体,对于这个年代出生入学的大学新生,他们生长在改革开放、社会形势和思想观念发生了深刻变化的时代背景下,独生子女及优越的家庭环境,使他们具有思想开放、活跃,视野拓展,知识面广,较强的创新思维。但是,他们自主能力和心理承受能力差,缺乏吃苦耐劳精神,自我缺乏正确的理想信念和价值观。大一年级是大学生涯的开局之年,是人生旅途的一次重要转折,因此,必须针对大一新生的思想和特点,加强学风教育,引导新生明确学习目标、养成良好学习习惯、树立良好学风,为完成大学学业和今后发展奠定基础。

一、学风教育的内容

(一)学风建设的内涵与意义

大学学风是一个内涵丰富的概念,既是一个理论问题,也是一个实践问题。从理论上来讲,它回答是什么和为什么的问题;从实践上来讲,它回答如何营造和如何建设的问题。高校学风时时刻刻都在对大学生产生着强烈的熏陶和感染,激励大学生奋发有为,健康成长。

1. 大学学风建设的本质乃大学理念的展现

所谓大学理念,是人们对大学本质的深层次的思考,是人们对大学的理性认识、理想追求以及所持的教育观念和哲学思想。从一定意义上说,大学理念决定着大学的发展方向、目标确立、专业设置以及发挥作用的程度。大学理念反映着根本不同的治学精神和指导思想,是大学的根本和灵魂,它必然深刻地影响着大学的文化,也必然深刻地影响着大学学风建设的质量。高校学风是大学生学习、生活、纪律等多种综合风貌的集中体现,反映着学校的历史积淀和优良传统,以及学校的办学水平与管理水平。

2. 学风是学习科学文化知识的重要组成部分

当前,人类社会已步入信息化的知识经济时代,树立与时代发展相适应的学习观,已然成为与国家发展、民族振兴和个体生存息息相关的根本问题。实践证明,立足于当今社会,成为高素质人才,大学生就必须提高自身的思想政治素质、科学文化素质、知识专业素质和心理健康素质,必须树立科学的学习理念。大学生在学习过程中的主动性和创造性是高校学风建设的主要影响因素;同时大学生的学习水平和学习精神是评价高校学风优劣的主要标准。

(二)学风的构成要素

1. 学习动机

学习动机是学生学习积极性的内在动力,它能够激发和维持学生的学习热情。学习动机是学习者获取知识、形成高尚完美品格重要的因素,学习动机是学习过程中的核心。教育实践和教育心理学实验都表明,学习动机推动着学习活动,能激发学生的学习兴趣,保持一定的唤醒水平,指向特定的学习活动。

2. 学习态度

大学新生的学习态度,具体又可包括对待课程学习的态度、对待学习材料的态度以及对待教师、学校的态度等。学习态度对学习效果的影响作用,已被许多实验研究所证明。心理学家麦独孤和史密斯(W. Mac Douqai 和 W. smith)早在1919年就在一项实验中发现,积极的学习态度对学习速度有促进作用。

3. 学习纪律

"没有规矩,不成方圆",促使良好学风形成的外部因素,是良好的学习纪律。在学习过程中,学生要想自觉的保护学习环境、维持学习秩序,就要严明其学习纪律,这是优良学风形成的强有力保障。

4. 学习方法

学习方法是学习者选择、整合、应用学习技巧的一套操作系统,既是内在的学习规则系统,又是对学习过程的调控。在学习过程中起着非常重要的作用。形成良好学风的关键所在即科学的学习方法。一个科学的学习方法决定着学习的全部过程及其结果。

5. 学习兴趣

在学风建设诸因素中,兴趣是学习过程中非常重要的心理因素之一,是学习动力系统中一种非常活跃、非常现实的内在因素。从教育心理学的角度来说,兴趣是一个人倾向于认识、研究获得某种知识的心理特征,是可以推动人们求知的一种内在力量。学生对某一学科有兴趣,就会持续地专心致志地钻研它,从而提高学习效果。从对学习的促进来说,兴趣可以成为学习的原因;从由于学习产生新的兴趣和提高原有兴趣来看,兴趣又是在学习活动中产生的,可以作为学习的结果。所以,学习兴趣既是学习的原因,又是学习的结果。孔子讲过,"知之者不如好知者,好知者不如乐知者。"美国当代教育家布鲁纳指出,"学习的最好刺激乃是对所学材料的兴趣。"我国现代教育家陶行知先生说,"学生有了兴味,就肯定全副精神去做事,学与乐不可分。"兴趣浓厚的学习氛围造就优良的学风环境。

6. 学习效果

学习效果直接衡量高等学校人才生产率的高低。既是判断学风好坏的终极标准,也是学风内涵的最高层次要求,与人才的培养质量直接相连,对学风的纠正和重塑起着反馈和调控作用[1]。

二、学务教育的内容

欧美等发达国家的学生事务管理已走上了专业化发展的道路,这不只带给我们观念上的冲击,更值得我国高校借鉴。美国学业咨询学会(NACADA)将"学务指导"界定为:完成高等教育教与学的使命不可或缺的部分。旨在帮助学生实现自己的教育发展计划的过程,明确自己的人生理想和职业目标。充分挖掘学生的教育潜力,使学生成为高等教育学术团体中的一员,批判性地思考自己作为学生的角色和责任,准备着成为民主社会的一员。学务指导也是引导学生超越自己的世界观,使学生认识到个人特点、价值观和动机的过程。

---

[1] 子思. 中庸[M]. 哈尔滨:哈尔滨出版社,2007:186.

(一)学务指导的内涵

为加强大学生学务指导、思想政治教育和组织管理,高校应基于我国本科教育现状,借鉴国外"本科生导师制"①,构建学务指导制度(以下简称学务制)。学务制的指导思想是使新入校的大学生更快更好地适应大学的生活和学习环境,充分利用学校现有的各种教学资源,在了解专业特色、制定大学期间乃至人生发展规划等方面得到教师的有效指导及帮助;同时将思想教育与专业教育结合起来,充分发挥教师育人的主体作用,倡导专业课教师更多地参与本科生指导工作,实现教书育人的有机结合,以提高学生的培养质量。学务制与本科生导师制不同,倡导由任课教师组成学务指导组,组长由系主任担任,共同指导本专业的学生。学务指导教师的确定可以由学院指派,也可以由学务指导教师与学生进行双向选择。学务指导小组根据学生在大学的不同年级、不同阶段,采取不同的指导。对大一的新学生主要采取综合指导。② 在指导形式上,主要通过专题讲座、座谈等形式,重点开展思想品德教育、专业教育和科研教育。

学务制是在我国国情的基础上提出的,学务指导的基本工作内容也有别于"本科生导师制"的工作内容,更切合我国高校目前的实际情况:帮助新生尽快适应大学生活,充分了解大学学习特点,在帮助其掌握大学学习方法的基础上及时了解学生的思想状况和思想变化,引导学生树立正确的价值观、人生观和世界观;同时,充当学生的专业引路人,用优良的职业道德、严谨的治学态度、兢兢业业的工作作风来影响和感染学生;在学生选择课程、制订学习计划和个性规划等方面给予建议和指导;增强学生理论联系实际的机会,注重学生综合能力的培养与提高,特别是独立提出、分析和解决问题的能力和创新能力的训练;帮助学生了解学校各种可以利用的教学资源,引导学生充分利用这些教学资源积极主动地学习;对学生选修、辅修第二专业、报考研究生等方面的意愿给予建议和指导;鼓励并指导学生参与大学生创业等课题研究,指导其阅读专业书籍、撰写论文,并借此拓宽学生的知识面,培养学生的科学精神和学习态度,并对其职业规划进行合理化建议。

---

① 谭智力,朱冬姣.高校本科学务指导制度研究[J].中国电力教育,2009(1):13-15.
② 傅苑,李晖,姜明敏.大学生学务指导工作模式创新——以中国地质大学(武汉)为例[J].中国电力教育,2010(21):172-173.

(二)学务指导工作的创新

学生事务不仅仅是服务学生,更多地强调对学生成长与发展的促进作用。因此,学校应该为大学新生提供学术、生活、就业、个人发展等多类型的指导与咨询,提供全方面的帮助。而学务指导早已不仅是学生事务或学术事务某一个部门的事情,需要专业教师、行政人员、辅导员共同参与。学校应成立总体负责的学务指导机构对这些资源进行有效整合,实行全面管理和共享。根据学务制的指导原则,指导教师组由本专业教师、辅导员、相关专业教师共同组成,辅导员对学生进行世界观、人生观和价值观的培养,有利于学生提高思想政治素质,为综合复合型人才的培养打下坚实的思想基础;同时,在与专业任课教师们进行交流和沟通中,学生潜移默化地在为人处世和治学等方面受到影响,有利于养成求真务实的态度、严谨的作风和高尚的情操。由于学务指导教师来自不同的学科和专业,有利于学科交叉,达到思维模式"复合"、知识"复合"、技能"复合"。

借鉴国外高校在学务指导方面的成功经验,如欧美国家的高校中往往存在学务指导中心机构,负责提供统一的学务指导教程并向学生进行校规校纪、专业特色和学术方向的系统介绍,同时还定期组织各院系的学务指导工作者开展交流。此外,在院系层面,也需要进一步加强各部门协作的力度,制定有效的协同工作模式,如由院系领导、学工部门和专业教师共同指定指导方案和工作计划,使得学务指导与实际课程有效衔接,确保在最合适的时间点提供最有效的指导;同时,对指导老师而言,加强指导教师之间的交流和协作,打破固定师生搭配,通过对学生实际学习情况和平时问题的观察和分析,广泛地在各个教师之间进行学生交换和调整,从而有利于学生接受全面系统的基础知识指导和训练。学务制要求学生参加指导教师的教学活动、课题研究以及其他的学术活动,这些必将有利于学生实践能力的培养,拓宽学生的知识面和视野,了解本学科和相关学科前沿的知识;尤其是参加课题研究,能极大地培养学生的动手能力和解决实际问题的能力,达到使学生在实践中学习、思考、提高的目的。通过与本专业教师和相关专业教师的学习、交流和实践,学生能从不同的渠道获得信息和知识,有利于创造性思维的培养;交叉学科知识和研究实践都能有效地提高学生的创新能力,使他们能在学习中创新、研究中创新、实践中创新。

目前,我国很多高校都已经开始试行学务指导制度,但总体上仍处于摸索阶段,试行形式也各异,特别是在如何实施、如何深化以及具体方案等方面尚未达成共识,对实际运行过程中存在的一些问题,还需进一步深入研究。

第四节　学风与学务教育的方法

学风与学务建设是高校教学基本建设和教育管理工作的重要内容,是全面推进素质教育、培养高等人才的关键。学风与学务建设与教学、管理密切相关,学风与学务建设必须与教学和管理相结合,必须融入到日常的教学与管理工作中去,才能实现教学与管理合作共赢。

通过组织新生学习学校教育教学管理规定,使新生了解学校管理各项制度,自觉遵守学校规定,营造良好学习风气;通过遴选优秀教师对新生进行学务指导,聘请专业课教师担任新生班导师,帮助新生掌握大学课程学习方法,增强学习效率和效果;开设新生教育课程,让新生掌握大学生活和学习的基本常识,增进人际交往的基本技能;借鉴国内外一流大学的经验,遴选部分在学术上有较深造诣的中青年教学骨干,在新生中开设通识教育核心课程,提高学生综合素质,锤炼学生健康品格。

一、发挥学生的教育主体作用

充分发挥新生的主体能动性有助于高校更好地开展学风建设。通过积极自觉地接受外部的教育影响,充分发挥大学生的主体作用,激发学生的自我教育潜能,可以保证学生自发地改正不良的学习习惯和意识,从内心接受良好的行为习惯和准则,有利于养成良好的学习风气。

大学学风是大学生的求学精神和治学态度的综合体现,在高校学风建设的过程中,我们必须明确大学生的主体性,发挥大学生的主人翁意识,促进大学生形成自觉性、主动性和创造性的学习态度①。"高校学风建设要充分发挥大学生的主观能动性,调动大学生的主体意识,来促进大学生的自我教育和自我管理,发挥大学生教育的主体作用。"

---

① 胡晓琳.浅谈优良学风建设在大学生思想政治教育中的作用[J].青年文家,2009(10):152.

我们在学风建设的过程中必须大力培养学生的学习素质，通过提升校园文化环境、加强思想政治教育引导等途径，来影响大学生的学习目的、学习动机和学习方法，养成良好的学习习惯。另外，我们要引导大学生充分发挥自我教育的作用，认识自身的不足和缺点，在学习过程中不断改正和提高，形成良好的学习态度，创造出良好的学习氛围。

例如，长安大学一些二级学院新老生之间的传帮带机制。为培养大批"合格建设者和可靠接班人"，不辜负家长的殷切希望；为进一步落实好学校"新生教育工程"计划，使每一个信息学院的学生，在校期间都能成长为社会公认、家长期待的优秀人才，信息学院结合历年来新生培养教育的实践，组织了2009、2010级40名全面发展的优秀同学，把他们在校期间的学习、生活、课外活动等方面的经验、取得成绩及学习体会，进行精心书写，仔细校对，编纂成《谈学习——优秀大学生学习体会》一书，其对大一新生有很好的引导作用。大学四年，是人生最美好的，也是最重要的四年，实践一再证明，大学四年最重要的是大一。本书的作者都是信息学院大二、大三的优秀学生，他们都获得过国家奖学金、国家励志奖学金或社会奖学金一等奖。他们有的是三好学生，有的是优秀学生干部，有的是优秀党员、团员等。他们的经验会对大一新生的学习生活起到良好的引导作用。为了让大一新生尽快适应大学生活，加快他们的角色转换，开学报名时《谈学习——优秀大学生学习体会》已经发到2012级新生手中。

二、加强教师的教育引导作用

（一）加强辅导员的班级学风管理意识

辅导员除了正常的一些班会和活动同同学们交流之外，更多地应该深入到学生的学习生活中去，经常到教室去听课，到晚自习教室去了解学生的学习情况，到宿舍区了解学生的生活问题，组织经验交流会，拉近与学生间的距离。

例如，长安大学一些二级学院开展的学习经验交流会。如工程机械学院在渭水校区明远教学楼1区举办了学习经验交流会。院党委副书记曾力出席，学院6个专业的11位专业课教师，一、二、三年级辅导员老师以及大一、大二学习困难学生和专业认识不清晰的学生参加了交流会。交流会分6个教室进行，与会老师围绕学生在学习过程中面临的学习困惑、学习方法、学习兴趣等方面的问题进行了深入交流。交流过程中，学生首先提出自己所面临的问题和困难，老师结合自己多年的学习、工作体会对怎样学好基础课和专业课,怎样树立专业发展方向,怎样培养专业兴趣,怎样做好个人发展规划等内容与学生进行了愉快又深入的交流。学生踊跃提问,积极交流,老师也都作了认真回答,交流会收到了良好的效果。通过这种学习交流会,极大地提高了与会同学的学习动力,很好地解决了同学们学习中的一些困难,提高了同学们的专业认知,取得了良好的效果。

(二)加强授课老师的引导作用

发挥教学水平高、生活阅历丰富、科研水平高的中年教师的优势,用专业的魅力打动学生,使之产生强烈的归属感,激发学生学习的自觉性。学校坚持把教育作为加强学风和学术道德建设的基础。在教师中加强科学精神教育,注重发挥楷模的教育作用,强调学者的自律意识和自我道德养成。通过开展师德师风建设专题报告会、青年教师座谈会、签订承诺书等教育活动,引导广大教师遵守学术道德。

学校注重对新教工开展学术道德和学术规范教育,在《长安大学新教工岗位培训实施办法》中,明确了学术规范和学术道德教育为新教工培训的基本内容。在新教工岗前集中培训中,校党委书记、校长亲自出席并对新教师在师德培养、科研诚信、学术规范等方面提出明确要求。主管人事工作的校领导、院士、教学名师及有关部门负责人等就师资队伍建设、师德建设等进行专题报告,引导广大新教师不仅要在学术上有所建树,而且在学术道德上要为人师表。

学校在教师职称评定、项目申报、评优评先等工作中实行"学风不正、学术不端行为一票否决制",严肃查处各类学术不端行为和学风违纪行为,做到了"惩防结合、标本兼治",形成了尊重学者、敬畏学术的良好学术生态环境。

(三)加强理想信念教育

经济体制、社会结构的深刻变化,使人们思想活动差异性明显增强,这既有利于"90后"大学生树立创新意识、成才意识,同时也使他们的价值观念和行为方式充满多变性和矛盾性。要拓展他们理想信念教育的内容和范围,教育他们正确看待存在的不良思想和生活诱惑,看清本质,明确方向,坚定自己的理想信念。把国家的发展强大同实现自我价值紧密联系起来,引导学习成才,报效祖国,实现自我价值,促进努力学习的好学风。

三、完善高校的教育职能作用

(一)建立和完善学风教育制度

从学生上课、自习等常规管理入手,保证学生正常的学习时间。年级辅导员不定期检查上课迟到、早退、旷课等现象,实行通报、总结制度,按照《学生手册》违纪处分条例、学籍管理条例严格管理。建立和完善考勤制度、考风考纪制度、评优制度等一系列相关制度,建立约束机制,充分调动学生学习的主动性和自觉性。落实"辅导员与学生谈话制度""辅导员与家长沟通制度",保证教育效果,提高教育质量。加强考风、考纪建设。除新生入学教育期间对学生进行系统的规章制度教育以外,为严肃考风,每学期末对全体学生进行一次考风、考纪教育,提高学生诚信意识。对于在考试中违规作弊的学生将严肃处理。加强考试的组织管理,全体教师必须认真履行监考义务,并加大督查力度,使学生在考试中没有机会去作弊。为进一步健全学风建设制度,规范师生学术行为,维护学术道德和学术诚信,学校出台了《关于进一步加强学风建设的实施意见》《学风建设实施细则》《学术道德规范(暂行)》《长安大学教风、学风、考风提升计划实施方案》。

针对党的群众路线教育实践活动中师生反映强烈的考风问题,学校修订完善了教风考风制度、教学督导制度,领导干部听课制度、考试巡考制度等,狠抓教风考风。学校制定了加强考风工作方案,组织召开了加强考风建设的专题工作会议,提出了加强考风建设的具体要求,明确了考风建设工作目标。学校通过广播、会议、橱窗、横幅和网络等多种形式进行考风考纪宣传,在校园内形成了加强考风建设的良好氛围,同时加强考试的组织管理,加大巡考力度。

例如长安大学一些二级学院组织开展的考风教育。临近考试周,为了使大一学生能够端正学习态度、认真准备期末复习,材料学院高分子材料与化学系在WM1217教室组织了大一学风动员会,班导师宋莉芳老师,夏慧芸老师,2014届保研学生高昭,考研学生苏圆围、程晓娇以及高分子材料与工程专业2013级学生参加。首先,宋莉芳老师强调了学习的重要性,希望同学们端正学习态度,主动学习,学会学习,以高年级优秀学生为学习榜样。鼓励学生们在学有余力的情况下参加各种竞赛及各种科技创新比赛,认真准备英语四六级考试。在考试周要严格遵守校规校纪,共同营造良好的考试氛围。随后由高昭同学讲述了保研的相关情况,以及部分学校夏令营的申请与参与经历。接着由苏圆围和程晓娇同学分享了备战考研及研究生复试过程中的宝贵经验。三位同学结合个人大学生活对大一学生在各个学年的学习、生活方面提出了建议。最后，大一学生就自己感兴趣的问题踊跃提问，老师们与高年级学生们都做了耐心解答。这种学风建设动员会的成功举行，为大一学生尽早确立个人目标，合理规划大学生活做了有益指导。

(二)校园文化建设

文化本身涵盖着大量的学习内容，同时，也潜移默化地影响着人的思想和行为。校园文化是大学生学风的重要影响因素。它引导着学生世界观、人生观和价值观的树立，它强有力的吸引力和渗透力，扩大了它的涵盖范围，对学生的影响非常深远。校园文化与学风建设既有同一性，又有互补性。校园文化和学风建设的目的都在于育人。创建积极、健康、高雅的校园文化是实现建设优良学风的途径之一。校园文化以其特有的精神环境和文化氛围，使生活在其中的每个师生在思想观念、行为方式、价值取向等方面受到引导和教育。

学校有关部门、校院两级学生会通过举办"创新创业高端论坛""青年博士论坛""留学归国话成才""研途有你"学术论坛举办学术报告会、发放《弘扬科学道德，加强学风建设倡议书》等活动进行学术道德教育。各学院组织了数十场学科特色鲜明、针对性强的学术道德规范教育活动，通过印发学术规范指南、开展专题讲座等形式，规范学生学术道德和学术行为。

例如长安大学一些二级学院开展的学风建设活动。如资源学院为深入贯彻落实学校严肃考风考纪的要求，营造并增强学院整体学习的文化氛围，提高学院学生学习和应用的能力，学院在2013级新生中开展了"导数之星"数学竞赛并最终取得圆满成功。此次活动由学院团委主办，学生会学术部承办。此次活动以宿舍为单位，旨在调动每个宿舍学习的积极性，提高学术氛围，充分发挥个人能动性，以点带面，进而促进和激发整个班级对学习的热情，同时，是对大一学生前一阶段学习情况的摸底，也更为接下来的期末考试起到督促、警示和鞭策的作用。此次竞赛，不仅是对每位同学前一阶段学习成果的检验，更是为了督促同学们在接下来的学习中再接再厉、不断前进，同时，也对学院"诚信考试"氛围的增强起到了推动的作用，充分达到了举办此次活动的目的，并为今后的工作打下了良好的基础。

(三)学务指导制度的完善

学务指导在于充分利用社会资源，以学务指导者与学生之间密切的关系为基础,目的在于促进全体学生的发展①,激励学生确立和追求个人的生活目标,帮助学生实现各自的教育、职业和人生目标。与传统的学生工作专兼职干部制度相比,学务指导的优势是让专业课老师尽早地介入到学生的教育和引导工作中来,提早让学生接触专业教育,培养专业意识,同时也给学生提供了尽可能多的跟随教授、副教授等学习的机会。目前的学务指导制度部分高校刚刚开始实行,但是如何才能使之完善,是进一步需要解决的问题。比如建立系统的指导老师培训制度,学校如何在经费、办公场所、人员配置等方面对学务指导工作进行支持,学校层面上建立完善的学务指导工作考核和奖励机制等。

---

① Viginia N. Gordon, Wesley R. Habley, Thomas J. Grites and Associates. Academic Advising—A Comprehensive Handbook <Secong Edition>[M]. Jossey‐Bass, Awiley Imprint. 2008:3-7.

第七章

大学新生发展与成长教育

作为经历高考喜悦后的大学新生,刚刚踏入大学校园,他们对大学充满着好奇,充满着对未来美好愿望的期待,然而他们对自己、对学校、对社会的了解却相当不足。这就需要高校对大学新生的发展和成长给予充分的教育,以引导他们尽快地了解自身、适应环境和融入社会,成为德智体美全面发展的人。

第一节 解决的核心问题

对大学新生进行发展和成长教育的核心问题是要解决其认知不健全、发展道路模糊以及人格不完善等问题。

一、认知不健全

高中阶段的学生对大学生活充满着美好的憧憬,他们的目标是:熬过"黑色的七月",踏进"快活的乐园"——大学。大学优越的物质条件,自由浪漫的生活,优美的校园环境,国内外知名的学者、专家、教授,浓郁的学习、学术气氛,等等,都使他们由衷地向往。然而,现实往往是复杂的,理想和现实也可能是矛盾的。大学新生对大学、社会及自身认知的不健全,容易导致学生无法适应新的环境。

当今,我国随着改革开放的不断深化和社会主义市场经济体制的逐步确立,已进入一个由封闭向开放,由计划经济向市场经济,由农业社会向工业社会转型的时期。在这一特定历史时期,新旧思想观念的碰撞,对大学生的思想观念、生活方式、行为方式和人生观、价值观都有着重大影响,带来许多新变化和新问题。市

场经济的负面效应极易诱发他们的个人主义、享乐主义和实用主义等价值取向,主要表现在以下几方面:

其一,在理想与实惠的关系上,向实惠倾斜。改革开放和社会主义市场经济体制的确立,促进了生产力的巨大发展,提高了物质文化生活水平和社会消费水平,使大学生感受到了社会经济发展所带来的实惠。在这种时代引领下,让大学生深刻领悟到自己所肩负的责任,激发起大学生努力学习、振兴中华的热情。但是,市场经济的利益性也促使大学生的理想信念的淡化,以及对物质利益的不断追求,甚至于个别人为了金钱铤而走险,最终导致犯罪。

其二,在奉献与索取的关系上,向索取倾斜。市场经济的等价交换原则激励大学生努力学习,不断获得更多的知识,从而报效祖国。但大学生常常把商品经济中的价值尺度运用到实际生活中来,仅仅考虑如何最大限度地获取金钱等物质利益,不管人生价值的真正实现。目前一部分大学生主张"奉献与索取等价",甚至不赞成"无私奉献",只想着索取,不愿意奉献。

其三,在奋斗与享受的关系上,向享受倾斜。市场经济的竞争性,增强了大学生的参与意识和竞争意识,使得大学生敢于冲破传统观念,敢为人先,充分体现了当代大学生奋发向上的精神风貌。但是存在一部分大学生惧怕竞争,不思进取,整天想着享受,不愿努力奋斗。

其四,在集体与个人的关系上,向个人倾斜。政治民主和经营自主权的扩大,增强了大学生的自主、自立意识。这种主体意识的觉醒和增强,从一定意义上说是历史的一大进步,是走向成熟的表现,但也有一部分学生主体意识急剧膨胀,过分强调自我,主张合理的利己主义,他们全局观念淡漠,对集体利益、班级荣誉漠不关心,群体意识明显减弱。

其五,在纪律与自由的关系上,向自由倾斜。市场经济的发展在一定程度上给人们带来充分的民主和自由,大学生的平等意识、民主意识得到加强,但同时也使一些学生误认为市场经济就是自由经济,可以享受无限制的自由,导致纪律松懈,学习、生活自由散漫,明显表现出自我实现意识增强,服从塑造的意识减弱。

二、发展道路模糊

"大学新生在中学阶段有着明确的奋斗目标,那就是考上理想中的大学。"[1]

---

[1] 王长恒.大学新生养成教育探析[J].山东省青年管理干部学院学报,2009(9):53.

但是有相当一部分新生进入大学后便觉得万事大吉,没有及时树立新的奋斗目标。目标的缺失造成行为的放纵,他们不再将自己的主要精力用于学习,而是沉迷于享受重压之后的自由。正是这种心理造成了大学新生精神的迷茫,目标的缺失使他们缺乏继续前进的动力,致使部分新生难以适应大学生活,甚至沉迷于网络无法自拔。

大学新生社会阅历较浅,人生观、世界观刚刚形成或正在形成中,因此,虽然绝大部分人已有为实现祖国四化、为国家民族的繁荣昌盛奋斗的远大理想,但尚不十分牢固,一旦受到社会上某些不健康思潮的影响,往往就产生怀疑或动摇;他们在考虑未来的奋斗目标及道路的选择时已有很大的现实性和严肃性,但也不能排除带有相当程度的幻想性、志趣性和浪漫主义色彩,使他们的近景性理想并不十分稳定。但总的说,他们大都希望自己能够搞好学习,获得优异成绩,有的希望能够在所学专业上或所喜欢的专业上有一定的突破、取得一定的成就;大部分人都雄心勃勃,设想将来自己要成为有用之才,在四化建设中能一显身手。然而,若是在前进中遇到了挫折,特别是连续的挫折,他们往往就会丢掉以前的一些设想,重新开始设立目标,寻找道路,有些意志薄弱者则开始变得消沉,甚至颓废下去。

许多新生在进入大学之前在心里描绘着未来的大学生活,但入学后才发现理想与现实之间的差距太大,尤其是高职院校的学生,更易产生失落感,他们对自己所要学习的专业知之甚少,不知道自己能学到什么,将来怎么在社会上立足;还有的同学对专业兴趣不高、情绪低落、生活没有目标,甚至对未来感到迷惘,抱有"做一天和尚撞一天钟"的想法。

三、人格不完善

心理学研究表明,人格的形成是一个动态的变化发展过程,人的一生要经历不同的人格发展阶段。大学生作为一个比较特殊的青年群体,他们正处于身心急剧发展和自我意识由分化、矛盾逐渐走向整合的特殊时期。对大学生来说,这一时期表示着他们逐渐步入社会的特定轨迹,此后人格发展的许多问题都取决于这一时期的发展状态。有研究表明,大学期间形成的人格特点在其后的一生中有相当的稳定性。大学生人格的形成具有两个重要特点:第一,人格主体的不成熟性。经过中小学教育和一定的家庭、社会培养之后,随着生理和心理的发展,大学生开始把自己从周围世界独立出来并作为自己的认识对象,开始认识自己、评价自己,反省自身的存在价值和发展的目标。但是,他们还缺乏完全独立的思考和判断能力,仍然需要不断地加以引导和锤炼。第二,人格形成因素的多样性。大学阶段是青少年成长以来接受外界信息量最大、内容最广泛的时期。此时,家庭、学校、同龄群体、社会、大众传媒对他们人格的形成都有着重大的影响。当前,我国正在深化改革,扩大开放,努力建设和完善社会主义市场经济,正处于历史大变革时期。一方面,社会的开放拓宽了当代大学生们的视野,提高了他们的竞争意识和开拓、进取能力,为他们人格的形成提供了新的规范、要求和价值标准。另一方面,现实的压力、竞争的激烈和转型期价值观念的多元化也在一定程度上干扰和打乱了当代大学生的人格形成。具体表现在以下几个方面:

(一)心理状态失衡

在建立社会主义市场经济体制的过程中,在社会转型时期的价值冲突、价值变迁的影响下,人们必然会更多地感到迷茫、失落、压抑、痛苦,甚至有相当一部分人无所信仰、无所依托。具体表现如下:

其一,消极颓废,精神生活空虚。"现代主义的真正问题是信仰问题"[①],这就是一种精神危机。当代大学生中有很多人都存在信仰危机,基本的人生观缺乏,部分大学生沉溺于网络难以自拔,轻则逃课厌学,重则逃避现实人生;甚至还有部分大学生困惑、迷茫,无所事事,虚度光阴,精神生活十分空虚。

其二,自卑、抑郁。大学生的自卑感往往来源于自尊受挫,进入大学以后,当他们感到社交、学习、文体方面显露出某些不足时,或家庭经济困难而困扰学习与生活时,或自身条件不佳而难以面对现实时,就会陷入怀疑和否定自己的状态,产生自卑和抑郁的心理。

其三,懒惰、浮躁,缺乏求真务实、严谨执着的精神。纷繁复杂的社会生活造成了相当一部分大学生的浮躁心态,使他们难以静下心来认真读书。在对目前高校学生违纪现象的调查中发现,考试作弊占所有违纪事件的首位。

其四,虚荣心、嫉妒心强。法国作家格格森曾经说过:"虚荣心很难说是一种恶行,然而一切恶行都围绕虚荣而生,都不过是满足虚荣的手段。"一个人一旦被虚荣冲昏了头脑,为了获得满足虚荣的心理,常常会丧失理智。在调查因偷窃而受到学校纪律处分同学时发现,有许多学生(特别是女同学)实施偷窃的真正原因

---

① 王奎东. 论当代大学生健康人格的塑造[D]. 武汉:华中师范大学,2009:18.

并非出于经济原因,而是出于一种"我没有的,别人也不能有;别人有的,我也一定要有"的严重虚荣心理和嫉妒心理。

(二)意志薄弱,抗挫折能力差

"挫折是人们在某种动机的推动下想要达到目标而受到阻碍,因无法克服现实而产生的紧张状态和情绪反应。"①挫折承受力则是指个体遭到挫折时,能摆脱困扰而免于心理与行为失常的能力。大学生往往充满了理想,把未来描绘得过于美好,因而缺乏面对困难和挫折的心理准备。此外,大学生自身的优越感较强,特别是独生子女,他们对社会缺乏了解,人生经历单一,缺乏艰苦生活的锻炼,使得不少大学生应对挫折的承受力较差,遇到困难就退缩,出现矛盾就不知所措,很难面对现实生活的挑战。由于挫折常常会导致人在心理上的缺陷感和失落感,甚至是抑郁与失望。

(三)人际关系失调

大学生作为特殊社会群体,在人际适应上却往往不成熟。大学生人际交往的不成熟性主要表现在两个方面:其一,行为上的不成熟。即交往方式比较被动,交往范围特别狭窄,交往行为过于拘谨,交往技能非常欠缺。其二,心理上的不成熟。即大学生对人际交往的认识和感知方面存在一些问题,如过分关心自我需要和形象,或自卑、害羞、拘谨、猜疑等;过分理想化的认知,往往用理想的尺度或较高的期望值去衡量人际交往中的人际关系,对人际关系的多样性和复杂性缺乏足够的心理准备,在现实中一旦感触到与理想的差距,就容易陷入对人际关系的失望和困惑中。

第二节 发展与成长教育的理论依据

理论是人们由实践中概括出来的关于自然界和社会知识的系统的结论。理论来源于实践,又应用于实践。大学新生教育是高校学生工作管理的重要方面,其实践性很强,因而在研究过程中,必然先寻求理论的指导,以理论作为实践的基础。

---

① 王奎东. 论当代大学生健康人格的塑造[D]. 武汉:华中师范大学,2009:21.

关于成长与发展的含义,我们认为成长是指人由于生理方面的改变而引起的形体的变化;发展是人的生命中有顺序、可预测的功能和技巧的演变过程,具体表现为心智、情绪、感情、能力等方面的变化。因此,成长与发展是按持续的、有顺序的、有规律的和可测的方式进行的。"认知发展理论"和"人格心理理论"认为,作为社会人,每个人都要经过相同的各个发展阶段;每个人的发展都具有其独特的个性,按个人独特的方式和速度进行;每个发展阶段具有一定特征,并有一定发展任务;每个人的基本态度、气质、生活方式和行为都会受教育发展的影响;发展是通过逐步的成熟和不断学习而获得的。

一、认知发展理论

认知发展理论(Cognitive-developmental theory 或 Theory of Cognitive Development)是著名发展心理学家让·皮亚杰所提出的,被公认为20世纪发展心理学上最权威的理论。所谓认知发展是指个体自出生后在适应环境的活动中,对事务的认知及面对问题情境时的思维方式与能力表现,随年龄增长而改变的历程。

皮亚杰的认知发展理论是认知发展的阶段理论,他认为每一个连续的阶段中,认知发展都发生了质的变化。人在每个阶段所取得的成就都是以前一个阶段为基础,但又不同于前一个阶段。他的理论属于领域一般性的认知发展理论,用平衡调节机制来解释认知发展的动力,他认为是发展中的不平衡导致了发展和变化。皮亚杰的观点认为认知发展的根源在于人们自身的成熟,人们运用因成熟而获得的能力去解决他们在社会环境中遇到的问题,即发展先于学习。

维果茨基理论包括了社会文化对认知发展的影响、认知发展的内化机制、最近发展区的概念及认知发展的三个阶段。维果茨基认为认知发展就是由低级心理机能向高级心理机能转化的过程。低级心理机能包括感觉、知觉、注意、记忆、情绪等;高级心理机能包括语言、思维、逻辑思维、想象、情感等。认知发展不仅依赖于生理的成熟,更取决于社会与所处环境的影响,他认为社会文化的影响存在多种途径。维果茨基的理论强调社会文化对于认知发展的影响,即学习先于发展。

每个人在逐渐发展至成熟的过程中,对周围世界的人和事的理解也在不断地发生着变化,这是由于我们在成长过程中获得了越来越多的认知能力、技巧和策略,这些认知能力发生在不同时期,通过不同的方式被我们吸收。

(一)认知和认知发展的概念

根据当代著名认知心理学家弗拉维尔的看法,认知是人类智力活动的过程与产物,如推理、思想、问题解决等过程以及知识、计划、策略、技能等产物的获得。而认知发展则是指一个人进行智力活动并获得相应产物的能力的进步或提高。

(二)认知发展的模式

认知发展模式表现为阶段性特点和连续性特点,因此形成了阶段性理论和连续性理论这两种不同的认知发展理论。首先,持有阶段性观点的认知发展理论认为个体的认知技能在发展过程中的某些点上表现出突发性增长,而在另一些点上却没有变化,即以一种分离的、阶段性的模式发展。阶段性观点认为认知发展有三个方面的表现:第一,每个阶段都伴随着一套性质完全不同的认知结构,它影响着人们处理外部世界的方式;第二,认知发展的方向对于每个人而言是相同的,认知能力总是向前发展而不是向后退,只是在各个阶段展开的速度会因人而异;第三,后阶段虽与前阶段有所不同,但均以前阶段为基础而建立。

其次,持有连续性发展观点的认知发展理论认为认知技能的增加是按照连续性的模式平稳地、持续地增长的,更高水平的认知能力是逐渐获得并显现的。认知发展的连续性过程类似于一个人沿着斜坡向上走逐渐到达更高层面的过程,其中每一个新的进步都是建立在前面的发展之上。

(三)认知发展的影响因素

关于认知发展的影响因素,大多集中在生理因素和环境因素。首先,英海尔德和皮亚杰认为认知发展本质上来源于主体与环境的相互作用,即认知发展可以通过成熟、学习或者两者相结合得以发生。其中成熟是指认知、情绪或生理等方面相对持久的改变,是生物性成长的结果而不是个体经验的结果。而学习是指通过经验而引发的思维或行为的相对持久的改变。其次,对于生理因素(如遗传和成熟)和环境因素(如学校教育和练习的机会)在认知发展过程中所起的作用,目前仍有一些争论。

(四)教师理解认知发展理论的必要性

对于认知发展的阶段性与连续性的了解有助于教师更加客观地制定教育目标。一方面,有些教师认同认知发展的阶段性观点,在这种观点的指导下,这些教师可以认识到认知发展在很大程度上是由非环境因素决定的,因此,认知能力的发展是突发的、跳跃的,而不是随时间平缓地发展的。那么在实际工作中,这些教师就不会强迫学生跨越某个阶段,也不能强迫学生思考或做一些其生物成熟程度还不允许的事情。另一方面,有些教师认同认知发展的连续性观点,在这种观点的指导下,教师可以更好地理解学生技能的发展,因为许多技能的发展只依赖于环境,那么在实际工作中,有经验的教师能够识别这些技能,进而为这些技能的发展提供支持和指导。

(五)青少年认知发展的特点

在青少年时期,个体的感觉能力、知觉能力都有了较大的发展,注意的品质也有了良好的发展。想象力在从初中到高中的成长过程中不断发展,想象的创造性有了很大的发展,并具有较高的现实性。青少年在记忆的有意性、记忆的理解性、记忆内容的抽象性等方面都有了很大的提高。青少年的抽象逻辑思维日益占主导地位,批判性思维发展迅速,但思维发展存在个别的差异。青少年的认知发展的某些方面存在性别差异和跨文化差异。

二、人格特征理论

一般认为,人格一词最初来自拉丁文"面具"(persona),原指一个人在生活舞台上演出的种种行为。人格是一个众多学科和日常生活中被广泛使用的概念,内涵十分复杂,而且是一个存在颇多分歧的概念,迄今为止还没有形成一个为所有学科共同接受的明确定义。

20世纪30年代,西方心理学开始广泛研究人格,并迅速发展形成了心理学的一个分支——人格心理学。1937年人格心理学的奠基者之一,美国心理学家奥尔波特发表了开创现代人格心理学先河的著作——《人格:一种心理学解释》。在这本书中,奥尔波特回顾了历史上各学科对人格的研究成果,综述了人格的近50个概念,充分展示了对人格认识和研究上的复杂性。尽管心理学家对人格概念"仁者见仁、智者见智",有不同的诠释,但综合起来主要有下述几种代表性的观点:艾森克把人格定义为"个人的性格、气质、智力和体格的相对稳定而持久的组织,它决定着个人适应环境的独特性";米歇尔把人格定义为"个人心理特征的统一,这些特征决定人的外显行为和内隐行为,并使他们与别人的行为有稳定的差异";还有其他定义:"人格是独特而持久的个人内、外特征,它影响个体在不同情景中的行为"等等。这些定义,无论是从内在人格或是内在与外在人格的结合上来下定义,西方心理学家都强调个人的独特性,关注个体的发展。

20世纪20年代,学生发展理论产生于美国并为学生事务工作人员运用于实践当中。经过近百年的历史发展,该理论对美国高等教育质量评估产生了重要的影响。大学新生教育作为高等教育中关键性的第一步,与学生发展理论也存在着密切的联系,因为该理论是以学生为研究主体,在某种程度上决定了新生教育应遵循的主要原则。目前,根据研究的范畴大致可以分为四个类型:个体与环境互动理论;社会心理理论;认知结构理论;人格类型理论。

(一)个体与环境互动理论

这类理论强调人与环境的互动是影响学生行为的主要因素。即学生个体与大学环境是怎样相互影响的?该类型的典型代表有阿斯廷(Astin)的"学生参与"理论和廷托(Tin-to)的"离校"理论。阿斯廷的"学生参与"理论可以简单地解释为:通过参与和投入,学习就发生了。投入是指学生在参与的过程中,所抱有的态度和行为。在这个理论中,阿斯廷认为大学环境对学生的变化起到重要的作用,因为大学存在的目的是为了发展学生的才能,为了达成这个目的,它会为学生提供物理环境、人文环境和特定情境;而学生能否把握大学提供的机会并主动参与和投入到学习或社交中,将直接影响大学新生教育的质量。该理论主张以发展学生为中心的教学方式,因而学生需要主动地参与到各种有意义的活动当中。廷托根据大量学生退学离校的现象指出这是由于个体之间以及个体与大学学术、大学社交系统之间相互作用的结果。他认为学生个体在初入大学前所形成的性格特点、家庭背景、个人能力和学习经验,都直接影响了他们最初对大学的期盼和对自己的要求,进而影响了新生融入大学学习、社交的程度,最终影响了该学生是否要离校或者继续在同一所大学里完成学业直至毕业。廷托还认为积极的人际交往和个人目标将影响其在校表现,而表现又会反过来影响他的个人目标,这就是一种相互作用的结果。上述理论有助于我们从个人与环境相互作用的视角看待问题。但是这一类理论关注的是促使学生改变的原因,没有探究学生到底经历了怎样的改变。而下面的社会心理理论正好弥补了这一点,告诉我们学生在哪些方面得到了发展。

(二)社会心理理论

埃里克森(Erik Erikson)是这一研究领域的奠基人,他关注人类的心理发展与社会需要是如何互动的,并把人的心理发展分为八个阶段,而这八个阶段是从一般到特殊,从简单到复杂的连续性发展过程,且每个发展阶段都要承担一定的任务,解决对应的发展问题,这些问题的解决是人格健康发展的前提。这一概念给后来大多数学生发展理论研究带来了重大的影响。奇克林(Arthur Chickering)在埃里克森研究的基础上,将这一研究领域扩展到了高等教育领域。1969年,他提出的大学生心理发展理论奠定了他在学生发展理论的重要地位。该理论指出学生应该获得以下七个方面的发展:(1)发展能力,包括智力、体力和人际关系;(2)情绪管理,包括认识情感并且学习控制个人情绪情感的能力;(3)从独立性发展到相互依赖;(4)建立自我认同;(5)建立成熟的人际关系;(6)确立发展目标;(7)确立个人价值观。这七个方面反映的是大学生发展的不同领域和层次,每个领域的发展都能为其他领域的发展创造条件。需要注意的是,奇克林的理论是根据美国个体发展和人格发展得出的研究结论,对中国学生可能不完全适用。比如,人际关系在任何文化环境中都是重要的,但评价成熟的人际关系及处世能力的标准就会因为文化的不同而有所差异。这一类学生发展理论可以被视为通往个性化的公路,学生以不同的速度沿着这一理论运动,涵盖了智能、社会和情感发展的各个方面。

(三)认知结构理论

认知结构理论关注的是个人如何思考,而不是思考什么,它在乎的是发展过程而不是学习内容。认知结构理论主要是威廉派瑞(William Perry)和劳伦斯·科尔伯格(Lawrence Kohberg)两人的主要观点。

美国教育哲学家派瑞(WilliamPerry)曾担任美国哈佛大学学习咨询主任。在20世纪50年代至60年代初,他致力于教学过程的研究,阐明了学生智力与伦理发展所经历的九个阶段:(1)狭隘对错观;(2)接受多种权威;(3)多样化次要观点;(4)多样化关系论;(5)相对主义关系论;(6)预见性的关系论;(7)初步相信相对论;(8)转向信奉相对论;(9)深信相对论。这九个阶段反映的是,学生在学习过程中,从黑与白的绝对认识,即二分法看世界,以及绝对服从教师等人的权威,逐步转变到以个人认知的自主构建,即鉴别知识真伪的辨识能力。这种推进式的演变过程,可以提高学生思维的分析能力,同时也是派瑞认知发展理论的一大特征。

哈佛心理学家劳伦斯·科尔伯格(Lawrence Kohberg)所描述的人的价值观发展过程和派瑞有相似之处,认为"随着个体的发展,学生能够拥有更为复杂的价值判断和道德推理的思维方式"①。但他关注的重点在于人对道德判断的内在认知,因为人的表现很可能会受到社会或文化因素的影响。科尔伯格的研究,使众多学者接受了道德发展阶段理论并对于处理学生宿舍的各种矛盾相当有用。总括起来,认知结构理论有助于我们理解学生课堂内外的行为和他们的思维模式。我们可以用这些理论武装自己,帮助学生应对一些超出他们认知能力可以驾驭的复杂的情形和局面,从而提高学生应用更为复杂的思维方式的能力。

(四)人格类型理论

人格类型理论主要解释了人格的类型,以及不同的个人为什么对同样的情景会有不同的反应。这类理论与之前提及的不同之处在于并没有对发展过程进行剖析,而是关注个体之间的差异表现,其中最常用的类型理论是迈耶布里格斯(Myer Briggs)的人格类型理论。迈耶布里格斯依据人们对外部世界和内部世界的不同兴趣区分了外向和内向两种类型,还区分了思考和直觉两种感知方式;根据人们做出判断的方式分为理性和感性;在处理与外部环境的关系时,区分了判断与感知。这四类不同的个性维度产生了16种人格类型。类型理论有助于学生工作者针对各类型大学生的特点,指导学习,调解矛盾,并进一步理解大学生固有的个体差异对其自身在其他方面发展的影响。同时我们也应该认识到,该理论并没有对各类型个性做评价性表述,只是被当作差异看待,因为每一种类型都有一定的积极意义。总体来说,"学生发展理论"具有综合性,其运用范围十分广泛。在美国大学新生教育中,认知结构理论揭示了学生智力成熟的过程,有效帮助教师理解学生的思维方式;社会心理理论研究了学生在不同阶段的心理发展特征,帮助高校管理者创设有利于学生发展的环境;类型理论阐述了学生的个体差异,帮助学生工作者更好地指导学生学习、处理人际关系。

"良好的开端是成功的一半"。人格心理理论从个人需要动机出发,强调激发个体内在需求,强调个人发展与环境发展相互影响,强调个体自我实现给新生教育带来了新的视点,使新生教育更加具有连贯性和发展性,为培养新生自我教育、自我管理、自我服务意识,最终把大学生培养成为深刻了解自我,真诚、和谐、诚实,勇于接受挑战,不断自我实现产生深刻的影响。

---

① [美]克里斯汀·仁,李康.学生发展理论在学生事务管理中的应用——美国学生发展理论简介[J].高等教育研究,2008(3):19-27.

第三节 发展与成长教育的内容

"大学新生教育的内容是一个既相对稳定又不断发展的体系。"[①]其发展与成长教育的内容必须紧紧围绕大学新生的实际情况,在突出大学新生特点的同时,从教育实际和社会发展出发,不断丰富和深化大学新生的入学教育。具体来看,大学新生发展与成长教育的内容应从三个方面入手:一是以学生为本,注重人格教育,为大学生的全面发展服务;二是适应社会发展的趋势,加强认知教育,提高入学教育的科学化、知识化程度;三是放眼于未来,强化发展教育,突出入学教育的前瞻性。

一、人格教育

人格又称个性,是个体的精神面貌和特征,也是个体在各种心理过程中经常地、稳定地表现出来的心理特征。个体人格特征和心理健康之间存在着密切联系。一般说来,健康的人格是个体心理健康的重要保障。大学新生能否适应新学校的学习和生活是关系学生个人成长和社会发展的重要问题。大学新生离开了家庭,离开了原有的学校,其生理、心理、学习和生活等方面都会发生各方面的变化。有学者研究表明,大学一年级是大学阶段学习成效率最低、淘汰率最高的一个年级。究其原因,不是大学新生智力和知识上的问题,而是变化了的新环境中产生的一系列不适应所致。因此,进行合理科学的人格教育,便是新生入学教育的重中之重。

人格教育的内容应紧紧围绕人格教育的目标来确定。根据我国大学生的现状与实际,要实现人格教育的目标,我国大学生人格教育的基本内容应主要包括以下几个方面:自我意识教育,心理健康教育,生活态度教育,社交技巧教育。

（一）自我意识教育

自我意识是指个体对自身的认识及对周围事物关系的各种体验。它是认识、情感、意志的综合体。具有健全人格模式的人对自己有恰如其分的评价,充满自

---

① 樊薇.理工科大学新生入学教育模式研究[D].武汉:武汉理工大学,2009:37.

信,注重自我的确立,能有效地调节自己的行为与外界环境保持平衡。而缺乏正确自我意识的人常常表现出冲突、矛盾的心理,缺乏自觉性,其人格发展很难置于自我意识的调节与控制之下来指导自己人格模式的发展。自我意识的状况,对大学生的心理和行为予以巨大的制约和影响,在某种程度上决定着个体的行为风格和行为差异。自我意识在人格结构中具有重要地位,它对于自我的塑造和人格的形成发展都起着极为重要的作用,尽管它的这种作用在经常的情况下是与意识交织在一起共同实现的,自我意识不仅制约着人格发展的方向以及实际进程,而且是大学生积极向上的重要动力,还是青年学生得以成才,建功立业的主要因素。因此,在人格教育过程中,应强化主体的自我意识,让大学生有效地塑造自己的人格。

(二)心理健康教育

心理健康是指人在知、情、意、行方面的健康状态,主要包括发育正常的智力、稳定而快乐的情绪、高尚的情感、坚强的意志、良好的性格及和谐的人际关系等。心理健康的人充满生命活力,能充分发挥其身心的潜能。心理健康教育也就是根据学生心理发展的特点,运用有关心理健康教育的方法和手段,培养学生良好的心理素质,促进学生身心和谐发展的教育活动。人格教育是一种发展学生心理素质,培养学生健康地适应现代社会需要为目的的教育。目前大学生的人格教育在理论研究和实践探索上,主要指向两大目标,即心理学上的健康人格、道德教育上的优良品质。当前大学新生绝大多数都是独生子女,很少离开父母。进入大学后,陌生的环境会对其心理产生巨大的冲击,一些心理调适能力较差的学生很难适应。大学新生入学后如果不能及时地予以心理引导,他们可能心理失衡,甚至会出现自闭、抑郁、焦虑、偏执、强迫、精神分裂等心理健康问题。所以,当大学新生怀着年轻人特有的激情以及对未来美好的憧憬入学时,首先得对其进行心理适应方面的教育,以提高其心理素质。心理素质是指先天遗传素质与后天客观环境相互作用的结果,是个体在生长发育过程中逐渐形成的心理特质。对于大学新生而言,如果说先天遗传因素是无法改变的话,那么后天的客观因素则可以通过心理适应教育等方式加以改善,以促进其在心理意识上完成角色的转变。具体地说,大学新生入学教育中心理适应方面的教育包括:其一,开设心理健康课程,普及心理健康知识。我国高等学校的心理健康教育是从解决学生的心理障碍开始的。这种事后教育对于解决潜在心理疾患却收效不大。随着人们对心理认识的深入,心理问题已为越来越多的人所重视,心理健康教育的对象亦越来越广泛。当大学新生脱离原来的环境来到大学,为避免其出现彷徨、惶恐、不安等情绪和心理,保证其尽快、尽好地进入大学生的角色,有必要将全体新生作为心理健康教育的服务对象,以发展、预防为主,治疗为辅,强化其心理健康意识,培养健全人格;其二,进行心理评估,实现心理问题的早期发现和干预。心理评估是通过科学有效手段及时发现可能有心理问题的学生,对其心理问题以及严重程度进行测评的一种方法。大学新生入学后的第一个月内,可以通过调查问卷等手段对所有新生进行心理状况的普查,建立新生心理档案,健全学校心理健康监控系统,对全体学生心理状况作第一层筛选,对可能存在心理问题的学生再通过面谈进行第二层、第三层筛选。经过多层选择和测评后,对确实存在心理障碍或者心理问题的新生要重点进行心理干预和治疗;其三,建立健全学校心理咨询机构,完善个别学生心理辅导模式。在心理适应教育中,个别心理辅导模式是应用最普遍,也能为多数学生所接受的一种心理对话形式。个别心理辅导模式为刚进入陌生环境的大学新生创造了一个情感上相容、无拘无束的交流氛围,有利于新生将所有不敢讲的话、不敢表现的内心情绪和烦恼都倾诉出来,这种模式在解决学生的一些突出心理问题上比集体辅导更具针对性,也更具效力。

(三)生活态度教育

生活态度是大学生人生观的重要组成部分,在人生实践中,抱什么样的人生态度和生活态度,直接影响其人生目的确立和人生价值的实现,也直接影响着大学生活的质量。具有积极进取,乐观向上的生活态度的人,对社会的进步和个人的前途充满信心,勇于向旧势力挑战,勇于迎接光明。在困难和挫折面前不灰心、不气馁、不自卑,能重新鼓起拼搏的勇气,愈挫愈奋,坚信人生旅途虽然有坎坷和旋涡,但始终充满希望和光明。正视现实,热爱生活,充满激情,能用理性的头脑认识自己的人生位置,用理智的头脑去驾驭自己的情绪,认真对待每一件工作,立志为社会主义的物质文明做出自己应有的贡献。

(四)社交技巧教育

人人都希望自己能有良好的人际关系,希望拥有多一些的朋友。人际交往是人与人之间的心理互动过程。只要我们注意观察、体验,调整自己的认知结构,形成积极的、准确的人际交往观念,掌握一定的人际交往技巧和规律,就能够提高我们的交往素质。首先,要提高认识,掌握技巧。消除错误认知,主动热情地接纳对方;真诚地肯定对方,学会赞美;学会回报。其次,要积极参与实践,改善交往技巧;重视建立良好的第一印象;学会表达,善于聆听。再次,要培养良好的交往品质,做到真诚、信任、自信和热情。

二、认知教育

对大学新生的认知教育主要有以下几个方面:学习能力教育,理想信念教育,社会责任教育,诚实守信教育。具体如下:

(一)学习能力教育

大学生在校四年的主要任务就是学习,学习能力的强弱是他们顺利度过大学生活的关键。大学生优良学风不是自发形成的,而是要下苦功夫,坚持不懈逐渐培养而成的。大学生在校期间应该老老实实地学、踏踏实实地学,既不能懒散浮躁,浅尝辄止,不懂装懂,更不弄虚作假,投机取巧。学习能力的培养,其一,要有认真求实的学习态度;其二,要培养勤奋刻苦的学习毅力;其三,要培养虚心踏实的学习风格;其四,要培养科学严谨的学习方法;其五,要用学校规章制度去规范自己的行为。

对新生进行心理适应等人格教育,其最终目的还是为了增强学生的学习适应能力,促进其全方位素质的提高。认知教育就是从大学新生进入学校开始,增强学生的专业认知,提升学生的科学能力。因此,从学校教育来看,大学阶段和中学阶段的课程目标、设置、实施和评价等都存在明显的差异,如何树立与大学阶段相适应的学习和思维方式,增强学生科学(包括自然科学与人文科学)能力的培养是新生入学教育的重要任务。科学能力的提升是一个系统工程。科学能力首先以科学知识为中介,大学新生的科学能力是顺利学习科学知识和解决科学问题所必需的个性心理特征,这里的科学知识包括感性知识和理性知识,感性知识主要指科学事实和科学表象,理性知识主要指科学概念和科学规律。因此,从学习进程的角度来看,大学新生学习科学知识只是提升科学能力的一个过程。这就要求我们以大学新生本身的素质特点为基点,让其及时了解大学学习的特点和基本要求,逐渐建立科学的学习和思维方法。具体地说包括以下三个方面:其一,综合提升观察、实验和思维等基本能力。科学是观察、实验和科学思维相结合的学科,这三方位能力的综合提升对于大学新生而言是最基本的科学能力,其他的科学能力都是在此基础上形成和发展的;其二,以提升思维能力为核心。从科学活动来看,它主要包括观察、实验、记忆、思维、想象等基本要素,在这些要素中,思维始终处于核心地位。学习和研究都离不开思维,不论是科学问题的提出、科学现象的观察、科学数据的测量、科学模型的抽象、科学概念的形成、科学规律和科学理论的建立、应用科学问题的解决等都离不开正确的思维。因此,科学的思维能力是其能力提升的核心;其三,提升创造能力是一切能力的归宿。科学思维活动的速度、灵活迁移程度、广度和深度等都依赖于科学的创造能力,反过来它也将促进科学创造能力的提升。因此,培养大学新生的学习能力,就需要在培养观察、实验和思维等基本能力的基础上,培养其科学创造能力,这是大学新生认知教育的关键,也是当前大学素质教育改革的核心。

(二)理想信念教育

理想和信念是人生的航标和前进的动力。理想是在现实的可能的基础上对未来的一种向往和追求,是人们的政治立场和世界观的最直接反映。不管是个人理想,还是社会理想的实现,都需要努力工作。信念是建立在认识的基础上对某种理论或思想的理解和看法。追求理想信念是一个民族、一个国家、一个人进步的表现。在当今现代化进程加速的新的历史时期,小康社会和中国特色社会主义建设不断发展的情况下,大学生应该建立一个崇高理想,坚定信念,以及努力奋斗来实现自身的理想。

(三)社会责任教育

纵观人类历史发展进程,不同的时代有着不同的历史使命,当代大学生的历史使命是由21世纪中国和世界的历史发展和社会条件所决定的,肩负着振兴中华的伟大重任,面临着知识经济的挑战,面临着西方敌对势力"西化""分化"的挑战。面临着人口多,底子薄的国情,国家兴亡,匹夫有责,祖国的命运与大学生个人的前途命运是紧密联系在一起的。只有正确处理好个人与社会、国家的关系,坚持集体主义原则,弘扬爱国主义精神,培养良好的敬业精神,履行对祖国、对社会的崇高义务,才能成为优秀的公民,实现自身的价值。社会责任感的培养是一个人与社会关系运作的理论要求,责任意识是人所具有的对于责任的主观印象和判断。人们把自己应承担的人生责任的认识转化成为自觉意识之后,就能产生出努力实现自己的人生责任的自我要求,即责任感。人生责任感不但是个人生存和社会发展的必要条件,也是维系人与人之间、个人与社会之间关系的最基本的纽带,是人生一切创造性劳动和高尚行为的内在动力。人的责任感的形成和培养基于三个基本条件:首先,自我意识的逐步确立和成熟,这是培养责任感的心理基础;其次,树立科学的人生观和价值观,这是培养责任感的思想基础;最后,努力实践,身体力行,这是培养责任感的基本途径。大学生不仅需要洁身自好,更需要有强烈的社会责任感;不应该以个人力量的微薄为由放弃努力,应该坚定地持之以恒地把微薄之力奉献给社会。

(四)诚实守信教育

中共中央颁发的《公民道德建设实施纲要》,把诚信作为一条基本规范,具有很强的针对性。诚信是当今社会的一个最普遍的道德规范,道德标准是建立在诚信的基础上,更高的道德标准也是建立在诚信的基础上。失去诚信,整个道德体系将崩溃;失去诚信,所有的道德将不再是道德。因此,诚实守信必须成为大学生思想道德修养的内容。为了使大学生顺利离开校园,进入社会,大学生应该努力提高自身在诚信方面的形象。首先,每一个大学生都应该注意个人诚信形象,为人诚实和正直,不欺诈、不虚假,自己做出的承诺,必须践行。其次,每一个大学生都应该珍惜自身的形象,同时还应该让每个学生理解诚信的价值,因为诚信是基础,如果在社会中缺乏诚信将会失去人们的信任。因此,大学生应该从入学开始,从小事做起,从日常生活做起,做一个诚实守信的人。

三、发展教育

大学新生入学中发展成才教育的目标主要体现在较高的能力素质、健全的心理素质、完整的文化素质和健康的身体素质四个方面。

(一)能力素质教育

一般而言,大学生的能力素质是一个综合性素质,主要表现为学习能力、思维能力、创新能力、表现能力、实验(实践)能力、交往能力、处理问题能力、应变能力、自我认识和克制能力等。能力素质是当今以个人能力为本位的个人生存发展的基本素质。社会主义市场经济的社会环境,社会把个人的社会地位与自己的个人能力紧密地联系在一起,它说明了有什么样的个人能力就有什么样的社会地位。因此,对于大学生,尤其是大学新生的入学教育,必须适应社会大环境的新变化,对他们进行提高综合能力的教育,特别是要防止出现只是注重专业知识学习的"单腿巨人"。大学新生入学中的能力素质教育,是现阶段社会发展对于大学生提出的客观要求。

(二)心理素质教育

心理素质,简单地说是指人们在个性心理、思维过程方面所具有的特征和品质。换言之,它主要是关于思维、情感、意志、性格、心理调适、心理保健、心理体验等因素的总和,是人们在长期社会生活中形成的心理在个体身上的积淀,是一个人在思想和行为上表现出来的比较稳定的心理倾向和心理反映。一般来说,心理素质主要包括智力因素和非智力因素,其中智力因素主要表现为人的思维能力方面,如环境适应能力、定向能力、组织能力、动手操作能力、创造能力等,而非智力因素则主要包括人的动机需要、情感意志、理想信念、兴趣爱好、人生观、价值观、世界观等。以前,人们把一个人的成功或失败仅仅归因于人的身体和智力因素,如今,人们越来越关注人的心理素质的非智力因素,有人提出建立与IQ(智力商数)同等重要的非智力因素的3Q,即EQ(情绪商数)、AQ(逆境商数)和HQ(健康商数),认为它们不仅影响人生的质量,而且直接关系个人身心的协调发展。根据心理学的解释,心理素质主要包括气质和性格两部分内容,它们对心理健康的影响是持续与恒久的。人的气质可分为胆汁质、黏液质、多血质、抑郁质四类,其各有优缺点。胆汁质的人开朗、热情、积极、坦率,但有时刚愎自用、任性、急躁;黏液质的人冷静、踏实、克制、忍让而有耐性,但其为人拘谨、因循守旧和缺乏活力;多血质者思维敏捷、灵活好动、乐观热情、定于想象,但其性情浮躁、注意力易转移、缺乏耐力和毅力;抑郁质者敏感、善观察、好静、含蓄、温柔,但多愁善感、情感脆弱、反应迟钝、易疲劳等。不同气质的人会形成不同的性格,不同的性格特征对情感表达、行为反应的影响也不尽相同,这又决定了个体面对压力和挫折时的成长状况,究竟是被挫折压垮,还是愈挫愈勇,在逆境中不断成熟。大学生对自我性格的认知比较模糊,他们通常无法正确认识自己,不能恰当估计自己的能力和确立切实可行的目标。在大学新生入学教育中,加强心理健康方面的教育是当务之急。其主要目的是帮助新生克服消极的自我概念,树立积极的自我概念。消极的自我概念会诱发和加剧心理疾病,心理疾病反过来又会使自我概念更加消极;而积极的自我概念会增进心理健康,健康的心理反过来也会促进积极的自我概念的形成。具有积极自我概念的大学新生,才可能确立正确的价值取向,对善恶是非才具有批判能力,其科技创新能力也才能真正发挥,并沿正确轨迹运行。

(三)文化素质教育

提升学生的文化素质是学校教育的题中之义。对于大学新生而言,这里主要强调科学知识与人文知识的均衡发展。以前,中国本科教育在人才培养过程中,只注重与职业密切相关的专业知识教育,而其他相关学科知识则关注过少。特别是文理学科之间壁垒森严、相互分离,导致学生们人文社会知识与科学知识严重失衡,文科学生不太懂自然科学的知识,理工科学生不太懂人文社会知识,这也使得学生们的学术视野、境界、综合素质等方面受到了极大的限制。事实上,社会科学与自然科学都是科学系统的有机组成部分,对于科学事业的发展而言是缺一不可的。因此,从大学新生入学教育开始,就应该加强其全方位学习的思维。在课程的开设上,既有关于自然现象及规律的学科,如数学、物理学、化学、生物学、天文学、地理学等,也有关于人类价值和精神表现的学科,如哲学、历史、文学、宗教、伦理学等,还有关于人类社会发展及其规律的学科,如经济学、法学、政治学、社会学等。以上完整的知识体系,在绝对的意义上似乎是自然科学、社会科学和人文科学三大学科数量上的简单相加,实际在相对的意义上,这些学科从本质上来说却是统一的。人类的知识浩瀚无际,且以几何级数的速度在增长着。教育不可能穷尽所有学科的所有知识,但由于三大学科知识的辩证统一性,致使教育可以从中选择,将主要、起码的知识传授给受教育者,使其形成具有内在潜力的合理知识结构,从而为后一阶段的学习打好基础。总之,整合大学生的自然科学知识与人文科学知识,在新生入学教育中推行人文教育与科学教育的均衡教育模式,其根本的目的之一,就是为了帮助大学新生建立合理科学的知识结构,进而形成适应未来世界的理解模式和探索模式。

(四)身体素质教育

人的身体素质通常是人们在体力活动中所表现出来的关于力量、速度、耐力、灵敏及柔韧等机能的统称,它一方面为人们提供强健的身体,让人们能够抵抗疾病,承受繁重的工作和各种艰苦环境的考验。另一方面,它为人们提供充沛的精力和健康、发达的大脑,让人们能够用它摄取知识和承受繁重的脑力劳动。身体素质是心理素质、文化素质的物质支撑和前提,如果没有健康的身体素质,人的其它素质都将是子虚乌有。由此可见,不同的年龄阶段,人的身体素质的发展特点也是不同的。当前,大学新生进入大学后,由于对未知知识的渴望以及未来就业的压力等原因,很多学生疏于锻炼。这无论对于其身体的发育而言,还是对于其他知识的学习而言,都是有害而无益的。

因此,从大学新生入学开始,就应根据大学新生的能力特点,制定合适的体育等健康课程,对于增强学生的健康体质以及未来的学习和生活具有重要的意义。大学生应从身体素质的五个方面进行有意识的训练和提升:在发展力量素质方面,大学生要增强肌肉收缩克服阻力和对抗阻力的能力,这不仅能增强肌肉力量、提高身体的壮实程度,还有利于学习和掌握各项运动技术和技能,减少运动损伤;在发展耐力素质方面,大学生要增强长时间进行肌肉活动时抗疲劳的能力,它可以有效地提高人体呼吸系统和心血管系统的功能,改善新陈代谢水平,增强抗疲劳的能力,还可以培养坚毅、顽强等优良的心理品质;在发展速度素质方面,大学生要提高快速运动的能力,这对于提高大脑皮层的反应能力和对身体快速指挥和协调能力,使身体更加灵活,做动作更加迅速具有重要的作用;在发展灵敏素质方面,大学生应在各种突然变换的条件下,增强迅速、准确、协调改变身体运动的能力,这对于提高大脑皮层的灵活性,培养良好的观察力、判断力的反应速度,促进其他各项素质的发展具有很好的作用;在发展柔韧素质方面,大学生通过关节活动的幅度及相关肌肉、韧带等软组织的伸展性和弹性的训练,有利于正确地掌握各项运动技术,在突然用力的情况下,避免损伤肌肉、韧带等软组织。

第四节　发展与成长教育的方法

　　成长与发展教育是大学新生入学教育的重要内容,创新其教育方法并有效运用,是保证大学新生入学教育质量和效果的重要手段。切实做好党团学组织的认知教育、认真实施青年马克思主义培养工程、积极开展素质拓展计划、树立典型群体教育和努力完善心理健康教育,以保证大学新生的成长与全面发展。

一、党团学组织的认知教育

　　党团学组织是大学生中的优秀学生团体,这些组织在大学新生入学之初就开始与新生接触,大力通过党团学组织的影响,积极开展对大学新生的认知教育,让他们更快更好地适应和了解大学生活和学习。

　　(一)积极发挥党组织的表率作用

　　青年大学生是社会主义事业的建设者和接班人,大学生是否具有实现共产主义的远大理想直接影响我党伟大事业的兴衰成败。新生在入学之初,其世界观、价值观正处于发展成熟的阶段,因此有很大的可塑性。首先,教导学生对党的性质、任务、指导思想有所认识和领悟;其次,要有党员发展概念,这样才能时时刻刻严格要求自己,处处履行党员的义务,尽到一个党员的职责,发挥党员的先进模范作用。最后,要发挥思政理论课这一主渠道,它对于大学新生在关于党的理论的教学和宣传中发挥了重要作用。对大学新生开展党建教育有利于学生坚定党的信仰;有利于学生拥护党的路线、方针和政策;有利于发挥党组织在培养大学生中的优势。因为学生党员在学校的思想政治教育工作中既是工作对象,又是开展教育工作的中坚力量。他们会在各项教育活动中发挥带头、带动、领导的作用,也能把许多优秀青年大学生吸引到党组织中来。

(二)积极发挥团学组织的纽带作用

1. 建立新的引导路径及其主要着力点

"确立帮助大学生解疑释惑的引导逻辑、事例和素材,依托宣传部门借助网络等多种宣传渠道发掘身边典型案例,树典型、重宣传。"①寻找切合大学生群体思维特点和习惯的事例和素材,贴近大学生群体的生活,挖掘来自身边人和事的精神闪光点。灵活采用人际交流、图书阅读、文化活动、媒体信息、社会实践、社会观察等方式有机结合的方式,通过沟通、联络、交流、聚集等新方式来拓展渠道,充分发挥感情、信任、友谊的作用,以此来稳固引导途径,其主要着力点应放在网络、手机等新媒体的时尚手段,游戏、娱乐手段,社会化技能培养,社会观察等方面。

例如,长安大学每年在新生之中开展18岁成人宣誓仪式。如长安大学2012级新生18岁成人宣誓仪式在渭水校区朝晖体育场举行。校党委副书记白华、副校长刘建朝,校长助理赵祥模、彪晓红出席宣誓仪式,仪式由校团委书记张骞文主持。仪式在庄严雄壮的国歌声中拉开帷幕,6000多名本科新生面对鲜艳的五星红旗,在校团委副书记张永的领誓下庄严宣誓。校党委副书记白华在仪式上发表讲话。他代表学校向迈入成人行列的同学们表示亲切的问候和美好的祝愿,并指出了成人后同学们应该肩负的重大责任和应尽的义务。白华副书记对参加宣誓的新生提出了三点希望:一、希望同学们能够深入学习胡锦涛总书记在纪念中国共产主义青年团成立90周年大会上的讲话,在今后的学习生活中能够始终坚持刻苦学习,艰苦奋斗,努力成为可堪大用、能负重任的栋梁之材;二、希望同学们明确

---

① 易雯. 分类引导大学生正确认识团学组织[J]. 百家论坛,2013(10):254.

责任,勇挑重担,坚定理想信念,把个人的理想追求融入全面建设小康社会的伟大事业中去,用自己的双手为建成富强民主文明和谐的社会主义现代化国家奉献力量;三、希望同学们脚踏实地,锐意进取,始终站在时代的前列,争做创新创业的倡导者和实践者,当好推动科学发展的生力军和突击队,向祖国、向社会、向学校交上一份满意的答卷,实现自己的人生价值。汽车学院2012级本科生杭君宇同学代表全体参加宣誓的同学发言:要积极履行誓词精神,不负国家、社会、学校和家人的期望,力争把自己培养成为理想远大、热爱祖国的人;追求真理、勇于创新的人;知行统一、脚踏实地的人。校团委、武装部负责人,各学院主管渭水学生工作的副书记、2012级辅导员及2012级本科全体新生参加宣誓仪式。长安大学近年来坚持每年举行新生18岁成人宣誓仪式,并将其作为新生教育工程的重要内容。宣誓仪式有效弘扬了中华民族优良的文化传统,培养了广大新生爱国、进步、理性、奋斗的优秀品质,增强了新生的历史责任感和公民意识。

2. 健全机构设置,完善规章制度

健全团学组织内部机构设置,团学组织要保持旺盛的生命力必须要有完善的组织机构,大家分工合作、齐心协力维护团学组织的发展,在健全和完善组织机构设置的基础上,各级团学组织管理机构和社团本身还要不断建立完善各种规章制度:一是着重形成完善的制度体系,使各项工作有规可循,用制度来管理;二是保证规章制度的实施力度;三是在工作开展过程中不断完善工作制度,使其适应发展的形势要求;四是重视干部培养,加大监管力度。人才是团学组织发展的关键因素,是团学组织实施有效管理指导的重要环节,要重视对社团干部的选拔业务培训和跟踪培养:一是加强对组织干部的选拔力度,力求选拔德才兼备的优秀学生担任组织干部,其中主要团学组织干部还应该进行严格的政治审核;二是加强业务培训,帮助团学组织干部掌握管理的业务知识,使他们成为团学组织涉及领域的行家里手;三是对优秀的团学组织进行跟踪培养,引导他们主动靠拢团学组织。一方面加强对社团干部的教育和培养,使其保持高度的政治敏锐性和责任感,牢固树立为同学服务的思想;另一方面要制定加强监督管理的工作措施,保证团学组织活动的方向的准确性,提供同学们真正需要展示和锻炼自我的学术和其他多方面能力培养的各项活动。

二、青年马克思主义培养工程

实施青年马克思主义者培养工程,就是要坚持不懈地用马克思主义中国化的最新成果武装青年,通过教育培训和实践锻炼等行之有效的方式,不断提高大学生骨干、团干部、青年知识分子等青年群体的思想政治素质、政策理论水平、创新能力、实践能力和组织协调能力,使他们进一步坚定跟党走中国特色社会主义道路的信念,成长为中国特色社会主义事业的合格建设者和可靠接班人。

"青马工程"的培养内容主要是马克思主义和中国化的马克思主义,可分为以下三个方面:第一,教育当代大学生要能够全面地、客观地理解马克思主义。当代大学生只有正确对待马克思主义时才能积极、主动地去学习,掌握并信仰马克思主义,因此,要教育当代大学生从本质上认识马克思主义的先进性和科学性,同时还应该使他们认识到马克思主义不是一成不变、枯燥乏味的,而是能够与时俱进、不断发展的。所以要根据不断发展变化的社会形势来积极引导当代大学生去正确认识、主动学习和深刻理解马克思主义。第二,教育当代大学生能够全面掌握马克思主义的基本内涵和本质。首先要让当代大学生了解早期的马克思主义和当代的马克思主义,尤其是中国化了的马克思主义;其次要引导大学生自觉了解学习历史上马克思主义的成长历程;再次还要知道什么是马克思主义的基本内涵和本质,据此要知道什么是反马克思主义和非马克思主义;最后要让大学生深刻理解马克思主义诞生以来的社会发展规律、在当代的最新核心标准以及马克思主义者的运行发展规律等。第三,教育大学生如何对马克思主义的基本方法、理论和知识系统的重点学习和掌握,尤其是对马克思主义思想政治理论的教育,从而进一步巩固他们的马克思主义理论基础,重点培养青年大学生具有一个真正马克思主义者的全部素养。

因此,我们要及时教育当代的年轻大学生来深入学习当代中国化了的马克思主义,用马克思主义中国化的最新理论成果来把他们的头脑武装起来。胡锦涛同志在党的十七大报告中明确提出:马克思主义中国化的最新成果就是以邓小平理论、"三个代表"重要思想以及科学发展观等为主要内容的中国特色社会主义理论体系。当代的年轻大学生必须要用最新的、发展了的马克思主义理论成果武装起来,教育他们要理解并掌握中国特色社会主义的最新理论体系,这才是真正坚持马克思主义。只有准确理解马克思主义在中国的发展,才知道马克思主义中国化的一脉相承关系,把握其精神实质,才能把目前高校正准备使用的《毛泽东思想、邓小平理论、"三个代表"重要思想概论》新教材学习好,理解透,备好课,准确全面地灌输给学生,真正做到毛泽东思想、邓小平理论、"三个代表"重要思想进大学生头脑,为积极推进新课程体系建设,构建大学生思想道德教育打下坚实的基础。

三、素质拓展计划

在大学新生教育实施的整个过程中,素质拓展是必不可少的。它是在进一步整合深化教学主渠道的基础上,以提高学生综合素质为目的的各种活动和项目。主要在于帮助新生确立积极进取的人生态度、增强团队意识的一种体验式学习方法。本研究中指通过实践环节深化素质教育,主要包含了暑期实践和社团活动。

(一) 暑期实践

暑期实践就是在不受教科书的限制下,利用课余时间和空间在学生中展开的教育活动。这一活动对培养具有创新意识的人才有着十分重要的作用。新生在经历了一年的学习生活后,可以利用暑期参与和自己主修专业有更多联系的社会性实践活动,让他们用自己的理论与技术专长帮助解决现实生产和生活的问题,服务社会。该活动有利于学生获得公民教育,增强学生对社会、对他人的责任感。

(二) 社团活动

大学生社团是由高校学生依据兴趣爱好自愿组成的,是校园文化的重要载体,是高校第二课堂的重要组成部分。在大学新生教育中,可以向新生介绍学校这个特殊的组织,让新生了解所在大学的"软文化",产生亲切感,使之成为新生融入大学新环境的重要领域。教育管理者要鼓励新生参与丰富多彩的校园生活,以培养兴趣爱好,扩大求知领域,锻炼交往能力,改造内心世界,消除寂寞和孤独感,逐渐适应大学的生活。

例如,长安大学一些二级学院社团组织开展新生辩论赛。如经济与管理学院新生辩论赛初赛在明远1204和1205教室开赛。辩论赛按照专业组队,经管学院各个专业均参加了比赛,吸引了同学们的广泛关注。并邀请哲思辩论演讲社团的干部担任比赛评委。辩论赛开始后,场上辩友围绕"爱与被爱哪个更幸福""是否鼓励在校大学生自主创业""大学应该以学习专业知识为主还是以培养能力为主"和"行善应该是低调还是高调"等四个辩题展开对抗。各专业代表队旁征博引,相互间进行了激烈的交锋,观赛学生热情参与,互动环节更是将现场气氛活跃起来。经过两个多小时的唇枪舌战,比赛在热烈的气氛中结束。通过辩论赛这一良好的沟通平台,不仅展示了新生们在辩论场上的非凡风采,还锻炼了同学们逻辑思维的严密性与口语表达能力。

四、典型群体教育

先进典型的培育、宣传、教育是开展大学生思想政治教育的重要内容,是加强高校先进典型事件舆论引导的有效手段,也是进行先进典型群体教育工作的突破口和切入点。深入挖掘榜样的力量,树立先进典型事件对当代大学生的榜样作用,引领大学生见贤思齐、学有榜样,推动社会主义核心价值体系深入人心,融入实践,充分发挥先进典型的重要的示范作用。

首先,要谋划部署推出典型。学校要高度重视大学生先进典型的挖掘和培育,坚持加强和改进大学生思想政治教育工作的方针政策,把先进典型引领作为推进社会主义核心价值体系建设的重要内容和有效手段,注意用身边人、典型事来教育和影响大学生,推进学校整体的育人水平。

其次,要畅通渠道发现典型。学校采取"举办活动评典型,收集信息找典型,民主推荐定典型"等多种方式挖掘先进典型,建立专门的信息渠道和评定程序,广泛收集各种典型事迹,突出对当代大学生的时代教育意义。

此外,开展典型群体教育要特别结合学校的办学理念,传统与特色,把已推出的典型和所积累的宣传效应有机整合起来,形成典型群体教育的整体效应,进一步强化先进典型对大学生的教育作用。

五、心理发展教育

加强学生心理健康知识的普及和宣传教育,让学生掌握基本心理知识和自我调适的技能。组织开展并积极联系相关教师为新生开设包括大学生角色转变与适应、人际关系与人际交往、学习与创新、心理健康教育、图书馆资源使用等专题讲座,指导其合理安排大学的学习与生活,引导广大新生学会做人、学会学习、学会做事、学会共处、学会创新。

结合学校对全体新生进行的心理普查情况,及时建立新生心理档案。辅导员要合理安排时间,与每一个新生谈一次话,及时了解学生的思想动态,做到早发现、早干预。加强个性化辅导,并对有需要帮助的同学进行一对一谈心活动,切实解决实际困难,给予他们更多关爱,消除不稳定因素,从而帮助其尽快渡过适应期。

(一)加强人生观教育,重树理想目标

目标追求的重构是新生学习动力的源泉,要注重以理想信念教育为核心,加强对新生进行人生观、价值观、世界观教育,帮助新生构建新的理想目标体系;让他们懂得上大学的目标是长知识、练能力和学做人,要引导新生根据自己的特点和现有资源,主动培养自己的兴趣和兴奋点,激发自身潜力;要有意识地将他们的人生需求向更高层次引导,激励他们确立崇高远大的人生理想和坚定不移的信念,激发学习和成才动力。

例如,长安大学心理健康教育与咨询中心邀请西安财经学院心理学教授、陕西省心理学会理事辛雅丽老师在渭水校区朝晖大学生活动中心一楼礼堂为我校新生作题为《山不过来我就过去——如何适应大学的学习》的讲座。讲座由心理健康教育与咨询中心王赟老师主持,心理中心各位老师以及经管学院、电控学院、材料学院和理学院1000余名新生听取了本次报告。辛老师以自己丰富的教学经验和深刻的人生体验作铺陈,重新解读"上大学"这一事件,并结合当下求职形势和当前人才结构问题与同学们深入探讨了大学的动力从哪里来、大学的学习理念是什么、大学的学习方法等三个新生最困惑、最需要解决的学习问题。针对工科生的学习特点,辛老师带领同学们制定合理的学习目标,形成正确的学习观念,启发同学们合理地安排大学学习和业余生活。辛老师的讲座紧密结合时事动态,案例贴合学生实际情况,所提要求和建议均具有重要的指导意义和非常强的可操作性,同学们表示讲座很及时、很实用。

(二)开展预防和发展性心理健康教育,提高大学新生自我调适能力

新生入学以后,对他们进行心理健康普查,建立心理档案,做到对心理问题的早期发现和预防,以及对心理危机的早期觉察和干预。主要有以下两个原则:一是预防性原则,其目的是"防患于未然"。因此,在新生入学后,要开展有针对性的心理教育,预先告知他们将面临的各种变化,让他们做好心理准备,并提供有效的心理适应方法,提高大学新生的自我调适能力。二是发展性原则,其重点就是教师有意识地为学生创造成功的经历,发展学生的潜能。新生入学时,许多人对自我都抱着较高的评价和期望。而进校后,由于环境的改变,要鼓励他们对自我重新定位,了解自我,悦纳自我,进而发展自我的潜能。

长安大学心理健康教育与咨询中心每年在新生入学时都要进行心理普查,召开心理普查主试培训会,学工部领导、心理中心全体老师、各院系学办主任、心理

辅导站负责老师及新生辅导员参加培训。在培训会中,心理中心老师详细讲解心理测评的实施方案和注意事项,以保证测试结果的科学有效。新生心理普查是了解新生心理动态、建立新生心理档案的重要途径,是开展学生危机干预工作的基础,后续约谈工作将相继开展。

(三)建立良好的心理健康教育环境,帮助新生健康成长

新生的健康成长离不开良好的教育环境,离不开全体教师的力量。这一环境来自学校全体教职工对大学生心理问题的高度共识,共同营造一个乐观、积极向上、尊重、友善、宽容、朝气蓬勃的心理健康教育环境。首先要对全校的学生工作教师进行心理辅导课程培训。其次,可通过校报、校刊、广播站等舆论宣传的作用,营造一种积极向上、团结奋进、刻苦学习、朝气蓬勃的教育氛围,加强校园文化的导向作用、调适作用和凝聚作用。

(四)拓展交流平台,提高心理咨询工作水平

针对大学新生存在的心理疾患,除在高校内广泛开展心理健康教育外,还应当开设心理咨询门诊,及时治疗各种心理疾病。建设学生网上咨询、交流与学习心理健康知识平台。建立辅导员定期培训与交流制度。加强对辅导员的心理健康知识培训,增强辅导员鉴别心理危机能力和与问题学生交往沟通能力,有助于辅导员及时了解大学生心理和生活动态,摸准他们的心理症结,排除他们的心理隐患,做到防患于未然。

(五)发挥朋辈力量

对大学新生而言,朋友的力量是非常重要的。要充分发挥学生社团、"心理协会"、高年级学生的积极作用,通过"老带新"的方式,多与新生进行交流和沟通,在经验上给予帮助和关怀,使其顺利渡过"新生"这一特殊而又重要的时期。

第八章

大学新生奖励与资助教育

奖励资助工作是高校教育管理的一项重要内容。以奖励资助工作为载体和切入点,加强高校学生的感恩教育、自强自立教育、诚信教育,对于培养学生的社会责任感和担当意识,教育引导学生坚定社会主义的理想信念和价值追求,教育引导其把个人成长成才融入奉献祖国和服务人民的伟大事业之中,用自己扎实的知识和过硬的本领报效祖国、服务人民、回报社会,树立起正确的社会主义核心价值观具有十分重要的意义。

第一节 解决的核心问题

一、经济困难问题

(一)高校的贫困生状况

贫困生,即家庭经济困难学生,是指学生本人及其家庭所能筹集到的资金,难以支付其在校学习期间学习和生活基本费用的学生。[①] 随着高校并轨和招生规模的扩大,贫困大学生作为高校的一个特殊群体,其人数和比例都在增加,2012年我国普通高校在校生总规模2391.32万左右,其中贫困生占总人数的25%—35%,约为7000多万。在西部地区这一比例更高,经统计,长安大学2012年贫困

[①] 高等学校学生资助政策简介,中华人民共和国财政部教科文司、中华人民共和国教育部财务司、全国学生自主管理中心,2014年6月.

生的比例高达36%。

(二)国家奖助制度实施状况

对贫困大学生这样的校园弱势群体,政府和社会已经在物质生活上给予了越来越多的关怀,并相继出台了一系列奖励资助政策。1987年以前,国家主要实行"人民助学金"制度;1987—1998年,主要采取的是"奖、助、补、减"的助学制度;1999年至今,主要采取的是"奖、贷、助、补、减"及"绿色通道"多位一体的大学生资助制度,我国也基本建立了一个集"财、银、校、社、自"于一体的高校贫困生资助体系。①

国家奖助学金制度实施以来,在解除家庭经济困难学生后顾之忧,缩小学生之间经济差距,激励学生勤奋学习、努力进取,促进教育公平,构建和谐校园和社会等方面,都取得了巨大的成绩。其中,2012年普通高校的奖励资助数据如下:国家奖学金奖励学生9.5万人、14亿元;国家励志奖学金奖励学生68.31万人、34.15亿元;国家助学金资助学生486.13万人、135.87亿元;国家助学贷款发放263.45万人、149.03亿元;320万在校生享受国家助学贷款贴息,国家支付贴息19.59亿元;6.12万人应征入伍服义务兵役享受学费补偿贷款代偿及学费资助,资助金额7.59亿元;中央高校和地方高校5.91万名毕业生赴基层就业享受学费补偿贷款代偿,资助金额4.98亿元;2354名退役士兵考入高等学校享受学费资助,资助金额1209.21万元;大学新生入学路费资助项目资助家庭经济困难新生21.11万人,资助金额1.35亿元;中央部属6所师范院校及地方师范院校师范生免费与补助共资助学生5.35万人,资助金额6.34亿元。②

(三)国家奖助制度实施的经济学意义

20世纪60年代,美国经济学家舒尔茨指出社会经济发展的关键在于人力资本,人力资本收益高于物质资本收益。2000年诺贝尔经济学奖得主詹姆斯·海克曼在对中国各级政府的物力资本与人力资本投资进行测算后认为,"中国对人进行投资的支出,远远低于各国平均数。如果过多投资于一种资本,而另一种资本投资不足,财富增长的机会就丧失了"。中国作为一个发展中国家,提高人力资本

---

① 曹文泽.深化助学内涵,完善资助体系,强化育人功效[J].中国高等教育,2008(3):61 - 63.
② 2012年中国学生资助发展报告,2013.11.13 中国教育报,http://www.chsi.com.cn/gjzx-dk/news/201311/20131113/618438292.html.

存量,加大人力资本投资是一个关乎国家经济发展的大事。目前,中国还是一个农业大国,还有很多贫困人口,贫困人口素质的提高,不仅直接关系到全社会人力资本的存量增加,而且关系到社会主义和谐社会的发展。1979年舒尔茨在诺贝尔奖颁奖晚会上作了题为《穷人的经济学》的演说,指出人力资本的提高是帮助穷人摆脱贫困的决定因素,认为贫困的关键因素在人,在改善穷人福利的过程,提高生产的决定性因素是人口素质,人口素质的提高是教育的结果。①

大学生奖励和资助工作恰是实现教育公平,促进社会公平,提高社会人力资本存量的重要手段。大学生奖励和资助工作为促进社会教育公平,保障家庭经济困难学生能顺利上学,降低个人的教育投资成本,提高人力资本存量,提高贫困人口教育收益率,对贫困人口进行相应资助都具有十分重要的意义。②

二、情感缺失问题

当代大学生由于应试教育经历、就业压力和社会大环境的影响,在道德情感方面存在一些深层次的缺失,导致道德行为的弱化。大力加强大学生对于父母及家庭的亲情教育、感恩教育,加强大学生的自强、自立教育,热爱专业与职业教育、热爱祖国和家乡教育、热爱自己的生命教育,对于提高大学生各方面的情感素质具有十分重要的意义。

(一)大学生情感教育现状

当代大学生以"90后"为主,他们成长在信息技术高度发达、各种思潮冲击碰撞的网络时代,拥有开阔的视野和丰富的知识。同时,他们也普遍存在冷漠自私、缺乏责任意识、人际交往能力差、心理承受能力不强等问题。有的学生从小集万千宠爱于一身,以自我为中心,只知索取,不懂回报,缺乏对他人的尊重、关爱和体谅;有的学生空有理想抱负,却没有吃苦耐劳、坚持不懈的精神,在困难面前逃避问题或推卸责任;有的学生不愿交往、不敢交往或不会交往,处理不好人际关系和情感问题;有的学生缺乏适应能力和承受挫折的能力,面对学业、就业、感情、人际交往等各方面的问题,不能调控好自己的情绪和行为,轻则沉迷于网络不可自拔,重则走向自杀轻生之路;有的学生缺乏道德责任感和义务观念,更有甚者违反法

---

① 厉晓华. 解读《穷人的经济学》[J]. 中共杭州市委党校学报,2005(6):50-52.
② 梁军,何丽萍. 高校贫困生资助的根本出路:"输血型"向"造血型"资助模式的转变[J]. 思想政治教育研究,2010(4):129-131.

律的规定,最极端的酿成"马加爵""药家鑫"等悲剧。凡此种种,都折射出当代大学生成长发展的不健全以及在情感教育方面的缺乏。产生这些问题的根源有以下几个方面:

1. 家庭教育过程中情感教育的误区

家庭教育与家庭环境对于一个人性格的形成和个体的成长发展都起着非常重要的作用。随着我国人民生活水平的提高和计划生育政策的落实,不论在城市还是农村、独生子女家庭或非独生子女家庭,绝大多数家庭都把对子女的关爱演绎成娇惯和放纵。在家庭教育中,很少有人注意孩子情感方面能力的培养,家长与孩子之间缺乏良性的沟通交流,使得很多出自良好意愿的教育方式方法却导致了不良的后果,成为家庭教育的误区。更不用说当今日益复杂的家庭环境,如家庭不和睦、离异家庭、缺陷家庭等,都会给孩子带来不同程度的负面影响。

2. 基础教育过程中情感教育的忽视

我国传统的基础教育注重知识的获得和认知能力的培养,忽视学生的情感体验,而关于自我认知、亲情友情、人际交往、感恩教育等重要的情感问题更没有被列入培养目标。20世纪90年代以来,情感教育在我国教育理论与实践领域中受到一定关注,但这并没有扭转我国中小学教育中重视知识传授、轻视情感教育的主流。从根本上讲,这是由于应试教育始终占据我国学校教育的主导地位所决定的。在中考、高考的升学压力面前,学校和老师只重视升学率,家长和学生只关心由考试左右的前途和命运,使得情感教育所依托的素质教育最终向考试低头。

3. 高校中对大学生情感教育的误解与漠视

鉴于应试教育在我国高等教育中的地位,高校中的情感教育也存在着同中小学类似的问题。首先,高校注重大学生高端知识的教学和专业技能的培养,情感教育往往被束之高阁。现在的学分制教学体制往往把教学导入一种误区,教师与学生被割裂开来,班级的概念被模糊化,教师忽略了对授课的"临时"班级的管理和责任,变成了专司讲课的工具;其次,高校教师队伍中存在着对情感教育的误解。有部分高校老师误认为情感教育是基础教育阶段的内容,将情感教育拒之门外;再次,高校思想政治教育有缺少时代性、忽视大学生情感需要的倾向。有些老师照本宣科或是夸夸其谈,内容与现实社会完全脱节的讲授,只会让学生认为没有新意、枯燥乏味。他们忽略了大学生的情感体验和实际感受,学生深层次的理想信念问题也无法给予回应;最后,高校很多领域的思想政治教育工作仍不能系统有效地开展，情感教育在深度和广度上有待提高。

4. 社会环境对大学生情感教育的不良影响

随着改革开放的深入，我国社会环境的巨大变化和日益复杂既给当代大学生带来了机遇与挑战，也使他们受到功利主义、享乐主义、拜金主义、个人主义等思想的不良影响。注重表面化的快餐文化和后现代主义文化造成了大学生的情感混乱与浮躁，暴力、凶杀、色情等不良文化现象更是对大学生的情感健康造成严重威胁。

(二)奖助制度实施的情感教育功效

利用奖励和资助教育平台，可以着力解决贫困大学生普遍存在的感恩意识不强，自强、自立精神不足及诚信缺失的困境，并将这种励志精神推广至所有大学生，对于培养广大学生积极乐观、坚忍不拔的精神具有积极作用。

首先，利用奖励与资助的育人氛围，可以树立以人为本的教育理念。学生工作队伍一直是大学生奖助教育的主力军，因此不断完善自身的综合素养和业务能力，针对全体学生、特殊群体、重点关注的个人采用不同的工作方式方法，通过分层次、有重点的工作模式在奖助工作的广度和深度上探索，从而增强全体教职员工情感教育观念，推进全员育人进程。

其次，搭建多元化教育平台，从而可以创设全方位奖助育人文化。首先，充分发挥校内媒体的宣传作用，利用校园网、广播台、校内刊物等普及奖助教育知识。其次，积极开展形式多样的学生活动，尤其是社会实践活动。一方面可以开展以奖助教育为主题的校园文化活动，另一方面通过学生活动和社会实践能够带给大学生丰富的情感体验，使他们在集体活动中能够相互学习和交流，学习如何处理人际关系和社会关系。再次，充分利用BBS、人人网、QQ群、飞信群、微博等网络交流平台，关注学生思想动态，及时适时进行价值观念引导、开展情感教育。最后，建立健全高校心理咨询、心理辅导机构，为有需要的学生及时排解不良情绪，构建情感教育的有力保障。

大学生正处在生理基本成熟而心理尚未成熟的阶段，他们的人格及情感尚不稳定，正是人格养成和社会情感形成的最终和关键阶段。利用奖助平台进行情感教育可以促进大学生的个性发展和身心健康，形成正确的世界观、人生观、价值观和健全的人格，建立相互尊重、诚信友善的和谐人际关系。

三、价值观树立问题

(一)价值观

马克思指出:"价值这个普遍的概念是从人们对待满足他的需要的外界物的关系中产生的",是"物的对人的有用或使人愉快的属性"。价值观反映人们的价值目标、价值评价与价值取向,尤其表现在对人的自身价值及如何实现自身价值的看法上。学术界比较认同的观点:价值观是人们关于生活中基本价值的信念、信仰、理想等思想观念的总和,是有别于事实判断和学科知识的另一类认识形式,是判断是非曲直、真善美与假丑恶的价值标准。价值观反映着某类客观事物对于人和人类的意义或价值。通俗来讲,就是一定社会群体中的人们对于某类事物是否"值得"的判断,从而指引着自身的实践和行为。

价值观都是在后天形成的,通过个人的社会化不断培养起来的。家庭、学校所处的环境等在个人价值观念的形成过程中起着关键作用。大学生的价值观代表着青年这个群体的特定价值体系,也是在一定社会背景条件下对社会价值观念的反映,同时也反映出当今社会一定阶段的价值导向,与国家的改革、发展与稳定,以及前途和命运息息相关。大学生价值观的形成是经历了一个较长久且复杂的过程,是随着他们知识的增长和生活经验的积累而逐步确立起来的。大学生的价值观一旦完全确立,便具有相对的稳定性,它有一定的价值取向和行为定式,是不容易改变的。但就整个社会和群体而言,由于个人和环境的变化,大学生的价值观念又是不稳定、不断变化着的。

(二)当代大学生价值观教育现状

随着我国改革开放的不断深入,社会主义市场经济体制逐步确立并不断发展,人们的思想观念、价值取向、生活方式等都发生了深刻的变化,大学生的价值观念也发生了很大的变化。主要表现有多元化、自我性、现实化、不稳定性等特点。随着社会经济体制的深刻变革和社会生活的日益丰富,大学生的价值观在呈现出明显特点的同时,也产生了一些问题。例如,重实用主义,轻理想信念;重功利主义,轻道德品质;重个人索取,轻奉献意识;重享乐主义,轻奋斗精神等等。

1. 大学生价值观的影响因素

少年时期一个人对客观事物的价值认识、体验和情感,主要是以继承者身份出现,随着年龄的增长,他们便逐渐学会在整理、评估继承的东西的基础上,不断地重复、加工并在其意识或潜意识中形成一种较为固定的看法与态度,有所发现与创造,即形成逐渐明确的价值观。在大学生的价值观形成过程中,教育具有举足轻重的作用。具体说,家庭、学校、社会三方面的相互影响作用共同促成了大学生价值观的形成。

首先,家庭教育。父母是我们人生当中的第一位老师。父母不仅通过言传身教直接教给我们是非善恶观念,他们对大学生成长过程中行为的褒贬,无不是按照自己的价值观来进行的,无形之中在向下一代进行价值观灌输。

其次,学校教育。它对大学生价值观形成所起的作用是不言而喻的。作为价值观教育的主渠道,学校通过政治观念、道德观念、成就观念、审美观念等方面的教育,力图使青年一代大学生具有正确的行为方式。

最后,社会教育。它在人的价值观的形成中占据越来越重要的地位。如网络等大众传播媒介,就是当代青年日常生活的重要组成部分,其生动的画面和丰富多彩的表现形式寓教于乐,在潜移默化中熏染大学生的价值观。

2. 大学生价值观教育存在的问题

教育心理学评价理论中认为,"接受、反应、估价、组织,性格化"等五个环节构成了大学生对价值观念接受的整个过程。在大学生价值观教育中,五个方面中有任何一项的薄弱环节,都将有可能导致对大学生价值观教育的失败。

近年来大学生价值观教育在高校思想政治教育工作中越来越引起重视,但成效不大。笔者认为对大学生价值观教育效果不大的原因,主要是对教育价值取向在理论上和实践操作过程中改革力度不大。教育价值取向不仅是纯粹理论中的逻辑关系,它更应是作为教育自身和作为教育对象的大学生之间的关系,是根源于教育实践的展开过程而形成的必然关系。教育的价值取向,一方面要靠实践的作用,另一方面要借助理论思维的作用。在操作上,价值教育的内容要有物质承担,教育内容要充满科学精神,教材要形成层次和规格,社会实践要课程化,要注重借鉴汲取其他学科的优秀理论,如心理学的理论和具体做法,要在实践中不断完善。具体来说,是因为目前高校价值观教育的理念转变滞后,忽视了大学生的主体地位,且价值观教育的目标过于"高、大、空",定位不够恰当,最重要的是价值观教育的实施途径、方式缺乏多样性,高校的价值观教育到目前为止仍以"两课"为主渠道,缺少心理理论知识的教育,以及教师队伍整体素质不高等种种问题。[1]

---

[1] 谢蓉,糜亚乒. 当代大学生价值观教育中的心理学运用. [J]高教研究. 2011(6):204 – 205.

(三)奖助制度实施的价值树立作用

1. 帮助大学生树立价值观的重要途径

思想政治教育所涉及的内容比较广,其中就包含了价值观的树立。而价值观也不是单纯地跟学生讲解价值去向以及如何树立价值观就可以达到教育的目的,因此价值观建立的正确与否要具备一定的道德素质,要有遵守规范的意识,知道哪些是可以做的,哪些是不可以的。奖助教育就起到一定的指引和奠定基础的作用。另外,随着社会物质水平的提高,学生的欲望很容易膨胀,促使他们追求金钱利益的意识比较强,更有甚者做出一些违背道义的行为,由此奖助教育的管理是否到位,直接影响到高校学生的价值观。在教学的过程中,尤其是思想政治课程的任课教师,要充分利用与学生沟通的机会,了解学生的心态,并在授课中充分结合现实情况来告诫学生,什么样的价值观才是对人生有意义的观念。

2. 正确的价值观可以为高校的奖助教育确定正确的方向

价值观所涵盖的内容较多、较宽泛。比如,有的学生认为得到教师的认可,受到同学们的喜欢就是自己的价值观,体现了自己的价值;但是有的则认为在工作中获取更多的金钱是自己的价值观,并认同金钱与人生价值等同的观点。高等学校对学生的奖助管理本身就体现着价值观的引导和树立;同时,高校的价值导向直接决定了高校奖助制度的确立方式。在奖助教育的设定上,要刻意地引入价值观教育的内容,引导学生逐步明确正确的价值观。

作为思想政治教育中的奖助教育可以帮助学生树立正确的价值观,反过来正确的价值观可以为其确定大致的教育和管理方向,从而可以说明两者的关系是相互统一的,认识到其内在的联系并重视其内在联系,加强教育,从而帮助学生树立正确价值观,进而促进思想政治文化水平的提高。[①]

[①] 邹成斌. 解读高校学生的思政管理与价值观树立的关系[J]. 劳动保障世界,2013(11):219.

第二节 奖励与资助教育的理论依据

一、需求层次理论

(一)需求层次

1943年美国人本主义心理学家马斯洛在《人类激励理论》一文中阐述了人类的基本需要及其层次结构,此后,他在1954年的《动机与人格》一书中对需求层次理论作了全面阐述。需求层次理论,又称马斯洛"基本需求层次理论",该理论把需求分成生理需求(Physiological needs)、安全需求(Safety needs)、爱和归属感(Love and belonging,亦称为社交需求)、尊重(Esteem)和自我实现(Self-actualization)五类,依次由较低层次到较高层次排列。

第一,生理需要。它是指人类生存最基本的需要,如食物、水、住所等。例如,经常处于饥饿状态的人,首先需要的是食物,为此,生活的目的被看成填饱肚子。当基本的生活需要得到满足后,生理需要就不再是推动人们工作的最强烈的动力,取而代之的是安全需要。

第二,安全需要。安全是指保护自己免受身体和情感伤害的需要。这种安全需要体现在社会生活中是多方面的,如生命安全、劳动安全、良好的社会安全。反映在工作环境中,员工希望能避免危险事故,保障人身安全,避免失业等。

第三,社交需要。它是包括友谊、爱情、归属、信任与接纳的需要。马斯洛认为,人是一种社会动物,人们的生活和工作都不是独立进行的,经常会与他人接触,因此人们需要有社会交往、良好的人际关系、人与人之间的感情和爱,这样才能在组织中得到他人的接纳与信任。

第四,尊重需要。它包括自尊和受到别人尊重两方面。自尊是指自己的自尊心,工作努力不甘落后,有充分的自信心,获得成就后的自豪感。受人尊重是指自己的工作成绩、社会地位能得到他人的认可。这一需要可概括为自尊心、自信心、威望、地位等方面的需要。

第五,自我实现需要。它是指个人成长与发展,发挥自身潜能、实现理想的需要。

(二)理论应用

马斯洛的需求层次理论,在一定程度上反映了人类行为和心理活动的共同规律。马斯洛从人的需要出发探索人的激励和研究人的行为,抓住了问题的关键;马斯洛指出人的需求是由低级向高级不断发展的,这一趋势基本上符合需求发展规律。因此,需求层次理论对管理者如何有效地调动人的积极性有启发作用。对于高等院校来讲,考虑大学新生的需求层次,从奖励与资助角度运用需求层次理论,充分调动学生学习的主动性和积极性具有十分重要的作用。

1. 创造条件,满足学生学习生活的需要,建立贫困生资助体系

高校要积极贯彻执行国家对家庭经济困难学生的资助政策,从解决经济困难学生的实际问题出发,建立起以国家助学贷款为主的包括"奖、勤、助、补、减""绿色通道"和社会资助在内的资助体系①。解决贫困生的后顾之忧,让他们放下经济包袱,把更多的精力投入到学习中去。改善学生的学习、生活环境。高校不能只顾学生数量而忽视学生质量,应从以人为本、服务学生出发,改善学生的学习、生活条件,配置必备的生活基础设施、教学仪器、教学设施等,让学生在宽敞、舒适的环境中学习、生活。

2. 创造良好的人际环境,满足学生社交的需要

组织多种活动,增进学生之间、师生之间的情感。高校学生管理者应多安排一些文体活动,如舞蹈大赛、话剧比赛、知识竞答、学习经验交流会、运动会等等,鼓励学生积极参加,一方面,在活动的过程中学生们提高了与人交往的能力,学生之间增加了了解,增进了感情;另一方面,通过活动学生们不仅可以把所学的知识加以运用,还学到了新的知识,从而拥有一定的成就感。另外,还应当多组织一些师生座谈会、学术交流会、校长面对面等等,让学生与教师、学校管理者多进行沟通、交流,既可以为师生提供彼此了解的机会,增进彼此的情感,还可以增加学生对学校的了解,增进学生对学校的情感,营造以学生为本的管理氛围。由于就业压力的增大,加剧了学生对归属感的渴望,高校管理者在依据学校的制度对学生进行管理的同时,应重视制度与人文关怀相结合,从学生的实际需要出发,树立为学生服务的思想,创建和谐的人际环境。

---

① 吕茜. 高校社区学生思想政治教育的现实需要和理论依据[J]. 经济与社会发展,2009(7):34-35.

3. 尊重学生,满足学生自尊的需要

鼓励学生参与学校管理,增强学生的主人翁意识和责任感,满足其归属感和受人赏识的需要。管理者要一视同仁,平等地看待每位学生,真正做到有奖有罚,帮助学生树立正确的公平观。另外,学校管理者要在学校营造一种讲求公平的氛围,使学生产生一种主观上的公平感。要注重奖励与资助的公平性,在学生利益分配上,如各种奖助学金,应采取多种手段,杜绝平均主义,合理拉开差距,尽可能地惠及更多的学生。

4. 为学生搭建施展才华、实现自我价值的平台,满足学生的成就感

由于学生的个性、能力、追求等存在着差异,学生管理者应做到知人善用,让学生各尽所长,尽其所能,使每位学生都能有用武之地,这样,学生容易产生事业的成就感。要注重学生之间的差异,为学生提供个人成长的机会。学生管理者要用好的政策和机制,多为学生提供展示自己、锻炼自己的机会,让学生在不拘一格地自由发展中展示和发挥自己的聪明才智,挖掘自身的潜能,从而实现自我。

二、情感教育理论

(一)情感理论

情感是促进学生积极主动学习的动力,实施情感教育可使学生自觉、自发地学习。那么什么是情感教育,情感教育在教学过程中又怎样实施呢?

著名的教育家苏霍姆林斯基认为情感教育是全面发展教育的重要组成部分,它可以培养学生的个性全面和谐的发展。它应贯穿于整个教育过程中,包括和学生真正的沟通心灵,唤醒他们的聪明才智,增强他们的自信心,调动他们的积极性,从而让学生自发地学习。

1. 情感教育是教育者与被教育者精神生活的一致性

情感教育的过程表现为教育者与被教育者精神生活的一致性;他们的理想、志向、兴趣、思想和感受的一致。在课堂教学中注重人格、地位的平等,课下与学生进行情感沟通,真正走进学生,走进他们的心灵,他们才会向老师敞开心扉,师生间才可相互了解,达到真正的沟通心灵。情感是推动学生学习的动力刺激,可以调动学生的内在积极性,排除学习障碍,和老师一起为理想和志向奋斗。

2. 情感教育是世界观教育的主要内容

苏霍姆林斯基认为世界观不仅是看待世界的观点体系,也是体现人的思想、感情、意志和活动的个人的主观状态,科学的世界观是思维、感情和意志的融合物。学生对各种事物、现象的看法和评价会带有浓厚的个人感情色彩。能否形成正确地世界观,能否正确地看待周围的人和事,主要取决于环境因素对学生思想、心理的影响。学生大部分时间都在学校,接触的人主要就是老师和同学。这样就要求老师将情感教育贯穿于整个教学过程中,使学生的身心朝着和谐、健康的方向发展。学生之间的正面影响也更有助于正确的人生观、世界观、价值观的建立。

3. 情感教育是对学生高级情感的陶冶

老师给学生以爱、关心、尊重,培养学生高尚的情感。以至他们会给其他人关爱和尊重。主要表现在:他们尊老爱幼,给不幸的人以同情,在必要时伸出援助之手,同学之间团结友爱、互相帮助。社会上的不良风气不会影响他们,他们会与不良现象、不良行为势不两立。进而这种感情就会升华为强烈的责任感,使他们成为一个真正对社会有用的人。

4. 情感教育是唤醒学生心灵的方法

人是万物之灵,是最聪明的生物。但是由于教育环境和种种条件的制约,人在智力、能力、人格等诸多方面几乎都是这种类型或那种类型的"半醒者",即人类自身的资源,只不过被开垦和利用了小小的一部分。因此,马克思说:教育绝非单纯的文化传递。教育之为教育,正是在于它是一种人格心灵的"唤醒",这是教育的核心所在。对于学生而言,需要唤醒的是他们的求知欲和聪明才智。采取的方法就是信任学生。

(二)理论应用

事实证明:被赋予了信任的学生,才能浑身散发着生命成长的气息。信任就意味着期望,学生会因为老师的期望而信心倍增,他们的聪慧的悟性、敏锐的直觉、丰富的情感,总是在期待中自觉或不自觉地显现出来。因此,老师应该给学生以激励和引导,有时老师一句体己的话语、一个鼓励的眼神、一次信任的微笑、一个尊重的姿势,就能唤醒学生沉睡已久的意识和潜能,就能使学生天性中最优美、最灵动的东西发挥到极致。

情感教育不是一种独立的教育形式,而是教育内容的重要组成部分。情感教育的相对概念是"唯理智教育",表现为漠视受教育者的情感发展,以纯粹的知识获得或智力训练为目的。然而,教育的最终目的应该是人的全面发展,包括培养健全的人格、健康的身心、正确的世界观、人生观和价值观等。尽管我国一直在强调素质教育与人才的全面培养,但在各种考试竞争加剧、就业门槛不断提升的社会现实下,纯知识、智力的教育被大大加强。这种片面强调对知识和技能的功利性追求会导致受教育者的情感冷漠、道德偏差、信仰缺失等不良后果,偏离了教育的最终目的。因此,情感教育是矫正"唯理智教育"倾向的必然需求,是教育目的实现的内在需要。

对新生进行全面的思想政治教育一直是高校学生工作的重点,它是一种意识形态的教育,培养学生形成符合社会主义核心价值观的思想观念、政治观点和道德规范。在教育过程中加强情感教育,能够激发大学生更深刻的情感体验,增大其情感认同度,变"灌输型"教育为"疏导型"教育,使新生思想政治道德认识得到更好的内化和吸收,切实增强思想政治教育的实效性。另外,情感教育是做好大学生思想政治教育工作的基础和先导。思想政治教育是做"人"的工作,其主客体都是人,在实践中十分重视人的感受,适当的共情能够为思想政治工作带来更好的效果。注重师生之间的互动关系与情感交流的情感教育,正是思想政治教育工作有效进行的基础和重要因素。只有在教育的过程中重视情感的交流,才能实现思想政治教育的目标。

三、价值教育理论

(一)价值理论

《辞海》中给"价值"所做的最初定义是这样的:事物的用途或积极作用。而日常生活中人们也常常用价值指代事物的使用价值。伟大导师马克思在吸收古典劳动价值论一切有益内容的基础上,完成了对价值质和量的统一意义上的分析,提出了科学的马克思主义劳动价值论。他认为交换价值只是从量上讨论价值问题,价值的背后是劳动;剩余价值理论是分析资本主义价值和利润形成的基本方式;价值是凝结于商品中的人类抽象劳动,只有人的劳动才能创造价值;改进劳动工具、改变劳动方式、发展科学技术、提高劳动效率、减少劳动成本等,是增加和创造价值的根本途径。[1]

---

[1] 亚当·斯密. 国民财富的性质和原因的研究[M]. 郭大力,王亚南译. 北京:商务印书馆,1972:25.

价值理论是关于社会事物之间价值关系的运动与变化规律的科学。人对于客观世界的认识分为两大类:一是关于客观世界各种事物的属性与本质及运动规律的认识;二是关于客观世界各种事物对于人类的生存与发展的意义(即价值)的认识。前者就是一般的科学理论,后者就是价值理论。价值理论是人类的科学理论体系中的重要组成部分。由于"对于人类的生存与发展的意义"本身也是事物的一种特殊属性,因此,价值理论也是一种特殊的科学理论。

(二)理论应用

由于社会事物之间的相互作用在本质上就是价值作用,任何社会事物的运动与变化都是以一定的利益追求或价值追求为基本驱动力,几乎所有社会科学都或多或少地与价值理论存在某种联系,都自觉不自觉地以某种价值理论为假设前提。由此可见,价值理论是整个社会科学的基础理论之一,价值问题是任何社会科学都无法回避的问题。

人的一切行为、思想、情感和意志都以一定的利益或价值为原动力,不同的价值思维和价值取向将对人的思想和行为产生巨大的影响。在大学生奖励与资助政策的制定和贯彻执行的过程中,价值理论始终贯穿其中。学校在制定奖励与资助政策时,应该更多地考虑如何让奖励与资助更有意义,如何更好地体现其引导作用;另外,学生在获得奖励与资助的过程中,内心也经历了复杂的过程,也存在不断地权衡、对比,甚至考虑是否有意义,是否值得,是否合算。

第三节 奖励与资助教育的内容

一、奖励与资助的体系

(一)国家奖助体系

对大学新生进行奖助教育,可以首先引导学生了解奖励与资助的具体内容。目前,我国已经基本建立了国家奖助学金、国家助学贷款、学费补偿贷款代偿、校内奖助学金、勤工助学、困难补助、伙食补贴、学费减免、"绿色通道"等多种方式并举的奖励资助体系。根据《国务院关于建立健全普通本科高校高等职业学校和中等职业学校家庭经济困难学生资助政策体系的意见(国发〔2007〕13号)》的精神,我国普通高等学校针对经济困难学生的资助体系主要包括以下几方面：

1. 国家奖学金

本专科生国家奖学金，用于奖励特别优秀的全日制普通高校本专科（含高职、第二学士学位）在校生，每年奖励本专科学生5万名，每生每年8000元。从2012年秋季学期起，设立研究生国家奖学金，奖励特别优秀的研究生4.5万名，其中硕士生3.5万名、每生每年2万元，博士生1万名、每生每年3万元。

2. 国家励志奖学金

用于奖励资助品学兼优、家庭经济困难的全日制普通高校本专科（含高职、第二学士学位）在校生。国家励志奖学金资助面约为全国全日制普通高校本专科（含高职、第二学士学位）在校学生总数的3%，每生每年5000元。同一学年内，国家励志奖学金和国家奖学金不能同时获得。

3. 国家助学金

用于资助家庭经济困难的全日制普通高校本专科（含高职、第二学士学位）学生，国家助学金资助面约为全国全日制普通高校本专科（含高职、第二学士学位）在校学生总数的20%，平均资助标准为每生每年3000元。

4. 国家助学贷款

国家助学贷款是由政府主导，金融机构向高校家庭经济困难学生提供的不需要担保或抵押的信用助学贷款，帮助解决在校期间的学费和住宿费用，每学年贷款金额原则上不超过6000元。国家助学贷款利率执行中国人民银行同期公布的同档次基准利率，不上浮。贷款学生在校期间的贷款利息全部由财政贴息，毕业后的利息由学生支付。家庭经济困难学生申请国家助学贷款有两种模式：一是校园地国家助学贷款，即通过就读学校向经办银行申请；二是生源地信用助学贷款，即通过户籍所在县（市、区）的学生资助管理机构提出申请（有的地区直接到相关金融机构申请）。为鼓励金融机构承办国家助学贷款的积极性，建立贷款风险补偿机制，财政（校园地贷款包括高校）对经办银行给予一定的风险补偿。

5. 高等学校毕业生基层就业学费补偿、贷款代偿

对中央部门所属全日制普通高等学校应届毕业生，自愿到中西部地区和艰苦边远地区基层单位就业、服务期达到3年以上（含3年）的，实施学费补偿和国家助学贷款代偿。补偿代偿金额根据毕业生在校期间每年实际缴纳的学费或获得的国家助学贷款确定，每生每年不高于6000元。每年补偿或代偿总额的1/3，分3

年补偿代偿完毕。地方高校毕业生学费补偿贷款代偿由各地参照中央政策制定执行。

6. 应征入伍服义务兵役学费补偿、贷款代偿及学费资助

对应征入伍服义务兵役的高等学校在校生及应届毕业生在校期间缴纳的学费或获得的国家助学贷款实施一次性补偿或代偿,对退役后复学的原高校在校生实行学费资助。补偿代偿金额根据毕业生在校期间每年实际缴纳的学费或获得的国家助学贷款确定,退役复学学费资助金额按照实际收取学费确定,每生每年均不高于6000元。

7. 师范生免费教育

在北京师范大学、华东师范大学、东北师范大学、华中师范大学、陕西师范大学和西南大学六所教育部直属师范大学实行师范生免费教育。免费教育师范生在校学习期间,免除学费、免缴住宿费,并补助生活费。地方师范院校师范生资助由各地自行实施。

8. 退役士兵教育资助

对退役一年以上、考入全日制普通高等学校的自主就业退役士兵,给予教育资助。内容包括:一是学费资助;二是家庭经济困难退役士兵学生生活费资助;三是其他奖助学金资助。学费资助标准,按省级人民政府制定的学费标准,每学年最高不超过6000元。生活费及其他奖助学金资助标准,按国家现行高校学生资助政策的有关规定执行。

9. 新生入学资助项目

从2012年起,对中西部地区启动高校家庭经济困难新生入学资助项目,用于解决学生家庭至录取学校间的路费及入校后短期生活费,省(区、市)内院校录取的新生每人资助500元,省外院校录取的新生每人资助1000元。

10. 勤工助学

学校设置校内勤工助学,并为学生组织提供校外勤工助学机会。家庭经济困难学生优先考虑。学生参加勤工助学原则上每周不超过8小时,每月不超过40小时,劳动报酬原则上不低于当地政府或有关部门制定的最低工资标准或居民最低生活保障标准。

11. 校内资助

学校利用从事业收入中提取的资助资金以及社会团体、企事业单位和个人捐

助资金等,设立校内奖学金、助学金、困难补助、伙食补贴等。

12. 绿色通道

全日制普通高校建立"绿色通道",对被录取入学、无法缴纳学费的家庭经济困难新生,先办理入学手续,然后再根据学生实际情况,分别采取不同办法予以资助。①②

(二)高校相关奖励资助辅助体系

学校作为大学生奖励资助的重要载体,在大学生奖励资助方面发挥着不可替代的作用。除落实国家的有关奖励资助体系内容外,基本还会设立校内奖学金和社会奖学金等。

1. 校内奖学金

各高校利用自身资金、科研经费等设立学校奖学金,奖励金额不等,划分不同标准,奖励学习成绩优秀,或家庭贫困且优秀的学生,并颁发校级三好学生、优秀学生干部等荣誉称号。校内奖学金是学校根据自身实际情况设立的,不同高校的奖学金也具有不同的设置方式和奖励额度。

2. 社会奖学金

各高校利用校企之间的合作、校友会等途径获得社会中个人或企业的赞助,在高校设立奖学金,资助家庭贫困、品学兼优的学生。以长安大学为例,长安大学与法士特集团联合设立的"法士特齿轮奖学金",就是社会奖学金的典型代表。社会奖学金的设立对激励学子努力学习、奋发进取、积极向上起到了重要的推动作用,是企业履行社会责任的具体体现,也让受资助的学生认识到要回报社会、造福社会。

3. 学校相关困难补助

除国家助学金、助学贷款等有关资助政策外,各高校都会设置一些相关补助措施。例如,贫困新生路费补助、贫困学生冬寒补助、不回家贫困学生寒假补助、临时困难补助、贫困毕业生路费补助等等,这些都是国家有关资助政策的有力补充,对于高校经济困难学生渡过难关,保证正常的学习生活有十分重要的意义。

---

① 《关于建立健全普通本科高校、高等职业学校和中等职业学校家庭经济困难学生资助政策体系的意见》(国发〔2007〕13号).
② 高等学校学生资助政策简介,中华人民共和国财政部教科文司、教育部财务司、全国学生资助管理中心,2014.

二、经济资助与奖励

大学生奖励与资助的程序更是一种教育程序。这一教育程序是为了实现学生教育的内化,即素质的升华,从而达到教育的目的。如对大学生奖励与资助实行申请制,学生在申请之前,有对自己过去若干时间内的学习、生活等方面的一个总结,这也是再学习的一种环节。在申请的过程中,有个公开陈述的程序,即陈述申请奖励与资助的理由,这本身就是一个学习和锻炼的机会。同时,通过申请这一程序的不断深入,不仅可以使学生自身得到不断的学习再学习,而且也可以培养学生爱国、爱校的感情,因为学生可以从中感觉到国家与学校对学生的关心和爱护,这是一种情感的培养和情操的陶冶,这也是教育的目的之一。

面向认定的家庭经济困难新生,可以举办资助项目程序制度讲座。通过网站、展览、学生工作干部资助政策制度培训等方式,引导学生各得其助、励志自强。可以开展助学贷款贷前信贷知识教育和勤工助学岗前教育培训。结合学生资助档案建立工作,开展一对一见面谈话活动,规范学生诚信受助,做到"三确认"(确认受资助学生经济困难真实性,确认受资助学生已经充分了解获得资助项目相关政策制度规定,确认受资助学生了解并自觉承担相应责任、履行相应义务)。①

以长安大学为例,贫困生的助学金评定发放过程基本分为:首先,以学院为单位依据《长安大学家庭经济困难学生认定暂行办法》认定经济困难学生(包括贫困生和特困生);其次,根据国家下拨贫困生资助名额分配各学院贫困生资助名额;再次,各学院根据具体名额和资助额度档次确定贫困生资助名单,在适当范围内公示后上报学校;最后,学校履行财务手续发放助学金。

三、情感援助与生成

现行的资助政策主要是以物质资助为前提,对于贫困大学生普遍存在的感恩意识不强,自强、自立精神不足及诚信缺失的困境则关注不够,因此学校应根据资助主体的特点和发展需要进行相应的调整,在以物质资助为前提的保障下,资助教育工作者应强化在精神上鼓励学生、能力上锻炼学生,通过思想政治教育、心理健康教育、能力提升引导,着力培养广大贫困学生的感恩心理、诚信

---

① 胡少波. 大学生奖励资助程序及其教育价值研究[D]. 西安:长安大学,2007:11-12.

意识、励志精神,并将其推广至所有大学生,形成互相关爱、积极乐观的大学生群体精神。

(一)培养学生感恩心理

我国自古以来即有知恩图报、饮水思源的良好道德传统和价值观念,这是通过大学生资助体系进行德育工作的价值基础。可以通过资助体系对学生进行以感恩、互助、友善、关爱为主要内容的基本道德素质教育,鼓舞其发扬自强自立、勇于拼搏的精神,激发其努力学习,将来回报社会和他人的责任意识。

(二)培养学生诚信意识

通过帮困资助体系可以对学生进行诚信意识教育。诚信是现代人在社会的立足之本。作为对大学生进行资助的重要方式之一,助学贷款是不需要任何抵押的无担保贷款,它对解决经济困难学生顺利完成学业起到了很大作用,但助学贷款还款率低也成了一个很大的问题,在还款的相关政策还不完善的情况下,在发放助学贷款之时和毕业前夕加强对学生的诚信教育,可以引导学生树立良好的诚信意识,减少贷款坏账率。

(三)培养学生励志心理

资助体系可激发学生树立自强自立、拼搏进取、积极向上的精神,磨炼其形成坚韧的品格——帮困助学体系可以"励志"。帮助高校贫困生不能仅仅给钱给物了之,对其进行物质帮助的同时,引导其树立自强自立的意识,培养其自我帮困的能力,引导其走出困境和压力,树立自信,比在其他场合进行纯粹的说教会具有更好的效果。实践证明,许多受过帮困助学体系资助的学生普遍学习十分用功,成绩较好,在生活中承受压力和挫折的能力也强于一般同学。

(四)推进群体示范效应

受资助的学生是大学生资助体系的受益者,而对于家庭经济状况相对较好,没有受到资助的学生来说,大学生资助体系本身在各个层面上的运转和实施过程对他们也是一种教育和影响。可以让全体学生都能够切实体会到党、国家和社会的温暖,体会到学校和老师的关心体贴,带动他们共同关爱贫困生群体,从而形成一种同学间互相关心,互相帮助的良好氛围。①

---

① 李亚洲. 西部地区贫困大学生资助型育人机制构建问题研究[D]. 西安:长安大学,2013:17.

四、价值观养成与引领

2014年5月4日,第95个"青年节"到来之际,中共中央总书记、国家主席、中央军委主席习近平来到北京大学考察并发表重要讲话,他指出:"青年的价值取向决定了未来整个社会的价值取向,而青年又处在价值观形成和确立的时期,抓好这一时期的价值观养成十分重要。这就像穿衣服扣扣子一样,如果第一粒扣子扣错了,剩余的扣子都会扣错。人生的扣子从一开始就要扣好。"一个人的价值观正确与否,与这个人的思想品质以及受教育的程度有一定关系,反之,如果一个人的思想不端正,必然会影响其价值取向,由此可以看出价值观是思想政治教育的一个部分,它和奖励与资助共同作用,影响了个人的成长和所追逐的方向。因此,充分利用高校的奖励与资助体系对广大学生进行价值观教育,引导学生从一开始就形成正确的价值观,具有十分重要的意义。

(一)充分发挥奖励资助育人的导向作用

《国家中长期教育改革和发展规划纲要(2010—2020年)》指出"把育人为本作为教育的根本要求"。奖励与资助教育的主要作用也是育人。现行高校的奖学金制度就体现了这种导向,即激励上进,鞭策落后。因此学生综合测评体系作为评定奖学金的标准,就很自然地成为学生行为的导向原则,不断地引导和规范学生以国家和学校所要求的行为准则来调整和规范自己的行为,表现好的即可得到奖励。由于奖学金数额有限,自然也就存在着竞争。将激励机制和竞争原则引入到高校管理体制中,是激发学生潜在学习积极性的一种十分有效的办法。这种激励可以使人发挥出自己最大潜能,调动出最大的积极性。

(二)引导学生确立正确的价值追求目标

学校通过"对德、智、体、美等方面全面发展或者在思想品德、学业成绩、科技创造、锻炼身体及社会服务等方面表现突出的学生,给予表彰和奖励",为全体学生提供一种行为模式,宣告哪些行为是为国家、学校所提倡的,哪些个人的能力是为国家、学校所重视的等等。就可以通过榜样的树立,给全体学生提供效仿学习的先例,指出正确的努力方向,以提高学生的综合素质。

个人与个人之间存在着能力的差别,学生个体的能力大小往往决定着可能的行为功过的大小。学校对工作或学习能力较强,并且取得了显著成绩或有发展潜力的人给予权威性的肯定评价。这些奖励能引导学生尽可能地发挥个人的潜力和鼓励个人发展自己的能力,这不仅能提高学生的知识素养,而且能促进学生的全面发展。此外,利益作为人们需要的对象,对人的活动有着内在的驱动力。对做出这些行为的学生给予一定的利益,这种利益的诱惑能增强学生做出获奖行为的动机,从而引导他们做出应受奖励的行为。当然,这种诱导作用相比较于正面榜样的引导而言是有限的,因为学校给予获奖者的奖励是本着以精神奖励为主,物质奖励和精神奖励相结合的原则进行的。

(三)帮助大学生树立社会主义核心价值观

奖励与资助教育是为了实现学生教育的内化,即学生将教育自觉化、自主化、主动化,实现素质的升华,从而达到教育的目的。大学生在奖励与资助体系引导下自觉将对国家、社会、个人的责任内化为自己自觉的行动,从自己做起,勤学、修德、明辨、笃实,使社会主义核心价值观成为自己的基本遵循,培养自身具有自信自强的信念和远大的人生目标,并身体力行大力将其推广到全社会,努力在实现中国梦的伟大实践中创造自己的精彩人生。

第四节 奖励与资助教育的方法

奖励与资助教育,主要是通过奖励与资助体系对学生进行思想政治教育,即激励上进,鞭策落后。在帮助贫困生解决经济困难的同时,要高度重视培养他们自尊自信,自强自立,诚实守信,积极向上的健康心理和健全人格。学校应确立诚信教育、励志教育、心理健康教育为重点,面向受助大学生开展思想教育工作。具体可以参照以下方法进行。

一、开发捐资助学资源

学校在已有资助体系下,积极争取社会力量捐资助学,以获得更多的资助资源,这样对于学校奖助体系的完善起到物质保障作用。我国这样的发展中国家,政府的财政能力是有限的,要加大对越来越多的贫困生进行资助的力度,必须突破完全依靠财政性拨款的格局。高校应该扩大校企之间的合作,利用校友会等途径获得社会中个人或企业的赞助,在高校设立社会奖学金,奖励资助家庭贫困、品学兼优的学生。除奖学金外,校企之间可以扩大合作,在社会实践、科技竞赛、学生活动等人才培养的方方面面,对高校的奖助渠道予以拓宽和补充,以使更多的学生得到奖励或资助,增强奖助教育的激励作用。

长安大学一些二级学院设立企业奖学金。如长安大学信息学院设立企业奖学金。企业奖学金颁奖典礼于渭水校区朝晖大学生活动中心大礼堂隆重举行。长安大学校长助理赵祥模,党办、党校、渭水校区管委会、学工部、武装部、校团委等部门领导,万集科技、中航电测、恒达时讯、安徽科力、华鼎恒业五家设奖企业领导出席了此次典礼。信息学院全体领导、各系部老师、学院全体企业奖学金获得者、学院渭水校区学生1000余人参加了此次典礼。五家高科技企业本着服务社会、支持国家教育事业的使命感和责任感,在长安大学设立奖学基金,主要奖励学校信息工程学院各个专业中学习成绩优异而家庭经济又相对比较困难的学生。赵助理对同学们提两点希望:第一,要充分理解这四项奖学金的深刻含义和它所承载的社会期望;第二,要珍惜荣誉,勤奋学习,发扬艰苦奋斗的优良作风,树立自立、自强、自尊、自爱的精神,全面提高自身素质,积极参加社会公益活动,努力培养自己的社会公德心和责任感。万集科技等五家企业代表分别向同学们简要介绍其公司概况,欢迎我校毕业生加盟其公司。他们希望校企双方通过扩大合作,整合资源,促进企业科技创新,充分利用高等院校的技术、人力等资源以及先进成熟的技术成果,实现优势互补、合作双赢。

二、培养奖励与资助工作队伍

奖助教育是高校思想政治教育的一个重要组成部分,主要依赖的还是高校学生工作干部,即辅导员。辅导员作为开展奖助育人工作的主要力量,首先应提高个人工作业务水平,把握学校、学院奖助工作的总体状况,有针对性地开展工作。例如在贫困生教育中,辅导员要尽量把自己从繁杂的事务性工作中解放出来,合理安排时间,通过定期与经济困难大学生开展一对一谈心,掌握家庭经济困难生的第一手资料,从而在开展认定工作中更具时效性、务实性和针对性。同时,辅导员应注重自身道德素质的培养,在谈话过程中通过言传身教,用自己的优良品德感染学生,传递温暖与爱,将情感一点一滴渗入学生心灵,使其内化为贫困学生的优良品质,在潜移默化中提升修养。

在进行奖助教育时要注意突出教育重点。奖助工作不仅仅是钱的问题,也不仅仅是解决同学经济困难。辅导员代表学校帮助贫困生解决经济困难的同时,要高度重视培养他们自尊自信、自强自立、诚实守信、积极向上的健康心理和健全人格。为此,学校应确立诚信教育、励志教育、心理健康教育为重点,面向受助大学生开展思想教育工作。例如学校积极向学生宣传贷款"信用"的重要性,培养"信用是您的第二身份证的意识"。学校组织开展"自强之星"评选活动,把那些家庭经济困难却自强不息、善于拼搏的同学评选出来,为困难学生树立学习的榜样;针对"多困生",做到将"扶贫"与"扶志"有机结合,加强学习帮扶,加强能力培养和就业指导,引导和激发他们奋发学习、重塑自信,不断提升其社会适应能力和竞争能力。

三、建构"经济、情感与价值"一体化的培养模式

具体工作中,可以利用多种形式进行奖助教育。首先,将奖励与资助的教育内容融入日常的大学生思想政治教育,以党团组织为抓手,以班级建设为保障,渗透到日常的班级活动、团日活动、党日活动中去,作为学生团内推优、入党积极分子培养、各项评奖评优时思想政治素质考察的基本要求。例如,"通过举办信用教育讲座,举行签订'诚信还款承诺书'仪式,观看诚信教育宣传片,开展诚信主题社会实践活动等",提高贷款学生的诚信、自律意识,使得还款工作顺利进行。第二,通过典型的人或事进行示范,提高广大新生的思想认识。具体工作中,通过每年树立"青春榜样""自强模范"等典型人物,使广大学生从榜样身上汲取正能量,树立正确的价值观念,塑造社会主义核心价值观。第三,利用表彰或特殊节日等对广大新生进行教育。例如利用建党、建国等纪念日结合奖励与资助对学生进行教育,在特殊的氛围与环境中让学生感受与体会国家及学校的关爱,从而从情感上对大学生进行积极的干预和熏陶,通过触发学生积极的情感体验,使教育者与被教育者形成相互信任、彼此尊重的心理基础,从而促进大学生正确价值观的形成。第四,通过计算机网络等对广大学生进行教育。适应当代大学生的特点,充分利用网络的特点,适时地以网络的方式开展丰富的活动,了解学生关注的热点和思想动态,传播主流意识形态,介绍民族文化和国外文化,使学生形成一致观念,具有相对统一的"三观"。

例如,长安大学一些二级学院开展公益活动。如政治学院开展"公益助力中国梦"贺琼专题讲座暨学院志愿者资源库成立大会在修远教学楼 3501 教室举办。院学生会主席吴飞,青协主席王承轩,青协秘书长潘斐,碧连天环保社团主席崔云柯,支农志愿者协会副主席李四红出席会议,大会特邀曾担任西安大学生志愿者联合会创始人,中国大学公益论坛顾问贺琼老师为大家普及讲解公益知识。众多热心公益的青年志愿者

慕名参加了会议。会上,青协副主席张盼婷向同学介绍学院志愿者资源库,并号召同学们关注公益,参与公益,推动公益。志愿者代表郑奕同学上台发言,希望能深入基层,做出成效,实现价值。随后,贺琼老师通过精美的 ppt 展示将同学们带入到公益这个充满美好与爱心的世界。一张张支农支教的照片,一段段感人肺腑的视频,贺琼老师声情并茂地向同学讲述了公益如何改变着我们的生活,如何为他人带去温暖与阳光,同学们无不不被公益的温暖与精神深深折服。贺琼老师鼓励青年志愿者投身于实际行动,从细微处做起,在实现社会价值的同时升华自身价值。

四、形成奖助监督的长效机制

在进行奖励资助教育时,要注意教育的持久性。从新生入校到毕业生离校,都贯穿着奖励与资助教育。可以在经济困难学生中选拔优秀学长,围绕政治引导、学业督导、生活向导、心理疏导、活动辅导、生涯规划指导六个方面对口帮扶本学院低年级大学生,帮助低年级学生树立战胜困难的决心和信心,对今后的大学生活充满憧憬。可以搭建"自助"平台,提升"自助"能力。在资助工作实践中,"高校应逐步改变传统单项给予式资助模式,建立学校资助与学生本人自助有机结合的开放式资助工作理念",积极探索,通过一定的制度设计与保障,为广大贫困生同学展示自我提供广阔平台,使其找准定位、挖掘潜能、提升能力,真正达到"授人以渔"的资助育人效果。[1]

制定"奖励资助工作动态管理"制度,若受奖助大学生出现旷课、酗酒、打架等严重违反校纪校规的行为以及考试不及格等情况,或者出现超前消费行为等,则终止资助。这些措施旨在加强对受奖助学生的教育和监督,使他们践行诺言,诚实守信,勤奋学习,积极上进。构建"资助 + 教育"一体化资助工作体系是根据新形势新任务要求,在工作中的积极探索和实践。实践证明这样做对于家庭经济困难大学生成长成才等诸多方面都具有积极的意义。励志重在践行,只有把资助与教育相结合,把经济支持与精神支持相结合,使资助内化为回报社会报效国家的动力,在助人中体现人生价值,才是教育之根本目的。[2]

---

[1] 史凌芳."扶困·励志·强能"三位一体高校学生资助工作模式的思考[J].学校党建与思想教育,2014(4):29 - 31.
[2] 白华.盲助:高校贫困生资助范式的路径选择[J]国家教育行政学院学报,2013(4):15 - 19.

第九章

大学新生教育评价方法

评价倾向起着导向作用,评价是开展大学新生教育的瓶颈。杜威认为①,评价判断是对一种价值可能性的判断,对一种尚未存在的、有可能通过活动而被创造出来的价值承载者的判断。在这里,"不确定的价值,通过判断、并且只有通过判断才存在"。因此,评价判断的首要功能就是创造,首要特点也是创造,只有合理地评价才会产生创造。

第一节 新生教育评价的内涵与现状

一、新生教育评价的内涵

20世纪30年代,美国俄亥俄州立大学教授泰勒(Ralph W. Tyler)首次提出"教育评价"这一概念。随后,教育评价越来越成为教育科学的一个重要领域和教育实践的一项重要活动。那么,何谓教育评价? 由于人们关于教育评价本质属性的理解不尽相同,于是形成了不同的教育评价观,以至于至今尚未形成公认的关于教育评价概念的科学表述。

(一)教育评价

国内外学者关于教育评价的基本概念归纳起来,大概有五种类型:(1)着眼于信息,强调通过评价收集资料,为教育决策服务。例如,克隆巴赫(LeeJ. Cronbach)

---

① [美]约翰·杜威著. 评价理论[M]. 冯平等译. 上海:上海译文出版社,2007:19.

认为"所谓教育评价是指为获取教育活动的决策资料,对参与教育活动的各个部分的状态、机能、成果等情报进行收集、整理和提供过程"。(2)着眼于方法,强调评价是成绩考查的方法或调查的方法。例如,斯坦福评价协作组认为"评价是对当时方案中发生的事件以及方案结局的系统考查——一种导致帮助改进这个方案或其他有同样目的的方案的考查。"(3)着眼于效果,强调通过评价判断教育目标或教育计划的实现程度。例如,泰勒(Ralph W. Tyler)认为"评价过程在本质上是确定课程和教学大纲在实际上实现教育目标的程度的过程"。(4)着眼于过程,强调评价是收集信息的过程,提供决策依据的过程。例如,得雷斯(P. Derssel)认为"评价就是决定某种活动、目的及持续的价值的过程,分为目的明确化、收集有关合适情报、决策等三个阶段"。(5)着眼于价值,强调教育评价的关键在于价值判断。例如,日本学者桥本重治就提出"评价是按照教育目标和价值观对学生的学习及教育计划的效果等进行测量的过程。评价概念的重点在于以教育目标为标准的价值判断"。①

通过对教育评价概念的分析可知,教育评价的科学内涵应包括以下几点:第一,教育评价是为教育而进行的评价。最终是为了实现教育的发展。教育是培养人的一种社会活动,是一种复杂的、创造性的活动,人的发展及其结果很难简单地进行判断。教育评价要涉及教育活动的整个过程,评价对象的发展变化,评价活动的过程与结果,都应纳入评价的范畴。第二,教育评价的目的在于保证教育活动正常、有序地进行,最终促进人的发展。在教育评价活动中,既要注重过程,更要强调发展。教育评价活动的开展,必须依据一定的标准,并建立具体、可操作的评价指标方法。第三,"价值判断"是教育评价的核心。教育评价实质上是人们对教育的价值认识过程,是教育价值观的具体反映。而教育价值包括个人价值和社会价值两个方面,所以教育评价要同时关注社会发展和受教育者个人发展的需要,价值判断的标准应该建立在协调两方面需要的基础上。第四,价值判断必须以一定的事实为依据。教育评价过程是收集评价对象的信息,并对信息进行加工处理的过程。运用科学有效的技术手段和多种方法获取翔实可靠的信息非常重要,试验设计、测量、统计、综合评定等是教育评价的基本技术和方法,而观察、记录、描述等方法也有助于全面收集资料。第五,教育评价要对具有活动的显性和

---

① 刘本固. 教育评价的理论与实践[M]. 杭州:浙江教育出版社,2000:52-53.

隐性效果都进行价值判断。所谓显性效果是指达到某种预计目的的程度,所谓隐性效果是指预计目的以外的结果。一般意义上的教育活动的效果是教育目标的达成度,但教育过程中也有不确定的因素,教育活动随时可能面临突发的事件,所以不能忽略对一些潜在价值的判断。

因此,参考已有研究成果,本书将教育评价界定为:依据既定的教育目标,运用科学的评价技术和手段,系统地搜集信息资料,并整理分析,在此基础上做出教育活动满足教育主体需求程度的真实价值判断。[①]

(二)新生教育评价

当前,大学新生教育工作是否针对高等教育目标而展开,是否满足新生需求,是否达到预期效果,能否促进新生全面发展? 这一切都需要通过新生教育评价来获得答案。新生教育评价应是高等教育评价的一个分支或一个部分,是高等教育评价在新生教育阶段的运用,其本质应当反映高等教育规律,体现高等教育发展需要,促进高校新生成长成才。因此,新生教育评价既具有一般教育评价的共同点,同时又具有新生教育的特点。

开展新生教育评价,应包括以下步骤:(1)制定新生教育评价目标和评价方案,做好评价前准备工作;(2)搜集评价对象信息并加以整理;(3)分析评价信息并形成评价结论;(4)提出改善评价对象行为以达到预期目标;(5)反馈评价结论以促进评价对象改善行为。为保证评价工作科学、有效、可行,应当坚持:评价目标明确,评价信息全面,评价方法科学,评价态度认真。

基于此,我们将新生教育评价定义为:根据一定的新生教育目标,运用科学有效的评价技术和手段,通过系统的搜集评价对象信息资料,并分析整理,对新生教育满足新生需要程度做出真实价值判断的过程。

二、新生教育评价的现状

通过文献资料查阅,理论文章研读,以及校际同行访谈,我们试图探寻大学新生教育评价现状。调查发现,多数高校每年都会对新生教育工作进行评比或总结,进行特色经验介绍、表彰和推广。总体上,这种新生教育评比或总结一定程度上保障了学校相关部门开展新生教育工作的积极性,对在新生教育过程中发现的

---

① 黎志华. 教师教育评价研究[D]. 上海:华东师范大学,2011:45.

学校相关部门内部问题能及时有效解决,对新生适应大学生活有着积极的促进作用。但是,在评比或总结过程中往往又局限于表象,没有或者很难真正反映出新生教育对促进新生全面发展的推动作用,或者未对现有新生教育工作效果进行科学评判。

(一)认识不到位,评价目的模糊

新生教育评价目的是指新生教育要到达什么样的质量目标,以及如何利用教育评价结果。新生教育评价的根本目的在于促进新生教育工作的改进和新生教育质量的提高。评价不是为了证明,而是为了改进。目前,关于新生教育究竟要达到什么效果,培养什么样的新生,具体衡量指标有哪些,无论是理论界还是新生教育实践者都没有给予科学论断。新生教育的重要性认识不到位,也就造成了新生教育评价目标不明确。由于人们在新生教育评价的过程中极端强化终结性评价,相对忽视形成性评价、诊断性评价,从而在多数场合下教育评价最终只能起到各种意义上的分等划类作用,忽视了评价的诊断、调节功能和教育、改进功能。评价主要被用来鉴定、区分学生、选拔适合教育教学模式的学生,而不是创造适合学生发展的教育教学。① 没有明确的评价目标,新生教育开展就失去了方向,同时失去了对新生教育工作开展效果的评估依据和标准,必将导致新生教育工作缺乏系统性,新生教育内容缺乏针对性,新生教育形式缺乏实效性。

加强和改进大学新生教育工作,关键在于提高认识。认识有了高度,行动才有了力度。新生教育作为高等教育的重要组成部分,是大学教育的起点工作,是学校育人的重要环节,是帮助大学生打好基础,完成角色转变,尽快了解并适应大学学习生活,提高适应能力、生存能力和发展能力的重要阶段,也是大学生健康人格塑造的关键时期。深化高校新生教育工作,必须从尊重学生、关心学生、爱护学生出发,合理规划,系统实施,科学安排教育活动,引导学生健康发展,培养学生立志成才,促进大学生全面发展。②

(二)手段不科学,评价方法单一

新生教育评价方法是指采用什么样的技术和手段开展新生教育评价,以确保新生教育评价结论真实、科学、可信。在教育实践中,我们应该立足教育过程,充

---

① [日]田中耕治著. 教育评价[M]. 高峡等译. 北京:北京师范大学出版社,2011:61.
② 查方勇. 高校新生思想政治教育的问题与对策分析[M]. 思想理论教育导刊,2011(9):107-109.

分发挥教育评价促进学生发展、改进教育教学实践能力的作用。目前,新生教育评价方法还比较简单,基本采用重定性、轻定量的分析研究方法。绝大多数高校仍然采用新生满意度问卷调查或是二级教学院系新生教育工作汇报等传统方式开展,其评价结果也以定性结论为主。甚至部分院校开展了新生教育工作,而没有进行效果评估,只是在年度教育教学工作总结中进行了新生教育实践工作罗列。部分新生教育评价的定性结论依据不足,主观臆断成分较大;定量数据分析多采用单一百分比统计,没有经过信度和效度检测;抽样调查样本代表性不足,问卷设计不合理;过于重视看得见的分数,使得学校教师、学生成为评价的"奴隶"。导致学生畸形发展,等等。

探究大学新生教育实效,收集、分析和反馈新生教育过程相关信息资料,在此基础上,将新生教育满足新生需求情况做出真实价值判断,重点在于采用有效的评价方法,包括定性评价与定量评价结合、自我评价与他人评价结合、结果评价与过程评价结合等等,可以借鉴社会学、心理学、管理学、经济学等学科中成熟适当的研究方法,以增强教育评价的科学性。

(三)制度不具体,评价主体不明

新生教育评价制度就是要明确"评价谁""由谁来实施""评价结果怎么用"等重要问题,以确保评价主体明确、评价对象具体、评价方法得当、评价工作完善、评价结果有用。目前,新生教育评价制度基本上处于刚起步阶段。实施主体不明确,没有建立新生教育专门机构,有的由教务部门牵头,有的由学工部门牵头,有的由二级教学单位或者年级辅导员自主开展;评价对象不明确,有的注重学生满意度评价,有的注重上级部门工作肯定,有的注重教育活动本身质量,这些测评的方面既有交集,又各有侧重点;评价内容不明确,有的考评新生适应性,有的考评新生挂科率、退学率、满意率;评价结果利用不明确,有的用于评比表彰,有的用于总结再提高,有的止于形式主义的会议交流,等等。

新生教育是一项系统工程,新生教育价值的实现有赖于运行畅通的科学制度的有力保障。高校应该在新生教育工作的政策指导、机构设置、人员安排等方面高度重视、周密部署、充分保障。各高校可以考虑按照"专门机构、专业队伍、专项经费、定期考核"的"三专一定"目标,将新生教育工作制度化、科学化。即成立高校新生教育专门机构,为进一步做好新生教育工作提供组织保障;加强新生教育专业队伍建设,为进一步做好新生教育工作提供智力支持;配套新生教育专项经费,为进一步做好新生教育工作提供财力保障;开展新生教育定期考核,使新生教育检查、评比、监督有据、有用。

(四)体系不完善,评价内容简单

新生教育评价体系是将评价所依据的新生教育目标逐步分解成各级指标而形成的一个相互既独立又统一的指标群,包括新生教育评价指标、评价标准两大模块,是新生教育评价的核心。因此,设计出一个比较简明、有效、科学的指标体系,将直接影响评价结果的科学性和可信性。目前,教育评价既存在着由于指标体系不够科学而导致的评价信度、效度不高,同时也存在有些评价内容由于人们到目前为止还没有找到一个直接测量这种信息量的科学方法,从而使人们回避对这些因素的测评,加之评价指标过于抽象,造成评价结论的主观性等问题,影响了教育评价的科学性。实际操作中,多数高校只是简单地进行新生学习、生活、交际适应性调查,把新生适应性能力作为新生教育评价的唯一内容或者关键内容,而忽视了新生发展能力、新生健康人格塑造等重要内容的考核。

科学的新生教育评价需要科学的评价指标体系。建立评价指标是新生教育评价的基础和核心,也是新生教育评价中最为困难的工作。采用不同的评价指标进行评价,将会导致不同的评价结论,从而影响评价结果的可信度和效用度。一个完整的指标系统应由多个一级指标、二级指标直到末级指标构成。指标权重集合主要反映了不同指标或指标集合在整体中价值的高低和相对重要的程度以及所占比例的大小量化值,每一项指标对应一个权重系数,每个指标集合对应一个权重集合。

第二节　新生教育评价的原则与功能

一、新生教育评价的基本原则

原则,就是人们说话、办事所依据的方法或标准。[①] 评价原则承载了指向实际问题、指导工作实践、指明科学价值等功能。研究大学新生教育评价的基本原

---

① 杨春鼎. 教育方法论[M]. 北京:人民教育出版社,2000:96.

则,就是要明晰大学新生教育评价理念、评价要求和评价规范。开展大学新生教育评价,要坚持方向性、科学性、多元性、发展性和效益性等基本原则。

（一）方向性原则

方向性原则是大学新生教育评价中具有决定意义的基本原则,即在构建新生教育评价指标体系以及进行评价活动过程中,要与马克思主义的基本立场相一致,要与党和国家的教育方针、规范、政策和法律法规中规定的教育目标相一致,要与高等学校教育总目标相一致。方向性原则就是思想性原则、政治性原则,也是阶级性原则、导向性原则。

大学新生教育评价的方向性原则,即马克思主义的立场是最根本的原则,必须有效和有力地坚持。所谓坚持马克思主义立场的方向性原则,就是在大学新生教育评价中要坚持好体现好历史唯物主义和辩证唯物主义观,要坚持好体现好阶级观、群众观和劳动观。对大学新生教育水平的评价,理所当然地要重点考评其认知、情感和行为是否与社会主义核心价值体系相一致,是否符合马克思主义的立场、观点和方法,是否符合中国特色社会主义的理想人格。

（二）科学性原则

科学性原则是指大学新生教育评价要符合大学新生发展的本质和规律性特点,要体现大学新生教育评价内容与方法的全面、准确和客观性要求,要具有充分的理据性和正确性。坚持大学新生教育评价的科学性原则,就必须把握好相互评价时的公平性原则、个体评价时的客观性原则,以及多种评价手段的结合性原则。

大学新生教育评价其实是建立在事实判断基础上的价值判断。价值判断和事实判断是不同的,事实判断是关于客体本身是什么的判断,而价值判断是关于客体对主体的意义是什么,对主体意味着什么的判断。如果说大学新生教育评价的方向性原则属于价值判断的范畴,那么大学新生教育评价的科学性原则就属于事实判断的范畴。也就是说,大学新生教育评价首先要确保人们对事实判断的科学性与科学化的把握。马克思主义一贯强调科学的精神是实事求是。马克思恩格斯说过:"科学就是在于用理性方法去整理感性材料。"[1]

（三）多元性原则

大学新生教育评价的多元性原则是指评价过程中要坚持评价主体多元性、评

---

[1] 马克思恩格斯选集(第3卷)[M].北京:人民出版社,1995:698.

价方法多元性和评价标准多元性。理论和实践都表明,多种主体的共同参与,多种方法的有效利用,以及评价标准的科学测评,才能保证全面准确地获得评价信息,并实现准确的判断和科学的指导。也就是说,坚持大学新生教育评价的多元性原则,既是大学新生个体差异性规律的必然遵循,也是信息化时代与日俱进促进个性发展的必然要求。

一方面,大学新生教育评价主体要多样,促进多种主体的共同参与。对大学新生教育进行评价,应构建以学生自评为主,包括教师评价、专家评价、学校评价、家长评价和社会评价在内的组成的开放的、多元化的评价系统。另一方面,大学新生教育评价内容要多面,促进多种方法的有效利用。多元智能理论认为人的智能潜力体现在多方面,传统的教育和评价只是单方面强调了记忆、数学逻辑等方面学习智能,忽视了艺术体育、空间想象、人际情感等其他方面智能,造成唯分数的应试教育和唯学历的社会人才评价惯性。大学新生教育评价不应只是传统的学习能力,还应包括乐观勇敢、知书识礼、吃苦耐劳、创新合作、关心他人和社会等综合素质。另外,大学新生教育评价标准要多元,促进评价标准的科学测评,即深入挖掘每一个学生的潜能,促进每个学生的健康发展。

(四)发展性原则

对大学新生教育进行评价,不能为评价而评价,目的就是要"以评促改",就是要把评价和引导结合起来,着眼于大学生未来的成长和发展。发展是新生教育评价的出发点,也是落脚点;发展性原则是贯穿评价全过程的主线,离开发展,评价的意义就黯然失色。所谓大学新生教育评价的发展性原则,是指要在发展性评价理念的指引下,使新生教育评价的内容、方法和结果,特别是对评价的内容、方法和结果的解释利用,都要有利于大学新生的成长和发展。

坚持发展性就是要坚持教育本质性,坚持推进教育去功利化。坚持大学新生教育评价的发展性原则,就要坚持和体现静态与动态评价结合中更重视动态性评价,就要坚持和体现过程性和终结性评价结合中更重视过程性评价,就要坚持和体现横向评价与纵向评价结合中更重视纵向性评价,就要坚持和体现自我评价与他人评价结合中更重视自我性评价。动态性评价就是要看大学新生教育的发展性,而不是标签式地给他定位、定性、定型。过程性评价就是要看大学新生教育的历程性,是对评价对象的整个学习、生活、成长过程中的认知、行为等表现出的综合素质进行评价。纵向性评价就是要看大学新生教育的成长性,分析和考量他过去与现在有无进步以及进步的大小。自我性评价就是要看大学新生教育的主体性,进一步发挥评价在发展学生潜能、激励学生进步、改进教育工作和促进全体学生发展等方面的作用。

(五)效益性原则

评价性工作是一项系统工程,也是一项具体的管理工作,应当体现效益性原则。效益性原则实际上包含可行性、操作性和最优化三个维度,还内在地涵盖了经济效益性和社会效益性的功能性要求。

可行性维度要求评价方案在实施时行得通,评价指标和标准符合教育目标和实际,评价内容体系、选择评价方法必须切实可行,并能被评价主客体所理解和接受。操作性维度要求评价指标体系不要过于繁琐,评价计算体系简便易算、直接可测。最优化维度就是要求方案的确定要充分考虑人力、物力、财力、时间、空间、技术等各种因素的综合化、简捷化、方便化和经济化,使评价工作有序、有力、有效。①

二、新生教育评价的基本功能

《辞海》认为功能是事物的作用和功效。大学新生教育评价基本功能是指新生教育评价所具有的效能,或者新生教育评价所能发挥的积极作用,也是新生教育评价意义之所在。它通过新生教育评价活动与评价结果,作用于评价对象而体现出来。新生教育评价的功能是多方面的,而且大多数功能也不是单独表现出来的。在这里,要把评价的功能与评价的作用加以区别。评价的功能是评价实践活动本身所固有的属性,评价的作用则是评价实践活动产生的实际效果。评价的功能能否正常发挥并产生积极作用,它受评价体系是否科学、评价结果是否客观、评价结果利用是否合理等方面因素影响和制约。

从大学新生教育评价对大学新生个体发展和大学新生教育实践流程两个视角来考察,大学新生教育评价具有四方面的基本功能,即引导功能、鉴定功能、诊断功能和调控功能,它们相互联系、相互作用,共同构成了评价的功能链条。

---

① 刘飞等. 大学生思想道德水平评价的理论与实践[M]. 北京:学苑出版社,2013:62.

(一)引导功能

引导功能是指大学新生教育评价可以引导新生教育实效趋向于新生教育目标,这是大学新生教育评价的核心功能。合理的评价行为可以为新生教育主管部门指明工作方向,帮助新生教育工作者明辨自身使命和任务,明确教育目标,同时通过评价活动,提高人们对新生教育活动的认识,扩大新生教育的社会认同度。新生教育评价能激发大学新生产生或形成接近并实现预期新生教育目标而不断进取的内在动力。同时,通过为大学新生提供评价反馈信息,调动他们的潜能,使他们明确自身的缺点与不足,有针对性地、自觉地改进,最终提高教育质量。大学新生教育评价的引导功能要通过建立科学有效的评价指标体系来实现。根据前面论述,大学新生教育包括入学与适应教育、专业与职业教育、素质与养成教育、学风与学务教育、发展与成长教育、奖励与资助教育等六个部分,与此相适应,大学新生教育评价的引导功能就分别体现为入学与适应引导、专业与职业引导、素质与养成引导、学风与学务引导、发展与成长引导、奖励与资助引导等六方面。这六方面相互联系、相互作用,共同构成完整的引导功能。

有效地发挥新生教育评价的引导功能,就要建立科学有效的新生教育评价指标体系,强调正面发挥引导功能的过程性评价,避免片面追求评价结果的终结性评价。

(二)鉴定功能

鉴定,是指对教育活动成效、优劣的甄别,具有选拔、分等的效能,是实现对同类评价对象之间优劣高低的比较。新生教育评价的鉴定功能是与教育评价活动同时出现并始终伴随着教育评价存在的。由于教育评价是根据一定的标准进行的,这就决定了教育评价具有鉴定优劣、区分等级、排列名次、评选先进等坚定功能。[①] 在新生教育评价中,鉴定可以分为三种类型。一是判断性鉴定,即对大学生通过新生教育后是否具有达到教育目标进行肯定性或否定性判断;二是价值性鉴定,即对大学生通过新生教育后的发展水平与新生教育评价价值目标的差异程度做出鉴定;三是区分性鉴定,即通过对评价对象相互之间的比较,鉴定差异程

---

① 原野. 高等教育大众化背景下的高等教育质量评价特征与应用研究——以山西省高等教育评价为例[D]. 太原:山西财经大学,2012:89.

度,评定优胜者。

有效地发挥新生教育评价的鉴定功能,需要注意三点:第一,避免滥用考试来鉴定优劣。对教育评价对象进行优劣的评定和达成水平的鉴定,尽管能为领导决策提供参考依据,在教育活动中发挥积极的促进作用,但若经常使用鉴定的常用方法——考试进行选拔的话,会增加学生的课业负担和心理负担,产生一定的消极影响。第二,鉴定区分的目的不是为了淘汰,而是为了发展。不能过分强调以固定标准进行现阶段水平鉴定,而忽略评价对象发展的可能性教育。评价最终是为了促进评价对象的发展,要重视教育目标的达成。第三,保持发展适度的竞争。

发挥新生教育评价的鉴定功能,就不可避免要比较,有比较就有竞争。适度的竞争有利于新生的发展,但过度的竞争对新生的身心发展将产生不良影响。①

(三)诊断功能

诊断功能是指新生教育评价能够对新生教育活动中存在的问题进行揭示和分析,找到症结所在,进而提出改进和补救的建议。新生教育评价是对新生教育事实进行诊断,是否达到新生教育目标要求,新生教育措施是否符合新生教育规律,做出诊断评价。通过教育诊断,及时了解信息、判断实情,可以为改进和提高下一阶段教育教学工作提供依据;通过教育诊断,及时了解存在的症结和弊端,以便有针对性地改变策略和方法,从而改善教育方案,促进学生全面发展。

新生教育评价应按照我国高等教育评价"以评促改,以评促建"精神,通过评价能使新生教育机构明确取得的成果优势和面临的困境和不足,不断优化教育行为,控制和改进工作,从而提高新生教育质量。新生教育评价的目的不仅在于明确是非,区分新生教育工作优劣程度,而且在于分析问题、找出原因、作出选择,对学生教育实践活动予以指导,寻找改善新生教育教学行为的途径。

(四)调控功能

在新生教育活动过程中,评价者依靠评价获得大量的教育信息,通过信息反馈,评价者按预先设定的评价目标,调节新生教育教学活动,使之尽快达到目标要

---

① 原野. 高等教育大众化背景下的高等教育质量评价特征与应用研究——以山西省高等教育评价为例[D]. 太原:山西财经大学,2012:91.

求,这就是新生教育评价的调控功能,它是一个反馈——调节——再反馈——再调节的循环过程,借此不断修正评价对象或评价者的行为。由于新生教育的对象是人,新生教育的效果最终要通过大学生综合能力的变化发展来体现。因此,通过新生教育评价可以监测新生教育效果,进而调控新生教育诸要素在教育过程中的状态。调控功能具体体现为教育前调查、教育中监测、教育后调节三个环节。新生教育开展前要了解和掌握新生特点和发展需要,量身定做教育目标、教育计划和教育方案,选择恰当的教育内容和教育方法,以提高新生教育针对性。新生教育开展过程中要了解和掌握教育目标、计划、方案、内容和方法等是否科学事实,是否需要调整修改,以确保新生教育不断优化。新生教育后调节在于了解和掌握新生教育实施后的实际效果,即是否有效、存在问题、需要发扬和改进的环节,为实施新一轮新生教育总结经验、查找问题、提出对策,以提高新生教育实效性。

通过评价结果的反馈,可以让评价对象了解自身存在发展的优缺点,加深对出现的差异的问题认识,进而根据所掌握的情况对其进行调节。这应该是新生教育评价需要特别强调的功能,因为新生教育评价最重要的不是得出一个客观准确的评价结论,而是要将评价结果科学的、恰当的、具有建设性的方式反馈给评价对象,促使他们最大限度地接受,对自身建立更为客观、全面的认识,从而促进他们进一步的发展。

第三节 新生教育评价的指标体系

对大学新生教育进行评价是高等学校教育必要内容。但由于新生教育内涵的丰富性、复杂性,以及新生教育过程的周期性、多维性,使得大学新生教育评价的难度增大和信度有限,易于流于形式。因此,确定好评价目标,把握好评价原则,构建科学合理评价指标体系,是大学新生教育评价的内在要求和重要保障。

一、构建指标体系的基本原则

由于评价目标具有原则性、抽象性、笼统性的特点,因此,不能以评价目标为直接依据进行评价,而必须把评价目标逐层分解为具体化、行为化和可操作化的评价指标体系。在建构评价指标体系时必须遵循一定的准则和依据,也即要遵循一定的原则,这些原则是对人们在评价实践中有效经验的总结和提升,反映了建构评价指标体系带有规律性的要求。我们认为,建构大学新生教育评价指标体系应该遵循以下原则。

(一)方向性与科学性统一原则

我国社会主义性质的办学方向决定着高等教育的目的和目标是培养中国特色社会主义事业的合格建设者和可靠接班人,不断推进人的全面和谐发展。这些目的和目标体现的是社会主义社会对高等教育发展的要求,具有鲜明的政治方向性。因此,评价指标体系的建构首先要考虑和遵循的就是方向性原则,要体现社会主义核心价值体系的总体要求、要反映高等学校的办学目的和目标。在强调方向性的同时,要结合科学性。科学性是指评价指标体系要正确地反映新生教育的本质属性,要尊重大学新生现有水平及层次性表现,要体现新生教育发展需要,避免因为强调方向性而使评价指标脱离现实水平,出现高、大、空指标,导致评价不可行、结论不可信。

(二)现实性与发展性统一原则

现实性即评价指标体系要客观反映大学新生现实状况。由于新生教育是学校、家庭、社会多种因素影响以及个人主观努力综合作用的结果,因此,新生个体水平就会呈现出差异性,至少可分为高、中、低三个档次,而中间层次的人占多数。同时,个体思想道德的认知、情感、意志、信念、行为五方面的发展水平也是不平衡的,在不同的时期也呈现出差异性。因此,评价指标体系的建构就应充分尊重新生水平差异性的现实诉求,把那些既能反映普遍性又能体现差异性的指标筛选出来,发挥评价的判断功能。同时,还要重视发展性,做到现实性与发展性的统一。发展性即评价指标体系要体现以人为本的终极关怀,要体现大学新生教育发展需要,促进评价发展性功能的实现。促进发展是新生教育评价的根本宗旨和归宿,也即评价归根结底是为了促进大学新生教育的发展和提高。因此,在评价指标体系的设定时要充分尊重和满足大学新生教育发展需要,从多角度、多层面、全方位展示新生教育过程的复杂性和渐进性。

(三)全面性与典型性统一原则

全面性就是指评价指标体系要完整、确切地反映评价目标。因为每个评价指标都只是评价目标一个方面的反映,只有评价指标的总和才能全面反映评价目标。全面性有三方面的要求:第一,设计评价指标时要全面、准确地反映评价目标的内涵和外延,使评价指标不出现遗漏或欠缺。第二,下一层级评价指标也要完整、准确地反映上一层级评价指标的内涵和外延,防止遗漏重要指标。第三,评价指标体系作为一个系统,是各评价指标按照一定的逻辑结构形成一定的组合方式和层次特点的有机整体,其结构特点是层次分明、主次得当。典型性则是要把构成新生教育各因素的主要测评因子抽离出来而形成经典评价指标体系。依据马克思主义唯物辩证法的观点,任何事物都有主要方面和次要方面,评价要抓住事物的主要方面。由此,在每一构成因素的所有测评因子中提炼出能反映新生教育典型指标就显得十分必要了。典型评价指标体系的形成可以运用主成分分析法(R型因子分析法)、聚类分析法、特尔斐等方法获得。

(四)独立性与可比性统一原则

独立性就是指评价指标体系中同一层级的指标应是并列关系,不应是相互包含、相互重叠、相互交叉、互为因果、相互矛盾的关系,才可能保证评价指标体系的全面、客观、准确。可比性就是指评价指标体系中的指标必须反映大学新生教育的共同属性,其评价结果可以进行科学比较。一方面要求指标内容必须同质,这是评价结果可以进行比较的前提条件,另一方面必须确定指标相应的可比尺度,新生教育评价指标常常有等级、分数、模糊计量等定性或定量的比较尺度。当然,相当一部分新生教育内容很难准确地比较,这时,要采取近似处理的方法把这些内容转化为可比的指标,即把并非是严格等距等质的评价对象作近似等距等质的处理。具体到指评价指标体系中最低层级指标是可以用操作化语言或数量化统计参数表述,是可以通过测量手段获得明确结论的。

二、新生教育评价的指标体系与权重

指标体系是新生教育评价的依据,构建评价指标体系是新生教育评价设计的中心环节。新生教育评价指标体系由反映评价对象内涵的指标集及其评价标准和量化符号构成。构建评价指标体系有四个基本步骤:确立评价目标与评价对象,筛选评价指标与指标分层,配置指标权重与规定指标标准,评价指标体系检测与修改。

(一)确立评价目标与评价对象

评价目标是评价活动所要达到的目的,即"为什么评价"。它对评价起着导向作用,制约着评价内容,是确立评价指标体系的根本依据。一般而言,大学新生教育评价的总体目标为:摸清大学新生教育水平和效果,为教育决策、教育管理、教育改革、教育教学提供基本依据,最终促进大学生全面发展。当然,在评价总目标下,还有各分项内容的具体评价目标。

在明确评价目标的基础上,还要明确评价对象,也就是评价客体,即"评价什么"。大学新生教育评价是要摸清新生教育的水平和效果,而这些水平和效果都由接受新生教育的大学生来感受和表现,因此,大学新生教育的评价对象为系统接受新生教育的大学生。

回答了"为何评价""评价什么"的问题,紧接着就应该回答"谁来评价"和"何时评价"等问题,即评价主体和评价时间。目前,由于新生教育没有统一的时间安排表和实施标准,各高校实施程度不一、时间长短不一,也就造成评价主体多样。我们建议学校成立新生教育委员会,专门负责大学新生教育指导和监督工作,开展大学新生教育水平和效果检测。各院系应在学校新生教育委员会指导下,开展新生教育自查自评工作。我们建议在新生入学第一学年持续开展新生教育工作,在第一学年末或第二学年初开展新生教育评价工作。

(二)筛选评价指标与指标分层

为了实现评价目标,就要围绕评价内容筛选出具有典型意义的评价指标,并对评价指标进行合理分层,这是开展新生教育评价工作的核心环节。评价指标是评价目标的具体化、行为化、操作化的存在形式,应表述准确、含义明确、繁简适度、便于操作。筛选评价指标的方法有很多,如专家咨询法、问卷调查法、头脑风暴法、目标分解法、因子分析法、聚类统计法,等等。

在筛选评价指标的同时,还要把评价内容分解为层级指标。具体操作为:先把评价内容分解为几个不同方面的一级指标,再把每个一级指标分解为若干个二级指标,这样逐层分解下去,直到分解为具体化、行为化、可操作化的可测指标。

根据本书前几章对新生教育内容的论述,我们用入学与适应教育、专业与职业教育、素质与养成教育、学风与学务教育、发展与成长教育、奖励与资助教育等六大模块来设定新生教育评价一级指标,并根据各模块教育内容等划分新生教育评价二级指标,最后,利用专家咨询法,将每个二级指标依据其教育目标分解为若干个具体化、行为化、可测量的三级指标。

入学与适应教育模块下设大学认知、学校认知、生活适应等三个二级指标。大学认知包括大学内涵认知、教育方式认知、学习目的明确等三个三级指标;学校认知包括校纪校规学习、校情校史了解、爱校荣校意识等三个三级指标;生活适应包括心理适应能力、人际交往适应等两个三级指标。

素质与养成教育模块下设思想政治、道德品行、日常养成等三个二级指标。思想政治包括思想认知水平、思想政治情感等等两个三级指标;道德品行包括遵纪守法意识、道德行为水平、意志品质表现等三个三级指标;日常养成包括自理自立水平、安全自救能力等两个三级指标。

专业与职业教育模块下设专业认知、职业规划、就业意识等三个二级指标。专业认知包括专业发展认知、学科知识结构等两个三级指标;职业规划包括职业理想定位、职业生涯规划等两个三级指标;就业意识包括就业择业意识、创新创业精神等两个三级指标。

学风与学务教育模块下设学习风气、学务指导两个二级指标。学习风气包括课堂纪律表现、课程考试成绩、考试违纪处分等三个三级指标;学务指导包括学习制度熟知、学习方法转变等两个三级指标。

发展与成长教育模块下设心理健康、党团认知、社会实践等三个二级指标。心理健康包括自我能力认知、心理品质表现等两个三级指标;党团认知包括理想信念认知、党团事物参与等两个三级指标;社会实践包括校园文化活动、实践调研能力、志愿服务精神等三个三级指标。

奖励与资助教育模块下设奖助认知、感恩意识等两个二级指标。奖助认知包括奖助政策熟知、奖助申请意识等两个三级指标;感恩意识包括价值观念合理、责任意识培养等两个三级指标。

据此,建立大学新生教育评价指标体系(表9-1)。

表9-1 大学新生教育评价指标体系

一级指标 6个	二级指标 16个	三级指标 37个	指标内涵
入学与适应教育 0.20	大学认知 0.40	大学内涵认知 0.40	理解大学内涵、大学精神和大学功能,能够主动发挥聪明才智,激发潜能,创造知识,服务社会
		教育方式认知 0.30	明确大学教育方式是知识传授与实践探索并重,大力培养学生学习知识能力、批判性思维能力、生存发展能力和创新创造能力
		学习目的明确 0.30	明确大学的学习目的是掌握专业技能,储备专业知识,提升综合素质,成为中国特色社会主义合格建设者和可靠接班人
	学校认知 0.30	校情校史了解 0.30	熟悉学校(院)历史沿革、办学水平和学科特色,以及学校(院)现状和发展定位,掌握大学精神、校训、校徽、校赋、校歌等文化内涵
		校纪校规学习 0.40	掌握学校在《学生手册》等载体中公布明确的学生在校权利和义务,包括学籍管理、奖励与处分、日常行为规范等内容
		爱校荣校意识 0.30	主动爱护学校(院)公共设施设备,主动维护学校(院)声誉,积极为学校(院)建设建言献策,积极为学校(院)赢得声誉
	生活适应 0.30	心理适应能力 0.50	明确高中到大学个人角色的转变,拥有积极乐观的生活态度,具备尊重、包容、理解、接纳他人精神
		人际交往适应 0.50	熟悉学校(院)生活环境,能够适应大学集体生活,掌握正确的人际交往沟通方式,具备自助助人意识,能够主动寻求他人帮助

续表

一级指标 6个	二级指标 16个	三级指标 37个	指标内涵
素质与养成教育 0.15	思想政治 0.30	思想认知水平 0.45	思想政治理论课程成绩合格,正确认识国情,熟悉党的路线、方针、政策,能够正确识别各种社会思潮
		思想政治情感 0.55	能够体现爱国爱党情怀,积极参与国家的政治生活,拥有乐于奉献、顾全大局的集体主义观念
	道德品行 0.40	遵纪守法意识 0.30	正确认识公民权利和义务统一的社会主义法制观,认真学法和自觉守法,敢于同违法乱纪现象做斗争,遵守校规校纪
		道德行为水平 0.40	做人做事诚实守信,待人接物文明礼貌,能够团结同学、与人为善、爱护公物、保护环境,恪守网络道德和学术道德等
		意志品质表现 0.30	意志坚定,不怕挫折,适应能力强。谦虚谨慎,不怕吃苦,积极向上。积极参加体育锻炼,身体健康
	日常养成 0.30	自理自立水平 0.55	具备自理自控能力和自立自强品格,日常时间安排能够自我控制、合理有效,学习生活能够自我服务、自我管理
		安全自救能力 0.45	日常压力能够合理排解,生活困难能够自我应对,掌握日常防火、防灾、防病等安全自救常识

续表

一级指标 6个	二级指标 16个	三级指标 37个	指标内涵
专业与职业教育 0.15	专业认知 0.40	专业发展认知 0.50	理解所学专业培养目标,清楚专业现状和专业发展前景,初步了解专业所需技能,专业思想稳定
		学科知识结构 0.50	了解所学专业需具备的基础知识、专业知识、综合知识等知识结构和体系,了解所在学校专业特色和专业课程设置
	职业规划 0.30	职业理想定位 0.50	能够主动储备职业知识和弥补自我欠缺的能力,职业理想现实
		职业生涯规划 0.50	主动开展职业生涯课程学习,初步进行职业生涯探索和个人职业生涯规划
	就业意识 0.30	就业择业意识 0.45	了解所学专业前两年就业情况和就业前景,了解用人单位用人意愿,具备先就业再择业意识
		创新创业精神 0.55	掌握求实、怀疑、探索、创新等科学精神实质,并积极实践。初步掌握依托学科专业能够进行创业的领域

续表

一级指标 6个	二级指标 16个	三级指标 37个	指标内涵
学风与学务教育 0.15	学习风气 0.55	课堂学习表现 0.30	课堂学习尊重老师、认真听讲、积极问答,每课堂迟到、早退、缺勤等现象低于1%
		课外学习能力 0.30	合理安排课程自习时间,课外经典名著阅读每学期不少于1本,合理利用网络工具涉猎课外知识
		考试实习情况 0.40	课程考试纪律优良,考试违规违纪现象低于1%。一年级专业认知实习积极,实习成绩优良率超过70%
	学务指导 0.45	学习制度熟知 0.50	了解大学学习特点,熟悉大学学习管理制度,初步具备终身学习观念,积极参加科普类和学科类竞赛活动
		学习方法转变 0.50	明确大学学习方法高度自学、学习意愿高度自觉,要在学习内容广博的基础上求专长,要在专业学习精深的基础上求拓展和创新

续表

一级指标 6个	二级指标 16个	三级指标 37个	指标内涵
发展与成长教育 0.20	心理健康 0.40	自我能力认知 0.50	能够客观清楚地自我能力认识和自我能力评价,能够理智地看待并且接受自己以及外界
		心理素质表现 0.50	能够勇于自我价值实现,人生态度积极乐观。精力充沛、乐观向上、热爱生活、心胸开阔、善于合作
	党团认知 0.25	理想信念认知 0.45	拥护中国共产党的领导和决策,积极要求进步,申请加入党组织人数比例超过80%
		党团事物参与 0.55	积极竞选班团组织和团学组织人数比例超过70%。积极申请参加校院两级青年马克思主义者培养班学习
	社会实践 0.35	校园文化活动 0.40	积极组织或参加学校各级各类校园文化活动,每学期不少于10次
		实践调研能力 0.30	积极开展实践调研,寒暑期组织或参加至少1次假期社会实践,独立完成至少一份实践报告
		志愿服务精神 0.30	理解并自觉践行志愿服务"奉献、友爱、互助、进步"四大精神,大学新生志愿服务时间累计超过20小时/人次

续表

一级指标 6个	二级指标 16个	三级指标 37个	指标内涵
奖励与资助教育 0.15	奖助认知 0.55	奖助政策熟知 0.55	熟悉各级各类"奖、勤、贷、免、补"等奖励与资助范围、申请条件、基本义务等
		奖助申请意愿 0.45	勤奋学习,积极争取各级各类奖励。主动、真实地开展家庭经济困难认定,并积极申请各级各类资助
	情感教育 0.45	价值观念合理 0.50	把握社会主义核心价值体系科学内涵,坚持把"奉献社会、服务人民"作为衡量人生价值大小的标准
		责任意识培养 0.50	激发争先奋进的学习目标,初步形成感恩社会意识,初步培养自助助人能力和行为

特别要说明的是,大学新生教育评价的指标内涵应随着教育的改革、时代的变迁、社会的发展等而不断调整和丰富。具体操作者可结合教育目标、社会发展和学校实际,细化、量化各指标内涵,甚至设立四级、五级评价指标体系。为了获取新生教育效果信息以便开展新生教育评价时评价主体可采用考试评价法、操行评价法、行为观察法、情景评价法、调查评价法、模糊综合评价法等多种方法,在这里不一一赘述,感兴趣的读者可查阅相关书籍资料进行研究。

(三)配置指标权重与规定指标标准

配置评价指标权重是根据评价目标要求,对评价指标体系各部分指标相对于总体应占的不同分量、比例,配置不同数值的过程,这个过程又叫加权,是构建评价指标体系的技术环节,即对上述各层级指标配置系数量化权重,一般用表示权重的小数(大于零小于1)或表示分值的整数(3分、5分、10分等)表示。指标权重系数反映了某指标在指标体系中的地位和重要程度,即重要的指标权重系数就应该大一些,而次要的指标权重系数应该小一些。评价指标设置与指标权重的设置是构建评价指标体系两个必不可少的关键环节,这两个环节相互影响、相互作用,共同决定着评价指标体系是否科学。在配置指标权重的同时,还要规定末级指标标准。指标标准的解释应典型、重要、可测,即要做到具体化、行为化、可操作化。我们采用专家会议讨论的方法规定了大学新生教育末级评价指标的内涵,见表9-1。

配置指标权重的方法有多种,如专家会议法、德尔菲法、层次分析法、对数加权法等等。我们采用德尔菲法来确定新生教育评价各指标权重系数,即通过从事新生教育研究专家、从事新生教育工作的一线专职辅导员、新生教育职能部门管理者等进行背靠背问卷调查,并进行统计分析,最终确定指标权重的方法。这种方法体现了经验与统计相结合、定性与定量相结合。研究结果见表9-1。

本书省略新生教育评价指标权重确定过程,感兴趣的读者可以查阅相关书籍资料进行研究。

第四节 新生教育评价的注意事项

利用前面建立的大学新生教育评价指标体系,将每一末级指标设置考评值,通过问卷调查或自我评估等方法,可以计算出群体(某高校、某院系、某专业,甚至某班级)或个体(某个人)新生教育实效,分析新生教育取得的成绩,找出新生教育存在的薄弱环节,以便更好地实施新生教育,促进大学生全面发展。实施新生教育评价,还应注意以下方面。

一、多种评价方法优势互补,确保评价结论可信可靠

注意他人评价与自我评价结合,这主要是就评价对象在评价中的地位而言的。他人评价关注的是评价主体的意见,不重视评价对象在评价过程中的作用与想法;自我评价则比较关注评价对象的感受与意见。重视自我评价实际上体现了评价中的人文关怀和民主意识,使评价对象的主体意识得到了尊重和保护。自我评价与他人评价各有优缺点,在具体评价实践中,可以把自我评价与他人评价结合起来。这样既可以实现优势互补,也可以最大限度地实现评价的引导与发展功能。

注意形成性评价与终结性评价结合,这主要是就评价目的和功用而言的。形

成性评价对新生教育状态进行跟踪式的评价,主要目的在于查找问题、反馈信息,调整教育计划和方案,改进工作,提高新生教育实效。终结性评价是在新生教育结束后对新生教育整体效果进行的总结性评价,主要目的在于鉴定、选拔、评等分级,评价对象处于被动地位。二者应有机结合,取长补短,提高新生教育评价的客观性和科学性。

注意定性评价与定量评价相结合,这主要是就评价中使用的工具和评价结果的表现形式而言。定性评价是评价者依据评价对象平时的表现或档案等文献资料,以自身知识、经验,对评价对象进行价值判断。强调观察、分析、归纳和描述。定量评价是评价者采用数学的方法,收集和处理数据资料,进行量化分析,以数值表示评价结果的事实判断。具体操作中应坚持定性为主、定量为辅,即采用观察、看材料、听介绍等获取初步定性结论,然后对数据资料进行量化分析,形成定量评价结论。

二、评价操作实施简单忌繁,确保评价方案可行可用

目前,我国教育领域相关评价可谓五花八门,有教学评价、德育评价、课程评价、体育评价、校长评价、教师评价、学生评价、能力评价、学力评价、高等教育评价、素质教育评价、教育质量评价、教学管理评价,等等。可以说,只要需要进行评价的教育教学活动,都有了相应的评价方案。教育管理部门经常在频频忙于安排评估,做计划,做方案;高等学校在频频忙于迎接评估,做准备,做动员,做材料,也做"关系"。一时间,"忙于教评"成了大学最常见的现象,"通过教评"则成了大学最大成绩的代名词。一句话,忙忙碌碌的事务主义和辛辛苦苦的形式主义,成了教育教学评价的真实写照。[1]

因此,在开展新生教育评价时,切勿将教育评价变成工作应付,要避免繁琐,注意资料信息日常积累,力求简单、直接地反映新生教育效果。要依据评价结论,提出可行可操作的提升新生教育实效的对策。

---

[1] 荀振芳. 大学教学评价的价值反思[D]. 武汉:华中科技大学,2005:142.

参考文献

[1] 马克思恩格斯选集(第1卷)[M]. 北京:人民出版社,1995.

[2] 马克思恩格斯选集(第3卷)[M]. 北京:人民出版社,1995.

[3] 毛泽东文集(第2卷)[M]. 北京:人民出版社,1993.

[4] 邓小平文选(第2卷)[M]. 北京:人民出版社,1994.

[5] 顾明远. 教育大辞典[M]. 上海:上海教育出版社,1990.

[6] 艾伦·查尔斯默著. 科学究竟是什么[M]. 邱仁宗等译. 石家庄:河北科学技术出版社,2002.

[7] 刘金寿. 现代科学技术概论[M]. 北京:高等教育出版社,2008.

[8] 卡尔·波普尔著. 无尽的探索卡尔·波普尔自传[M]. 邱仁宗译. 南京:江苏人民出版社,2000.

[9] 波普尔. 客观知识[M]. 上海:上海译文出版社,2001.

[10] 夏基松著. 波普哲学评述[M]. 哈尔滨:黑龙江人民出版社,1982.

[11] 徐小贞. 中国高职英语专业教育理论研究[M]. 北京:外语教学与研究出版社,2006.

[12] 殷智红,邱红著. 职业生涯规划[M]. 北京:北京大学出版社,2010.

[13] 訾红,张云霞. 大学生职业发展与就业指导[M]. 重庆:重庆大学出版社,2008.

[14] 王宏雄,丙奇,高向东. 步入大学[M]. 上海:上海交通大学出版社,2006.

[15] 贺祖斌. 大学生入学教育[M]. 桂林:广西人民出版社,2001.

[16] 张文勇,马树强. 大学生职业规划与就业指导[M]. 北京:科学出版社,2006.

[17] 赵北平,雷五明. 大学生涯规划与职业发展[M]. 武昌:武汉大学出版社,2000.

[18] 雷恩·吉尔森. 选对池塘钓大鱼[M]. 北京:机械工业出版社,2004.

[19] 杨艳玲. 大学新生学习适应研究[M]. 开封:河南大学出版社,2005.

[20] 陈正学. 大学新生入学教育研究[M]. 广州:华南理工大学出版社,2010.

[21]秦光涛.意义世界[M].长春:吉林教育出版社,1998.

[22]吴惠龄,李壑编.北京高等教育史料(第一集)[M].北京:北京师范大学出版社,1992.

[23]高时良编.中国近代教育史资料汇编·洋务运动时期教育[M].上海:上海教育出版社,1992.

[24]清华大学校史研究室.清华大学史料选编(第二卷)[M].北京:清华大学出版社,1991.

[25]王学珍等主编.北京大学纪事:1898—1997[M].北京:北京大学出版社,1998.

[26]张思敬,孙敦恒,江长任主编.国立西南联合大学史料(三)[M].昆明:云南教育出版社,1998.

[27]陕甘宁边区教育资料[M].北京:教育科学出版社,1981.

[28]张爱蓉,郭建荣主编.国立西南联合大学史料(二)[M].昆明:云南教育出版社,1998.

[29]中国人民大学校史研究丛书编委会编.中国人民大学纪事(1937—2007)[M].北京:中国人民大学出版社,2007.

[30]张宪文主编.金陵大学史[M].南京:南京大学出版社,2002.

[31]《交通大学校史》编写组编.交通大学校史资料选编1896—1937(第二卷)[M].西安:西安交通大学出版社,1986.

[32]翁智远主编.同济大学史(第1卷)[M].上海:同济大学出版社,1987.

[33]吴定宇主编.中山大学校史(1924-2004)[M].广州:中山大学出版社,2006.

[34]朱有献主编.中国近代学制史料(第1辑)[M].上海:华东师范大学出版社,1983.

[35]李永森,姚远主编.西北大学史稿(上卷:1902-1949)[M].西安:西北大学出版社,2002.

[36]邓卫主编.清华史苑[M].北京:清华大学出版社,2011.

[37][英]普林著.教育研究的哲学[M].李伟译.北京:北京师范大学出版社,2007.

[38]贾林祥著.意义与人生——意义治疗的理论研究[M].青岛:中国海洋大学出版社,2006.

[39]清华大学校史研究室.清华大学史料选编(第一卷)[M].北京:清华大学出版社,1991.

[40]潘懋元.高等教育学讲座[M].北京:人民教育出版社,1983.

[41]金国华,汤啸天.高校优良学风建设研究[M].上海:上海人民出版社,2010.

[42]马斯洛.动机与人格[M].许金声译.北京:中国人民大学出版社,2007.

[43]杭州大学教育系编.杜威教育论著[M].上海:上海师范大学出版社,1977.

[44]吴康宁.教育社会学[M].北京:人民教育出版社,1998.

[45]亚当·斯密.国民财富的性质和原因的研究[M].郭大力,王亚南译北京:商务印书馆,1972.

[46][美]约翰·杜威著.评价理论[M].冯平等译.上海:上海译文出版社,2007.

[47]刘本固.教育评价的理论与实践[M].杭州:浙江教育出版社,2000.

[48][日]田中耕治著.教育评价[M].高峡等译.北京:北京师范大学出版社,2011.

[49]杨春鼎.教育方法论[M].北京:人民教育出版社,2000.

[50]刘飞等.大学生思想道德水平评价的理论与实践[M].北京:学苑出版社,2013.

[51]彭海滨.高校新生教育应注意的几个问题[J].河北农业大学学报(农林教育版),1999(3).

[52]云小凤.对高校不同学期阶段的学生工作重点分析[J].求实,2002(11).

[53]姜尖,陈东霞.浅谈高校新生适应教育[J].当代教育论坛,2004(10).

[54]阴琰.大学新生入学教育的必要性及其价值[J].河南财政税务高等专科学校学报,2011(5).

[55]刘志坚.新形势下高校新生教育问题浅析——以降低大学生突发事件的发生概率为视角[J].今日科苑,2010(10).

[56]吴云平.关于大学新生教育系统性的探讨[J].科技信息,2006(11).

[57]季宜敬,何学军,杨琪.高校新生入学教育内容及方式探究[J].高校辅导员,2010(4).

[58]苏琼,赖国伟.大学新生认知方式的特点及在教学中的意义[J].中国高等教育,2003(19).

[59]韩栋.90后大学生特点与教育管理方法探析[J].北京城市学院学报,2010(6).

[60]吕林海.大学学习研究的方法取向、核心观点与未来趋势[J].教育发展研究,2011(9).

[61]潘懋元.教育的基本规律及其相互关系[J].高等教育研究,1988(3).

[62]潘懋元.试论素质教育[J].教育评论,1997(5).

[63]陈小红.试述潘懋元先生的高等教育思想[J].教学研究,2003(3).

[64]王冀生.文化是大学之魂—对大学理念的再认识[J].高教发展与评估,2007(04).

[65]吴德慧.马克思的自由全面发展思想及其辩证关系[J].今日湖北(理论版),2007(1).

[66]朱小曼等.素质教育的概念、内涵及相关理论[J].教育研究,2006(2).

[67]曾茂林.素质教育核心理论研究评析[J].广西师范学院学报(哲学社会科学版),

2010(1).

[68] 刘国权. 素质教育与人的全面发展[J]. 社会科学研究,1998(5).

[69] 张满等. 引导大学生利用闲暇时间培养人际交往能力[J]. 药学教育,2010(1).

[70] 刘文等. 大学生人际交往能力与心理健康关系的研究[J]. 中国特殊教育,2008(3).

[71] 周同磊. 大学生人际交往现状调查与分析[J]. 重庆广播电视大学学报,2010(6).

[72] 赵红梅. 浅谈大学生自救能力的培养[J]. 山西高等学校社会科学学报,2013(4).

[73] 张宾周. 大学生自我意识发展问题探析[J]. 林区教学,2007(2).

[74] 陈理. 当代大学生自我意识研究综述[J]. 大众科技,2011(3).

[75] 黎敏. 关于高校培养90后大学生自我管理能力的思考[J]. 知识经济,2011(9).

[76] 任德辉. 谈高校大学生自我管理能力问题[J]. 企业家天地,2012(2).

[77] 沈静飞. 浅谈如何提高大学生自我管理能力[J]. 科技创新导报,2011(24).

[78] 余生明等. 论大学生的军事训练与素质教育[J]. 社科纵横,2004(3).

[79] 王武宁. 大学生安全教育的内容与途径[J]. 湖北广播电视大学学报,2011(10).

[80] 吉飞. 素质教育视野中大学校园文化的内涵、功能与建设途径.[J]. 教育与职业,2009(8).

[81] 杨海娇. 论职业院校校园文化建设与素质教育[J]. 教育与职业,2004(21).

[82] 刘文初. 校园文化在大学生素质教育中的作用[J]. 黄冈师范学院学报,2007(4).

[83] 谢勇刚. 大学校园文化与素质教育[J]. 医学教育探索,2006(7).

[84] 管敏. 我国大学生学术诚信建设研究[J]. 消费导刊,2011(15).

[85] Chris Park. In Other (People´s) Words: Plagiarism by University Studoits — Literature and Lessons. Assessment& Evaluation in Higher Education? 2003, 28(5).

[86] Elliott S. Levy, Carter C. Rakovski. Academic Dishonesty: a Zero Tolerance Professor and Student Registration Choices [J]. Research in Higher Education,2006,47(6).

[87] 刘英,胡建华. 论治理高校学术失范的对策[J]. 黑龙江高教研究,2010(7).

[88] 陈丹丹. 大学生学术规范与学术道德认知研究——基于成都市高校的数据分析[J]. 西南民族大学学报(人文社会科学版),2012(5).

[89] 陈方敏. 基于需要层次理论的高校学风建设激励机制探索[J]. 群文天地,2012(9).

[90] 周成海. 基于行为主义学习理论的教学:主要特征与信念基础[J]. 教育理论与实践,2011(11).

[91] 庄丽. 建构主义学习理论与高校学风教育[J]. 徐州教育学院学报,2004(3).

[92] 温彭年,贾国英. 建构主义理论与教学改革——建构主义学习理论综述[J]. 教育

理论与实践,2002(5).

[93]谭智力,朱冬妓.高校本科学务指导制度研究[J].中国电力教育,2009(1).

[94]傅苑,李晖,姜明敏.大学生学务指导工作模式创新——以中国地质大学(武汉)为例[J].中国电力教育,2010(21).

[95]胡晓琳.浅谈优良学风建设在大学生思想政治教育中的作用[J].青年文家,2009(10).

[96]曹文泽.深化助学内涵,完善资助体系,强化育人功效[J].中国高等教育,2008(3).

[97]厉晓华.解读《穷人的经济学》[J].中共杭州市委党校学报,2005(6).

[98]梁军,何丽萍.高校贫困生资助的根本出路:"输血型"向"造血型"资助模式的转变[J].思想政治教育研究,2010(4).

[99]谢蓉,糜亚乒.当代大学生价值观教育中的心理学运用[J].高教研究,2011(6).

[100]邹成斌.解读高校学生的思政管理与价值观树立的关系[J].劳动保障世界,2013(11).

[101]吕茜.高校社区学生思想政治教育的现实需要和理论依据[J].经济与社会发展,2009(7).

[102]史凌芳."扶困·励志·强能"三位一体高校学生资助工作模式的思考[J].学校党建与思想教育,2014(4).

[103]白华.盲助:高校贫困生资助范式的路径选择[J].国家教育行政学院学报,2013(4).

[104]查方勇.高校新生思想政治教育的问题与对策分析[M].思想理论教育导刊,2011(9).

[105](美)克里斯汀·仁,李康.学生发展理论在学生事务管理中的应用——美国学生发展理论简介[J].高等教育研究,2008(3).

[106]易雯.分类引导大学生正确认识团学组织[J].百家论坛,2013(10).

[107]于晓波.大学新生适应性与人格的研究[J].中国健康心理学杂志,2007(5).

[108]张希."90后"大学新生入学教育工作[J].河北理工大学学报(社会科学版),2010(7).

[109]叶纯亮.刍议大学新生成长教育模式[J].白城师范学院学报,2012(4).

[110]陈建文.健康人格教育的理论透视[J].高等教育研究,2010(3).

[111]梁德智.论大学生人格教育的问题及对策[J].西安建筑科技大学学报(社会科学版),2007(9).

[112]何培英.人文关怀与大学生健康发展教育研究思考[J].求实,2009(1).

[113]马凌.创品牌凝练特色树典型引领群体[J].管理,2012(11).

219

[114] 郝文清. 大学新生环境适应问题与应对措施[J]. 中国高教研究, 2006(2).

[115] 钱鞠, 马金林. 端正高校学生专业思想的几点探讨[J]. 兰州大学学报(社会科学版), 2000(12).

[116] 周洪彬. 新生专业教育在人才培养过程中的作用[J]. 教学研究, 1999(3).

[117] 王长恒. 大学新生养成教育探析[J]. 山东省青年管理干部学院学报, 2009(9).

[118] 王奎东. 论当代大学生健康人格的塑造[D]. 武汉:华中师范大学, 2009.

[119] 樊薇. 理工科大学新生入学教育模式研究[D]. 武汉:武汉理工大学, 2009.

[120] 王强. 高校新生入学教育的几个问题研究[D]. 重庆:西南大学, 2011.

[121] 刘东艳. 大学生人格教育研究[D]. 长沙:中南大学, 2006.

[122] 陶春丽. 当代大学生人格教育研究[D]. 长春:东北师范大学, 2008.

[123] 梅丽. 大学生素质拓展计划与大学生全面发展研究[D]. 南宁:广西民族大学, 2008.

[124] 舒展. 西南大学"大学生素质拓展计划"实施中的问题研究[D]. 重庆:西南大学, 2011.

[125] 刘杰. 高校新生教育现状及改革策略——以FY学院为例[D]. 上海:华东师范大学, 2007.

[126] 黄娜. 大学新生适应性教育研究[D]. 赣州:江西理工大学, 2013.

[127] 王强. 高校新生入学教育的几个问题研究[D]. 重庆:西南大学, 2011.

[128] 巩少媛. 大学新生教育体系及运行机制研究[D]. 石家庄:河北科技大学, 2013.

[129] 辛娇珍. 大学新生教育中学校环境优化研究[D]. 西安:长安大学, 2013.

[130] 胡少波. 大学生奖励资助程序及其教育价值研究[D]. 西安:长安大学, 2007.

[131] 李亚洲. 西部地区贫困大学生资助型育人机制构建问题研究[D]. 西安:长安大学, 2013.

[132] 王淑华. 杜威教育哲学评述[D]. 长沙:湘潭大学, 2009.

[133] 黎志华. 教师教育评价研究[D]. 上海:华东师范大学, 2011.

[134] 原野. 高等教育大众化背景下的高等教育质量评价特征与应用研究——以山西省高等教育评价为例[D]. 太原:山西财经大学, 2012.

[135] 荀振芳. 大学教学评价的价值反思[D]. 武汉:华中科技大学, 2005.

[136] 李瑶琴. 调查结果显示:中国大学生求职存在十大问题[N]. 北京青年报, 2010-02-09.

[137] 李玉兰. 教授,教和研谁重要?[N]. 光明日报, 2011-1-7.

附 录

附件1 新生教育工程实施大纲(试行)

新生教育工程是我校本科生教育的起点工程和人才培养的基础工程,是我校学生工作体系"三项工程"(新生教育工程、校园文化建设工程、学生工作队伍建设工程)和"三个计划"(优秀人才培养计划、创新创业和就业能力提升计划、奖励与资助计划)的重要组成部分,是我校为落实教育部、财政部"高等学校教学质量与教学改革工程"的重要举措。从2008年以来,我校已经连续多年在本科生中实施了新生教育工程。通过系统开展新生教育活动,新生综合素质不断提高,后续发展能力日益凸显,学校人才培养水平不断提升。

为进一步发挥我校新生教育优势,凸显新生教育的品牌效应和示范作用,推动我校学生教育工作有序、持续和系统开展,培养德智体美全面发展的优秀人才,根据《长安大学"十二五"改革和发展规划》和我校学生教育培养工作开展的需要,制定新生教育工程实施大纲。

一、指导思想

坚持以邓小平理论和"三个代表"重要思想为指导,深入贯彻落实科学发展观,以《中共中央、国务院关于进一步加强和改进大学生思想政治教育的意见》(中发〔2004〕16号)、《国家中长期教育改革和发展规划纲要(2010—2020年)》和《国家中长期人才规划纲要(2010—2020年)》等党和国家的教育方针政策为指导,贯彻落实胡锦涛同志在庆祝清华大学建校100周年大会和庆祝中国共产党成立90周年大会上的讲话精神,从人才的全面培养、科学培养出发,不断更新教育观念,创新人才培养工作思路,优化新生培养机制,创新人才培养模式,探索新形势下大学生健康成长全面成才的科学发展之路。

把促进人的全面发展和适应社会需要作为衡量人才培养水平的根本标准,树立多样化人才观念和人人成才观念,树立终身学习和系统培养观念,积极营造鼓励独立思考、自由探索、勇于创新的良好环境,使学生创新智慧竞相迸发,努力为培养造就更多新知识的创造者、新技术的发明者、新学科的创建者做出积极贡献。

二、培养目标

按照全面规划、系统组织、重点突出、注重实效的原则,全面推进新生教育,构建一套系统化、规范化、科学化的新生教育体系。通过开展形式多样、内涵丰富的新生教育工作,使新生做到:实现角色转换,适应大学生活;熟悉基本规范,培养文明行为;学会人际交往,提高心理素质;了解专业情况,有的放矢学习;明确成才目标,坚定理想信念。为切实提升高校人才培养质量,培养信念执着、品德优良、知识丰富、本领过硬的高素质专门人才和拔尖创新人才奠定坚实的基础。

按照国家有关教育政策方针,结合新生思想和行为特点,创建以入学与适应性教育为起点,以成才教育和学习教育为核心,以"三观"教育为保障,以六大教育板块(入学与适应性教育、国防素质与养成教育、学科专业与职业认知教育、学风建设与学务指导、成长与发展教育、奖励与资助教育)为主要内容的长效教育机制,利用一年的时间分步有序实施,不断提高学生的环境适应能力、生活自理能力、自主学习能力、专业职业技能、创新实践能力和感恩意识,提升教育的针对性和实效性,切实提高人才培养质量。

从新形势下学生成长成才的需要出发,结合当前社会对人才的需求,通过内涵丰富、形式多样、严肃活泼的各种教育培养活动,使新生通过自主学习和学校培养,逐步拥有:(1)过硬的思想政治素质;(2)高尚的道德品质;(3)现代公民和法治意识;(4)健康的身心素质;(5)自然与社会的生存技能;(6)协调的人际交往能力;(7)雅致的生活情趣;(8)严谨的治学态度和科研创新能力;(9)开拓进取的时代创新精神;(10)扎实的科学文化素质和厚重的人文艺术修养。通过创造和谐的教育环境,健全学生人格,砥砺学生品格,促进学生健康成长和协调发展。着力增强学生服务国家服务人民的社会责任感、勇于探索的创新精神、善于解决问题的实践能力,发掘学生潜质,努力培养德智体美全面发展的社会主义建设者和接班人,培养一批未来的政治家、企业家和科学家等,为社会发展创造财富,为国家建设贡献力量。

三、教育内容

新生教育工程主要通过以下六个板块予以实施:入学与适应性教育、国防素质与养成教育、学科专业与职业认知教育、学风建设与学务指导、成长与发展教育、奖励与资助教育。

1. 入学与适应性教育。通过开展校情校史教育,校规校纪教育,帮助新生尽快熟悉校园环境、了解校规校纪;通过开展大学生活认知教育,新生心理适应教育,生命、生存和生活教育,使新生在心理上、生活上实现中学生向大学生角色的转变,迅速适应大学生活。

2. 国防素质与养成教育。通过开展军事技能训练和军事理论课教学活动,培养学生良好的组织纪律观念和训练有素的生活习惯;通过出早操、升国旗和晨读等一日生活制度,加强新生养成教育,使新生养成健康、规律、充实的生活和学习方式;通过开展文明宿舍检查评比、校园文明监督岗等措施,巩固养成教育成果。

3. 学科专业与职业认知教育。通过举行院(系)师生交流会、专家、校友报告会等开展学科专业认知教育,帮助新生认识专业、了解专业,达到热爱所学专业目的;根据新生所学专业要求和个性特点,制定新生的培养计划,帮助新生制定个性发展计划,为新生开设职业规划辅导课程,组织到行业单位参观见习,帮助新生提前了解行业需求,做好职业规划和就业前期准备。

4. 学风建设与学务指导。通过组织新生学习学校教育教学管理规定,使新生了解学校管理各项制度,自觉遵守学校规定,营造良好学习风气;通过遴选优秀教师对新生进行学务指导,聘请专业课教师担任新生班导师,帮助新生掌握大学课程学习方法,增强学习效率和效果;开设新生教育课程,让新生掌握大学生活和学习的基本常识,增进人际交往的基本技能;借鉴国内外一流大学的经验,遴选部分在学术上有较深造诣的中青年教学骨干,在新生中开设通识教育核心课程,提高学生综合素质,锤炼学生健康品格。

5. 成长与发展教育。通过开展党团学组织认知、新生素质拓展计划、科研创新意识培养、新生党建和班团组织建设、廉政文化教育等,增强新生组织意识,合作意识、创新意识、廉政意识,促进新生健康成长,快速成才;做好新生成长发展档案记录,帮助新生分析和解决成长和发展中过程中遇到的各种问题的能力;加强新生教育实践环节,通过各种鲜活的新生教育实例和活动开展,使新生积极主动参与新生教育全过程,增强教育实践效果。

6. 奖励与资助教育。通过修订完善学生奖励与资助规定,构建合理的学生综合素质评价制度,引领新生不懈进取,追求卓越;通过开展树立典型、学习先进活动,在校内营造人人争当先锋、个个努力创优的良好氛围;通过开辟绿色通道,设立勤工助学岗位,联系银行发放助学贷款,解决家庭经济困难学生的上学难问题;通过开展教育型资助活动,增强新生的感恩意识、诚信意识和责任意识。

四、教育组织

充分发挥学校各部门、各单位的教育职能,发挥广大教育工作者和学生的积极主动性,完善新生教育机制,提升新生教育效果。

在学校层面,由校领导牵头,学校各相关职能部门和单位参加,建立新生教育工作例会制度,负责新生教育政策制定、活动拟定和部门间工作的协调开展。

在院(系)层面,由院(系)领导、学院(系)办公室、学生工作办公室、分团委等相关人员参加,形成院(系)专题会议制度,院(系)主管学生工作领导具体负责,落实新生教育各项活动开展。

五、实施保障

新生教育工作的开展,需要学校各部门、各单位高度重视,更新教育观念,加强制度建设,从人员、经费和后勤上予以保障,丰富完善新生教育工作体系,积极发挥广大教职员工和学生的积极性、主动性和创造性,创造新生教育的良好氛围。

1. 树立"以人为本,服务新生"的工作理念。广大教师和教育工作者要树立人本理念,在工作中切实关心学生、爱护学生,全心全意服务学生,通过实际行动教育学生,促进学生健康成长和成才。

2. 建立健全新生教育制度。通过制定完善新生教育制度和办法,实现新生教育工作常态化、程序化和规范化。充分调动各方资源和师生的积极性,做好新生教育、管理和服务工作。

3. 加强软硬教育教学环境建设。学校要不断完善教育教学设施,加强渭水校区教室、宿舍、图书馆、活动中心等基础设施建设,为新生成长发展提供良好软硬件环境。

4. 提高学生教育、管理和服务的信息化水平。不断加强网络建设,打造网络教育、管理和服务平台,学生事务性工作尽量通过网络平台开展,提高工作效率和水平。

5. 加强新生教育师资力量建设。要严格按照教育部师生比1∶150～200的要求,为新生足额配备辅导员,加强新生辅导员教育能力培训。遴选教学骨干,为新生开设基础课程学务指导,让学生及时掌握大学课程的学习方法。

6. 发挥学生组织和学生骨干的作用。以学生党支部、学生会、学生社团为新生教育活动开展的重要阵地,发挥学生骨干力量的模范带头作用,增强学生组织自我教育、自我管理和自我服务功能。

7. 加强新生教育研究。以辅导员工作研究会和学生教育发展研究中心为依托,设立新生教育专项基金,加强新生教育理论研究和实践研究,加强研究团队建设,建立新生教育工作日常交流机制,提高新生教育、教学和研究水平。

8. 开设新生教育创新试点。各院(系)根据自身特点,在学校规定动作的基础上,贴近实际,大力创新,探索院(系)新生教育工作新方法、新途径,开创特色,创新模式。

9. 建立新生教育工作评估机制。借鉴学生工作评估的做法,建立新生教育工作评估指标体系,形成新生教育工作的有效评价机制。

10. 打造新生教育全方位平台。依托学生工作"三项工程"和"三个计划"和"本科教学工程",形成我校学生教育培养的全面系统体系,扎实推进新生教育工程,促进新生教育工作全面协调发展。

附件2　新生教育工程实施方案进度表

学期	时间	教育内容	组织单位	实施单位
暑假	7月	寄送新生录取通知书。附带材料:学工部致新生及家长的一封信、国家资助政策简介。开通学生资助工作热线,接受政策咨询。	学工部、就业与发展中心	招生办公室学生就业与发展服务中心
第一学期	9月	1. 迎接新生。校团委、教务处发放宣传学习材料(《新生导航》《学生手册》)。自律责任书签字收发。 2. 举办新生家长座谈会。向学生及家长介绍入学后注意事项及防范问题。 3. 开学典礼暨军训动员会。新生入学教育。向新生介绍校情校史,使之建立感性认识。 4. 对确有经济困难学生,开辟绿色通道;发放《学生资助手册》。 5. 统一进行军训。开展理想信念教育,形势与政策教育,军事技能训练。 6. 安排好学生食宿。使之了解长大,认识长大,适应大学生活。 7. 学科专业了解与认知。各院系进行学科专业教育,院情介绍。 8. 对新生进行体检,与军训穿插进行。同时举办卫生健康讲座及其他生命安全教育活动。 9. 布置国家助学金新生发放工作,安排新生其他助学项目(社会助学)工作。 10. 新生适应团体辅导(4次)。	学工部、教务处、校团委、就业与发展中心、后勤集团、校医院,其他相关职能部门	各院系

226

续表

学期	时间	教育内容	组织单位	实施单位
第一学期	10月	1. 养成教育。军训结束,继续保持军训期间学生的良好生活作息习惯,促进学生健康成长。坚持一日生活制度,晚点名制度。 2. 大学生活、学习适应教育。心理中心组织系列心理适应讲座,使新生尽快适应大学生活,也为心理普查做好铺垫和准备。 3. 校规校纪教育,形势与政策教育。使同学了解学校各项规章制度,明确责任与义务,尽早进入正常生活学习轨道。对当前国内外形势有正确认识,不被不法势力所利用,坚定社会主义信念。 4. 基础课程学习。外国语学院、理学院、信息学院相关老师开展学务指导。 5. 班团组织建立。各院系通过召开班会,辅导员考查等形式,产生班团学生干部。 6. 学生组织(学生会、社团)的换届,选举和活动策划。 7. 党团知识培训,鼓励学生积极上进,加入基层党团组织。 8. 对家庭经济困难学生进行摸底调查。对部分贫困学生给予资助(提供勤工助学岗位)。 9. 对部分学生发放优秀新生奖学金,优秀体育特长新生奖学金。 10. 初步完成国家助学金发放工作。	学工部、教务处、校团委、就业与发展中心、后勤集团,其他相关职能部门	各院系
	11月	1. 心理教育。全体新生心理普查,建立心理档案,此活动持续至12月;举办心理健康普及教育活动。 2. 学生资助知识宣传与教育。通过印制宣传册、网站、讲座、培训等方式进行。 3. 各院系迎新晚会。(11月前后持续进行) 4. 各院系以学院、班级开展小型活动,丰富学生生活。 5. 积极构建网络平台,鼓励学生文明上网,抵制不良信息,做好网络思政治工作。(长期开展)。 6. 配合做好期中教学质量检查工作,解决好学生反映的问题,做好后勤服务。	学工部、教务处、校团委、就业与发展中心、后勤集团,其他相关职能部门	各院系

续表

学期	时间	教育内容	组织单位	实施单位
第一学期	12月	1. 加强学生学务指导，进行学风建设。各院系配合教务处、任课老师对学生加强考勤检查，营造学习氛围。对有困难学生，及时加强指导教育。 2. 安排读书笔记等素质拓展计划部分内容。 3. 按照党组织校计划，推荐入党积极分子。 4. 初步完成家庭经济困难学生建档工作。根据国家政策，对困难学生发放奖助学金。 5. 心理普查结束。 6. 卫生防疫、校园安全稳定教育。（长期进行，重点突出）。 7. 发放学生休食补助。 8. 各项活动及时收尾，准备学期工作总结。	学工部、教务处、校团委、就业与发展中心、后勤集团、其他相关职能部门	各院系
寒假	1月	1. 进入考试周，加强考风考纪教育，考试技能训练。 2. 构思准备第二学期工作计划。	学工部、教务处	
	2月			
第二学期	3月	1. 开学前后，举办学生工作会议，总结上学期工作，部署开展本学期工作。 2. 通过班会形式，学生谈话形式，总结上学期成绩和表现进行总结和反思，认清形式，向前发展。 3. 各院系组织相关学务指导老师，集体组织对学生学习方法和内容的指导。 4. 校团委系列文体活动策划开展。 5. 班团学生干部、学生骨干培训。由校团委和各院系组织实施。 6. 有益身心的学生活动开展。 7. 部分特殊群体教育活动（女生、学习困难生等）。 8. 积极开展学生社区文化建设活动。在卫生检查基础上，加强宿舍文化建设	学工部、教务处、校团委、就业与发展中心、后勤集团、其他相关职能部门	各院系

续表

学期	时间	教育内容	组织单位	实施单位
第二学期	4月	1. 多种形式开展责任与诚信教育,组织志愿者服务活动。 2. 特殊群体教育部分内容开展。经过一学期的适应,部分同学出现不良倾向,加强这部分学生的关注,早发现早解决问题。(心理适应不良,学习困难等) 3. 学生创新性科研教育。经过一个学期的学习,对所学专业初步认识,对大学生创新计划等进行了解。 4. 校团委最佳团日等活动开展。 5. 心理健康专题教育项目(女生心理健康教育、贫困生心理健教育、性与恋爱心理教育、挫折教育、生命教育专题讲座或团体辅导)。 6. 按照党校计划,推荐入党积极分子。	学工部、教务处、校团委、就业与发展中心、后勤集团、其他相关职能部门	各院系
	5月	1. 第二学期期中教学质量检查。将学生反映的问题集中上报,尽力解决。 2. 校团委开展五四表彰奖励活动。 3. 校内多种科技文化活动、讲座、比赛重点开展。(学生会、社团、班级) 4. 心理健康专题教育项目继续开展。 5. 校园文化文明建设,加强督促和检查。 6. 防火防盗防震、校园安全卫生教育,可组织适当演习(长期进行,重点突出)	学工部、教务处、校团委、就业与发展中心、后勤集团、其他相关职能部门	各院系
	6月	1. 对学生学习加强指导,进行学风建设。加强对基础课程的学习,打好基础。 2. 安排读书笔记等素质拓展计划部分内容。 3. 根据专业就业情况,当年就业形势,对学生进行初步职业规划指导。 4. 对家庭经济困难学生提供资助。 5. 发放第二学期学生伙食补助。 6. 各项活动及时收尾,准备学期和学年工作总结。 7. 安排大学生暑期社会实践。	学工部、教务处、校团委、就业与发展中心、后勤集团、其他相关职能部门	各院系
	7月	1. 进入考试周。加强考风考纪教育,考试技能训练。 2. 拟订下学年计划,规划下学期安排,积极准备迎接新入学	学工部、教务处	各院系

229

附件 3　新生教育工程之入学适应性教育实施方案组织表

项目名称	教育内容	时间	组织单位	实施单位	组织形式	活动目标	督促检查方式	备注
入学适应性教育	给家长的一封信	7月	学工部	学工部学生就业与发展服务中心	可随录取通知书一同寄出	让家长了解孩子上大学后可能会遇到哪些问题，家长如何帮助孩子尽快适应大学生活		
	迎新展位、新生家长会	9月	心理中心	心理中心	在新生报到处设立展位宣传并召开新生家长会	帮助家长认识到新生可能出现的各种心理困惑，提出相关建议，协助家长和学生平稳地度过新生适应期		
	大一、大二辅导员新生教育工程研讨会	军训期间	学工部	各院（系）	研讨会形式进行经验交流	大一、大二辅导员交流经验，相互借鉴，提高工作的针对性和实效性		

230

续表

项目名称	教育内容	时间	组织单位	实施单位	组织形式	活动目标	督促检查方式	备注
入学适应性教育	发放新生心理健康宣传资料	军训期间	心理中心	各院(系)	发放《心理健康教育手册(新生版)》	宣传心理健康知识和我校心理健康教育资源,介绍新生常见的心理困惑、心理调节问题,提出自我调节的建议,了解如何寻求心理咨询的帮助		
	新生适应团体辅导	军训期间	心理中心	各院(系)	以连队为单位对新生进行团体辅导	帮助新生学会正确自我认知、正确处理人际关系,提高交往技能,促进自我成长;形成、建立、加强团体凝聚力,尽快适应大学生活		

231

续表

项目名称	教育内容	时间	组织单位	实施单位	组织形式	活动目标	督促检查方式	备注
入学适应性教育	迎新微笑教育	9月	校团委学工部	各院（系）	在学校的统一领导下由各迎新服务单位和相关部门对迎新人员进行相关培训，从仪容仪态、言行举止、接人待物方式等方面给初到学校的新生以亲切感、温馨感，使新生从与学校接触融入的第一时间就开始融入学校的氛围中来	1. 提高师生自身修养 2. 展示长大人文关怀和文化氛围 3. 加强新生的融合度	由学校以及各单位组织督察以组予督察	
	校史校情教育（宏观）			各院（系）	可由学校统一要求和安排，也可由院系下发相关材料并由各院系通过PPT等图文讲解、参观、观看宣传片等方式进行	了解学校的历史、发展过程、现状，以及发展的目标和规划，使新生从入学开始就把自己的成长与学校的发展融入到学校的建设与发展中来	各学院应及时教育并活动进行宣传报道，并及时上报活动总结	
	校规校纪与安全教育（微观）		学工部	学工部、教务处、校团委、公安处、后勤集团	由各相关部门联合集中地对新生进行微观层面的校规校纪与安全教育，组织普通高校学习学生手册、学生管理规定等制度	了解并遵守学校的规章制度，以便养成良好的学风、考风，在相关的纪律要求内发展自己，完善自我		

232

续表

项目名称	教育内容	时间	组织单位	实施单位	组织形式	活动目标	督促检查方式	备注
入学适应性教育	班级发展委员遴选	10月	心理中心	各院系	严格按照心理咨询中心的要求以班会的形式选举班级发展委员	在班级宣传心理健康知识，营造心理健康氛围		
	新生系列讲座（四场）	10月	心理中心	心理中心	针对新生适应问题开展专题讲座	让新生了解上大学后常见的心理问题及应对策略，帮助新生尽快适应大学生活；宣传心理健康知识，为新生心理健康普查打好基础		
	学院归属意识和荣誉意识教育	10月	各院系	各院系	参观学院的教学实验场所，听取的报告，加强学院导师各年级的联谊	增强新生的学院归属和荣誉意识		
	心理健康进宿舍	10—11月	心理中心	各院系	形式内容不限，由各学院心理联盟开展心理健康进宿舍的各类活动	宣传心理健康知识，改善人际关系，增强集体凝聚力和个人归属感		

233

续表

项目名称	教育内容	时间	组织单位	实施单位	组织形式	活动目标	督促检查方式	备注
入学适应性教育	职业生涯规划教育		学工部	各院系	以毕业生就业为契机，以人力资源测试、职业分析、专题报告等及时地依据新生的专业认知对新生进行职业生涯规划教育	提升新生的职业认知水平，明确今后的职业目标和方向		
	新生心理普查	11—12月	心理咨询中心	各院系	1. 主试培训；2. 组织实施；3. 数据整理统计；4. 心理约谈；5. 普查报告	了解新生心理健康状况，发现问题，及早干预		
	党团教育	12月	校团委	各院系	1. 以组织发展为契机开展政治信念和信仰教育；2. 以最佳团日实践活动为契机开展团日活动	提高新生同学的思想觉悟，加强班级的凝聚力建设，提高团员实践能力		
	学风考风教育		学工部	各院系	1. 开展诚信教育；2. 进一步进行校规校纪等宣传和引导	增强新生诚信意识，端正新生学习态度，培养良好的学风考风		
	离校安全和假期安全教育	1月	学工部	各院系	1. 人身财产安全教育；2. 公共环境安全教育；3. 交通旅行安全教育	提高新生的安全防范和保护意识，避免上当受骗和因过失造成公共安全事故		

234

续表

项目名称	教育内容	时间	组织单位	实施单位	组织形式	活动目标	督促检查方式	备注
入学适应性教育	心理健康专题讲座	3月	心理中心	心理中心	1. 人际交往知识讲座；2. 女生心理健康教育；3. 生命教育	针对大学生最突出的问题和特殊群体开展讲座，使心理健康教育更具针对性		
	上学期适应性教育总结	3月	学工部	各院系	通过与新生谈话、调研等途径对上学期的教育进行总结并以总结为契机进行再教育	及时地分析总结上学期的教育成果，增强本学期工作的针对性		
	收假后的新学期适应性教育		学工部	各院系	通过班会和谈话收假后的心理进行调节和引导使新生尽快步入新学期的学习生活去	帮助新生尽快地步入新学期的大学生活		
	心理健康教育宣传月	4月	心理中心	各院系	1. 系列讲座；2. 大型心理咨询活动；3. 各类学生活动	全面宣传心理健康知识，提高全校师生的心理健康意识		
	集体主义意识教育	5月	各院系	各院系	依托于运动会、科技节、文化节、艺术节、体育节以及学院组织的活动对新生进行集体主义意识教育	增强集体主义意识，培养合作能力和奉献精神		
	专题团体辅导		心理中心	心理中心	1. 社交障碍团体辅导；2. 贫困生成长团体辅导；3. 生涯规划团体辅导	对最困扰学生的心理问题进行心理辅导和行为训练，帮助他们走出困扰，建立自信，提高心理承受能力		

235

续表

项目名称	教育内容	时间	组织单位	实施单位	组织形式	活动目标	督促检查方式	备注
入学适应性教育	爱国主义教育	5月	校团委、学工部	各院系	以纪念五四运动为契机开展爱国主义教育,可以参加升国旗、签名、讲座、电影、实践等多种形式	培养新生的爱国热情,增强新生的国家意识		
	新生心理适应教育研讨总结	6月	心理中心	各院系	1. 研讨会; 2. 总结汇报; 3. 资料整理	总结新生工作中的得失,各院系交流经验,发现不足,总结经验,为下一步的工作提供参考		
	四级考试及期末考试教育	6月	教务处、学工部	各院系	可以通过进行四级考试动员,举办四级相关讲座,做好考前教育工作,并通过通报考风不良事件,宣传校规校纪和诚信责任意识,开展期末考试前的学风考风教育	增强新生诚信意识,端正新生学习态度,培养良好的学风考风		
	假期离校安全和社会实践指导教育	7月	学工部校团委	各院系	1. 人身财产安全教育; 2. 公共环境安全教育; 3. 交通旅行安全教育; 4. 社会实践指导教育	提高新生的社会实践意识和能力,增强安全意识		

附件 4 新生教育工程之国防素质与养成教育实施方案组织表

项目名称	教育内容（指标项目）	时间	组织单位	实施单位	组织形式	活动目标	督促检查方式	备注
国防素质与养成教育	2.1 开学典礼暨军训动员大会	9月	校长办公室	学工部（武装部）、校团委、教务处、后勤处、宣传部、后勤集团、渭水校区管委会办公室等	军训师组织	思想动员	学工部、军训师检查	
	2.2 军事技能训练与养成教育	9月	武装部	军训师	军训师组织	学习部队光荣传统,培养优良作风	学工部、军训师检查	
	2.3 成人宣誓仪式	9月	学工部	校团委协助	军训师组织	培育成人的责任意识	学工部、军训师检查	
	2.4 内务整理、卫生检查及习惯养成	9月	学工部	军训师、各院（系）	军训师组织	养成良好的生活、卫生习惯	各院（系）、军训师检查	

237

续表

项目名称	教育内容（指标项目）	时间	组织单位	实施单位	组织形式	活动目标	督促检查方式	备注
国防素质与素养教育	2.5 安全与纪律教育	9月	学工部	军训师、各院（系）	军训师组织	树立安全与守纪意识	学工部检查	
	2.6 军训汇报	9月	校长办公室	学工部（武装部）、校团委、教务处、后勤处、后勤集团、宣传部、渭水校区管委会办公室等	军训师组织	军训效果检验	军训评比、评优与奖励	
	2.7 军事理论课教学	10月	武装部	军事教研室	课堂教学	军事理论素质教育	武装部统一考试	
	2.8 实行日查日报告制度，出早操，周末晚点名制度，请销假制度	10月	学工部	各院（系）	学院组织	考勤、纪律教育	学工部检查	
	2.9 学生校规校纪教育月制度学习	10月	学工部	教务处、各院（系）	教务处安排多媒体教室，学院举办专题报告，学习《学生手册》	政策法规教育	学工部统一考试	

续表

项目名称	教育内容(指标项目)	时间	组织单位	实施单位	组织形式	活动目标	督促检查方式	备注
	2.10 军事理论课教学	11月	武装部	军事教研室	课堂教学	军事理论素质教育	武装部统一考试	
	2.11 出早操、周末晚点名、日查日报告	11月	学工部	各院(系)	学院组织	考勤、纪律教育	学工部检查	
	2.12 学生校规校纪教育月制度学习与测试	11月	学工部	各院(系)	教务处安排多媒体教室,学院举办专题报告,学习《学生手册》	政策法规教育	学工部统一考试	
国防素质素养成教育	2.13 消防安全教育	11月	学工部	公安处、各院(系)	学工部安排时间、地点,公安处组织消防常识,消防安全专题报告	警钟长鸣,防患未然	学工部检查	

239

续表

项目名称	教育内容(指标项目)	时间	组织单位	实施单位	组织形式	活动目标	督促检查方式	备注
国防素质与养成教育	2.14 军事理论课教学与考核	12月	武装部	军事教研室	课堂教学	军事理论素质教育	武装部统一考试	
	2.15 学生日常教育	12月	学工部	各院(系)	学院组织	考勤、纪律教育	学工部检查	
	2.16 公共卫生与安全教育	12月	学工部	公安处、校医院、各院(系)	校医院宣传相关知识,疫苗注射	生命至上,健康第一	校医院自查	
	2.17 离校安全和假期安全教育	1月	学工部	各院(系)	学院组织	外出路途安全常识、自我保护意识教育	学院自查	
	2.18 "学习雷锋"主题志愿者服务月活动	3月	校团委	各院(系)	学院团委组织、各班团支部实施	弘扬志愿者精神、爱心教育	校团委评优奖励	
	2.19 学习纪律教育与考勤教育	3—4月	学工部	教务处、各院(系)	教务处安排多媒体教室、学院举办专题报告会	纪律是学风的保障	学工部检查	

续表

项目名称	教育内容（指标项目）	时间	组织单位	实施单位	组织形式	活动目标	督促检查方式	备注
	2.20 标准化宿舍评比与社区文化、环境卫生建设	3—4月	学工部、校团委、后勤集团	各院(系)、学生会	学生会组织卫生检查	宿舍是我家,文明靠大家	校团委优秀宿舍评比奖励	
	2.21 日常教育管理（日报告、晚点名）	3—4月	学工部	各院(系)	学院组织	考勤、纪律教育	学工部检查	
	2.22 学习纪律教育考评	5—6月	学工部	教务处、各院(系)	教务处听课、查课	教学相长,第一课堂育人才	教务处(教学督导)检查	
国防素质与养成教育	2.23 学生社区文化建设	5—6月	学工部、校团委、后勤集团	各院(系)、学生会	学院团委开展社区文化活动	文化进宿舍	校团委评比奖励	
	2.24 日常教育管理（日报告、晚点名）	5—7月	学工部	各院(系)	学院组织	考勤、纪律教育	学工部检查	
	2.25 安全稳定教育	5—7月	学工部	公安处、各院(系)	学院组织专题报告	维护校园安全,保持团结稳定	学工部检查	

附件5 新生教育工程之学科专业与职业认知教育实施方案组织表

项目名称	教育内容	时间	组织单位	实施单位	组织形式	活动目标	督促检查方式	备注
专业与职业认知教育	学科专业认知教育	9月	学生就业与发展服务中心	各院（系）	各院系领导、专业学科带头人对各专业学生做教育	1.使新生对各学科专业有较为全面的认识；2.使学生在了解本专业的基础上热爱本专业	依各学院所报安排，学校进行监督检查	1学时
	新生自我认知教育	一学年内，各学院自主安排	学生就业与发展服务中心	各院（系）	各学院就业指导课负责人组织本院就业指导课老师进行(参照课程就业指导培训课程学习内容)	1.自我认知；2.完善自我	学生就业与发展服务中心	2学时
	就业认知教育	一学年内。安排提前时间进行，安排提前上报学生就业与发展服务中心	学生就业与发展服务中心	各院（系）	各院系领导、专业学科带头人、外聘人力资源专家等对各专业学生做教育	1.对各专业就业的基本认知；2.对专业的发展前景的基本认知	依各学院所报安排，学校进行监督检查	1学时
	职业生涯规划教育		学生就业与发展服务中心	各院（系）	各院系就业指导老师进行职业生涯规划基本理论的教学，并分班负责指导学生完成自己的规划	1.了解职业生涯规划基本概念；2.制定自己的职业生涯初步规划	学生就业与发展服务中心监督检查	1学时

242

附件6 新生教育工程之学风建设与学务指导教育实施方案组织表

项目名称	教育内容(指标项目)	时间	组织单位	实施单位	组织形式	教育目标	督促检查方式	备注
学风建设与学务指导教育	4.1 学籍、学分管理制度教育	9月	教务处	各院(系)	各学院组织专题讲座	解读相关制度,阐明大学生的职责和任务	学院自查	
	4.2 学务指导(高数、英语、计算机、物理、制图、马克思主义理论等基础课程学习方法指导)	9月	学工部、教务处	理学院、外语学院、信息学院、人文学院等学院	学工部会同教务处联系实施单位(老师),协调安排时间、地点,进行专题报告。	每月开展一次,全体学生参与,做到"课课有指导,人人受启发"	教务处(教学督导)检查	
	4.3 教与学行为规范教育(专业基础课程学习方法和规范要求)	9月	学工部、教务处	各学院(系)等	各专业系选派专业骨干教师和教学能手进行	教学相长,循序渐进,因材施教,循循善诱	教务处开展教与学评比	

243

续表

项目名称	教育内容（指标项目）	时间	组织单位	实施单位	组织形式	教育目标	督促检查方式	备注
学风建设与学务指导教育	4.4 大学基础课程认知和学习	10月	学工部	教务处、各院(系)	基础课老师课堂和课外指导，答疑(专门安排固定教师、教室、时间)	传道授业解惑	教务处（教学督导）检查	
	4.5 班风学风建设	10月	学工部	各院(系)	召开学风建设主题班会，建立班级学习兴趣小组	凝聚班风，培育学风	辅导员指导检查	
	4.6 召开新老生学习经验交流会	10月	学工部	各院(系)	优秀的高年级学生、研究生结合自身学习经验与新生交流	师兄师姐	学院自查	
	4.7 读书计划行动	10月	学工部	图书馆、各院(系)	图书馆发放借书证,介绍图书借阅规定,组织学生参观图书馆。读书笔记指导老师指导学生撰写读书笔记	培养读书兴趣，全面涉猎书籍，制订大学读书计划	学工部组织优秀读书笔记比赛奖励	

244

续表

项目名称	教育内容（指标项目）	时间	组织单位	实施单位	组织形式	教育目标	督促检查方式	备注
学风建设与学务指导教育	4.8 大学基础课程认知、学习和巩固	11月	学工部	教务处、各院（系）	教务处分配教室，相对固定上晚自习，同时倡导学生早读	养成良好的学习习惯，充分利用课余时间	学院自查	
	4.9 营造学习氛围，形成优良班风和学风	11月	学工部	各院（系）	组织学习讨论会	学生互相教育与激励	学院自查	
	4.10 期中教学检查	11月	教务处	各院（系）	教务处统一安排时间和地点，由学院教务办组织学生座谈会（主管教学副院长参加），填报教学检查各项表	听取学生意见，改进教学方法、模式	教务处（教学督导）检查	
	4.11 大学基础课程复习与应考方法教育	12月	学工部、教务处	理学院、外语学院、信息学院、人文学院等学院	学工部会同教务处联系实施单位（老师）、协调安排时间、地点，进行专题报告	点教复习方法，指导考试技巧	基础课学生评价调查问卷	

245

续表

项目名称	教育内容（指标项目）	时间	组织单位	实施单位	组织形式	教育目标	督促检查方式	备注
学风建设与学务指导教育	4.12 召开"学习"主题班会，强化班风学风建设	12月	学工部	各院（系）	召开主题班会	良好的学风，良好的班风	辅导员指导检查	
	4.13 进行考风考纪教育，提倡文明诚信考试	1月	学工部	教务处、各院（系）	一是签订考试诚信责任书，二是强化监考老师责任，三是制造诚信舆论	杜绝考试作弊违纪现象，维护考试公平	学工部、教务处联合检查	
	4.14 上学期期末考试和学习总结	3月	学工部	各院（系）	召开总结班会，提交书面总结	找出差距，明确方向	辅导员指导检查	
	4.15 制订新学期学习和发展计划	3月	学工部	各院（系）	制订学习计划	查出问题，确定思路	辅导员指导检查	
	4.16 学习方法交流主题班会	3月	学工部	各院（系）	召开主题班会	交流经验	辅导员指导检查	
	4.17 校风、院风、学风教育	3—4月	学工部	各院（系）	学院组织召开专题教育报告		学院自查	

续表

项目名称	教育内容（指标项目）	时间	组织单位	实施单位	组织形式	教育目标	督促检查方式	备注
学风建设与学务指导教育	4.18 学生违纪处分情况通报	5月	学工部	各院(系)	学院组织召开违纪处分通报会		学院自查	
	4.19 考风考纪教育	6—7月	学工部	教务处、各院(系)	一是签订考试诚信责任书，二是强化监考老师责任，三是制造诚信舆论	杜绝考试作弊违纪现象，维护考试公平	学工部、教务处联合检查	

附件7 新生教育工程之成长与发展教育实施方案组织表

类别	教育内容	时间	组织单位	实施单位	组织形式	活动目标	督促检查方式
思想政治素质	发放《新生导航》	9月	校团委校学生会	校学生会	校学生会在新生报名点发放	使新生尽快认知、适应大学生活	校团委检查
	迎接建国60周年"我爱我的祖国"系列活动	9月	学工部校团委	各院系、各学生组织	各院系开展以"我爱我的祖国"为主题的朗诵、演讲、征文、摄影、DV比赛、合唱、文艺晚会等校园文化活动	歌颂党、歌颂社会主义、歌颂改革开放，激发努力学习、建设祖国的情怀	组织单位督促检查
	组织新生观看国庆60周年庆典	10月1日	学工部校团委	各院系	组织新生通过电视、网络收看国庆60周年庆典	增强民族自豪感和荣誉感，树立报国之志	组织单位督促检查
	校情院情、学科专业职业生涯教育介绍	9—10月	学工部、学生就业与发展服务中心	各院系	1.院系领导及学科带头人为学生介绍学校、学院发展情况；2.学科领导、老师介绍专业发展与就业形势、职业生涯教育等	使新生认识学校、了解学校，了解自己所学专业及就业前景	组织单位督促检查

248

续表

类别	教育内容	时间	组织单位	实施单位	组织形式	活动目标	督促检查方式
思想政治素质	成人宣誓仪式	9月	学工部 校团委	各院系	学校系统一组织举行新生成人宣誓仪式，学校领导讲话，家长代表讲话，学生宣誓	使新生认识作为一名成人应该承担的责任	组织单位自查
	党委书记讲党课，团委书记讲团课	10月	学工部 校团委	各院系	1.各院系党委书记、副书记为新生党员讲一堂党课；2.各院系团委书记为新生团员讲一堂团课	使新生党员、团员明确学校要求和自身的责任，在学习、工作中发挥先锋模范作用	组织单位督促检查
	号召新生入党、入团	10月	学工部 校团委	各院系	利用晚点名、班会号召新生中的优秀分子加入党组织、团组织，并指导新生入党志愿书、入团志愿书撰写	吸收优秀青年加入党、团组织	组织单位督促检查
	各级党、团、学组织纳新，新生党、团、班组织成立和建设	10月	学工部 校团委	各院系、各学生组织	各院系负责建立新生党、团、班组织，班级学生组织由校团委组织统一纳新，院系党组织纳新由学院组织	建立新生党、团、班组织，增强组织凝聚力；各级学生组织纳新，吸收新鲜力量	组织单位督促检查
	开展"主题团日活动"	11月至下年4月	校团委	各院系	各院团委组织各团支部开展，并组织申报、实施、推优评比	通过组织参与团日活动，让学生主动参与到班级、社团建设中，丰富校园文化，增进思想政治教育工作实效性	组织单位督促检查

249

续表

类别	教育内容	时间	组织单位	实施单位	组织形式	活动目标	督促检查方式
思想政治素质	青年志愿者服务月活动	3月	校团委	各院系	组织开展以"向熊宁学习"为主题的青年志愿者服务活动	树立新生的志愿服务意识,培养志愿服务精神	组织单位督促检查
	入党积极分子培训	3月	党校	各院系	各院系推荐参加培训学员,党校组织安排培训	选拔新生中的先进分子进行培训,营造比学赶帮超的学习氛围	组织单位督促检查
	青年马克思主义者培养学校第三期学生骨干培训班	3月	学工部校团委	各院系	建立校院两级培训体制,校级培训班由学工部、校团委组织实施,院系培训班由学院组织实施	选拔新生中的学生骨干进行培训,为各级团学组织培养学生骨干	组织单位督促检查
	"两会"知识宣传和学习	3月	学工部	宣传部、校团委配合	通过网站、讲座、展板形势政策报告会、与人大代表、政协委员面对面等形式传达两会精神	使学生了解"两会"最新精神及国家重大决策	学校领导听取汇报
	五四表彰	3—5月	校团委	各院系团委,各学生组织	各院系积极推荐新生先进集体和个人申报,校团委审核确认,召开五四表彰大会,树立先进典型,号召同学们学习	树立先进典型,促进新生全面发展	组织单位督促检查
	新生党员入党宣誓	7月	组织部	各院系	各院系组织大一新生党员入党宣誓	牢记党的宗旨,增强荣誉感和责任感,永葆先进性	组织单位督促检查

续表

类别	教育内容	时间	组织单位	实施单位	组织形式	活动目标	督促检查方式
文化、艺术、体育素质	撰写读书笔记	12月	学工部	各院系	各院系组织批阅，将批阅结果上报学工部	督促学生开展读书计划，广泛阅读各类图书	组织单位督促检查
	百家讲坛、渭水大讲堂	9月至下年5月	校团委、渭水校区管委会办公室	各院系、各学生组织	邀请政府高官、社会名流、两院院士、知名专家学者来校作报告	营造浓厚的校园学术氛围，扩大新生视野，启迪新生思想	组织单位督促检查
	文献信息检索培训	11月	图书馆	各院系	图书馆组织专家为新生举办文献信息检索报告或开设选修课	教会新生学会收集已有科学研究资料和信息	组织单位督促检查
	迎新晚会	10—11月	校团委	各院系团委	举办迎新晚会	使新生感受校园文化活动氛围，加深对学校、学院的认识	组织单位督促检查
	高雅艺术进校园活动	10,11月	校团委	校团委、校级学生组织	邀请国内一流艺术团体来校演出	普及高雅艺术，营造良好的艺术氛围，陶冶广大学生的情操	学校领导听取汇报
	文化节系列活动	10,11月	校团委	各院系	校级展示活动，院系风采活动，班级社团活动	营造良好校园文化氛围，为广大新生提供展示自我的平台	组织单位督促检查

251

续表

类别	教育内容	时间	组织单位	实施单位	组织形式	活动目标	督促检查方式
文化、艺术、体育素质	穆斯林古尔邦节	古尔邦节	学工部	各院系	举办古尔邦节晚会	使穆斯林同学感受学校的关怀和温暖	学校领导听取汇报
	少数民族汉语演讲比赛	11月	学工部 校团委	各院系	举办汉语演讲比赛	提高少数民族新生的汉语水平,促进他们学好汉语,与汉族学生加强交流,同时促进专业知识学习	组织单位督促检查
	文化、艺术、体育选修课	第二学期	教务处	各院系	通过开设各类文化、艺术、体育选修课,提高新生的综合素质	完善新生知识结构,提升综合素质,感受大学课堂的精彩	组织单位督促检查
	春季运动会	4月	体育部	各院系	组织新生参与比赛	提高身体素质,培育团队合作精神,丰富校园文化	学校领导听取汇报
	艺术节、体育节系列活动	3、4月	校团委	各院系、各学生组织	校团委主办,各院系、各学生组织承办	营造良好校园文化氛围,为广大新生提供展示自我的平台	组织单位督促检查

续表

类别	教育内容	时间	组织单位	实施单位	组织形式	活动目标	督促检查方式
科技创新素质	"挑战杯"创业计划竞赛	10月至下年5月	校团委	各院系	各院系团委组织作品申报,承办单位组织评审	为新生提供科研实践平台,激发新生崇尚科学,追求真知的热情,为将来就业、创业做准备	学校领导听取汇报
	举办学科知识竞赛	待定	教务处	各院系	举办校内学科知识竞赛,组织新生参与	通过参加比赛,促进专业学习	组织单位督促检查
	大学生科技节系列活动	3—5月	校团委	各院系	校级展示活动,院系风采活动,班级社团活动	营造良好校园文化氛围,提升广大新生的科技创新素质	组织单位督促检查
	创业英雄进校园报告会	待定	校团委	各院系	邀请知名企业家、大学生创业成功者举办报告会	帮助新生树立创业意识,营造浓厚的学生创业氛围	组织单位督促检查
	专利知识申报宣讲	待定	校团委		邀请专家、学生为新生宣讲拥有者怎样进行发明创造、申报专利流程、我校资助政策	培养新生发明创新意识,帮助新生了解专利申报流程及学校政策	学校领导听取汇报
	大学生暑期社会实践活动	6—8月	校团委	各院系	组织大学生利用暑期开展就业创业见习,社会调研,挂职锻炼,三下乡,四进社区等活动	深入基层,深入实践,了解社会,增长才干	组织单位督促检查

253

续表

类别	教育内容	时间	组织单位	实施单位	组织形式	活动目标	督促检查方式
身心健康素质	大一新生早操制度	10月—下年6月	学工部	各院系	由各院系组织大一新生以班为单位每天出早操	锻炼身体,增强体质	组织单位督促检查
	各种健身选修课程	下学期	教务处	体育部	开设游泳、体操、舞蹈、秧歌、舞龙及各种球类选修课程	普及运动知识,提高新生身体健康素质	组织单位督促检查
	新生心理健康知识普及教育	10月—12月	学生就业与发展服务中心	各院系配合	由心理咨询中心开设各种心理健康教育讲座,通过心理剧DV大赛、小品演出、播放电影等喜闻乐见的形式开展心理健康教育	普及心理健康知识,提高新生对心理疾病的认识,树立有心理问题咨询的意识	学校领导听取汇报
	心理咨询	全学年	学生就业与发展服务中心	心理咨询中心	通过建立QQ咨询、网站在线咨询、面对面咨询,为有心理问题的同学进行咨询	提升新生的心理健康素质	组织单位督促检查
	大学生心理健康教育日——"我爱我"心理健康教育宣传活动	5月25日	学生就业与发展服务中心	心理咨询中心、各院系	通过展板、橱窗、讲座、宣传单等宣传形式,普及心理健康知识	普及心理健康知识,培养新生心理咨询的意识	学校领导听取汇报

附件 8 新生教育工程之奖励与资助教育实施方案组织表

项目名称	教育内容	时间	组织单位	实施单位	组织形式	活动目标	督促检查方式	备注
奖励与资助教育	优秀特长新生（奖励）专门教育	9月新生报道期间	教务处学工部	学工部	由学校统一组织召开优秀特长新生会议，宣传学校特长生政策，明确特长生在校在学习、生活、参加活动等方面注意事项	1. 明确学习任务 2. 充分发挥特长，为校增光	各院（系）跟踪观察，实时教育，确保各项任务顺利完成	校团委、体育部等协助
	经济困难学生绿色通道的开设与资助政策教育咨询		学生就业与发展服务中心	各院（系）	1. 各院（系）安排专人对困难新生进行政策宣传和咨询。 2. 对拟走绿色通道的学生进行资格审查。 3. 学生就业与发展服务中心进行最后考察审批	确保每一位学生不要因为贫困而上不起学	学生就业与发展服务中心和各学院主管学生副书记对政策执行情况进行监督检查	

续表

项目名称	教育内容	时间	组织单位	实施单位	组织形式	活动目标	督促检查方式	备注
奖励与资助教育	学生奖励与资助制度及程序教育	9月新生入学后	学生就业与发展服务中心	各院（系）	1. 召开新生家长会议，宣传奖励、资助政策、类型和程序； 2. 初步确定新生贫困生名单，依据家庭经济调查表和贫困证明，并收集上述材料； 3. 确定生源地贷款学生名单； 4. 召开新生会议，宣传奖励、资助政策、类型和程序	让学生初步明确奖励、资助政策、类型和程序，为其大学规划提供依据	学生就业与发展服务中心和各学院主管学生副书记检查收集的家庭经济调查表的贫困证明，查看确定的各类名单	
	根据实际情况，调整勤工助学岗位及勤工助学人员名单			各院（系）	1. 根据实际情况，调整基本单位设置岗位设置； 2. 合理调整参加勤工助学学生； 3. 上报就业与发展服务中心		检查各院系是否及时认真调整并上报	

续表

项目名称	教育内容	时间	组织单位	实施单位	组织形式	活动目标	督促检查方式	备注
奖励与资助教育	新生家庭经济困难学生认定工作	10月	学生就业与发展服务中心	各院（系）	1. 学院依托晚点名、班会向学生宣传有关文件精神。2. 学院认定各班成立贫困认定小组。3. 班级召开班会，集中评议，辅导员严格把关审查。4. 学院最终审查，结果进行公示，并报就业与发展服务中心。5. 要求辅导员对特殊贫困生（孤儿、烈士子女、受灾学生等）重点关注，利用现有资源帮助解决困难	1. 每一位学生均参与此事，感受国家和学校对贫困生的关怀。2. 为下一步的资助工作准备好第一手材料	1. 学生相互监督，检举。2. 学生就业和发展服务中心和各学院主管学生副书记依据政策监督工作程序和认定结果	
	组织学生学习《学生资助手册》，举办资助项目的制度、程序讲座，励志自强教育讲座		学生就业与发展服务中心	各院（系）	1. 专门组织召开主题班会，学习《学生资助手册》和国家奖学金、国家励志奖学金制度。2. 学院组织召开已被认定为贫困生的学生大会，内容包括制度、程序的宣传和励志自强教育	1. 将资助政策、制度、程序宣传到每一位学生。2. 让学生明确遇到经济困难时，如向求助和解决	各学院将教育安排上报学生就业与发展服务中心，学校进行检查	
	发放优秀新生奖学金、优秀体育特长新生奖学金		学工部			依次激励学生的学习积极性。		
	国家奖学金、国家励志奖学金制度学习		学工部			培养学生努力学习、争当优秀学生的积极性和主动性	学校派人参加新生大会	

257

续表

项目名称	教育内容	时间	组织单位	实施单位	组织形式	活动目标	督促检查方式	备注
					3. 组织学生参加学校组织的各种有关资助的讲座和座谈。4. 召集新生全体大会，发放新生奖学金，介绍国家奖学金、国家励志奖学金制度，资助政策及评定程序和要求			
奖励与资助教育	新生国家助学金评审工作	10月	就业与发展服务中心	各院（系）	1. 学院成立评审小组，制定新生评定条件 2. 各班召集班会，学习制度，认真评议，从贫困生认定同学中将品学兼优的学生推荐上来。 3. 领导小组召开会议进行审查、公示，上报学校	1. 推荐优秀新生取得国家助学金。2. 号召全体学生学习先进，争当先进	学生就业与发展服务中心和各学院主管领导监督检查评定程序	

258

续表

项目名称	教育内容	时间	组织单位	实施单位	组织形式	活动目标	督促检查方式	备注
奖励与资助教育	印发优秀学生(包括新生)奖励表彰文件,鼓励引导新生认真学习,完善自我	11月	学工部	学工部和各院(系)	1. 学工部起草、印发优秀学生(包括新生)奖励表彰文件,并下发各学院。2. 各学院召开表彰大会,要求新生参加,以此引导、激励新生争优创先的积极主动性。3. 新生召开主题班会,认真学习学生量化考评细则和评优的条件和程序	1. 鼓励学生争取奖学金 2. 引导学生努力学习,积极参加各类活动,遵守纪律,培养提高自身素质	依各学院所报安排,学校进行监督检查	
	完成新生国家助学金评审工作		学生就业与发展服务中心	学生就业与发展服务中心和各院(系)	1. 学生就业与发展服务中心起草、印发国家助学金评选文件。2. 学院召开获得新生国家助学金学生会议,要求学生不要辜负国家和学校的希望,努力学习,回报社会。3. 利用晚点名、班会等形式向全体学生宣布名单,要求学生进行监督	获得助学金的学生能够在学生中在各个方面起模范带头作用	依各学院所报安排,学校进行监督检查	

259

续表

项目名称	教育内容	时间	组织单位	实施单位	组织形式	活动目标	督促检查方式	备注
奖励与资助教育	安排布置新生国家助学贷款工作	12月	学生就业与发展服务中心	学生就业与发展服务中心和各院（系）	1. 学生就业与发展服务中心准备、精心安排，召开年度国家助学贷款工作会议。 2. 学院根据学校的安排制订工作计划，召开新生大会，在全体学生中做好贷款政策的宣传工作，不要因为宣传不到位而影响同学失去贷款机会。 3. 学院以贫困生认定为基础，做好名额的合理分配。 4. 召开班会，确定贷款名单。 5. 召开拟贷款学生会议，认真讲解贷款的操作程序、材料的准备等事项。争取不能因为材料问题而导致贷款失败	1. 争取将贷款发放给真正需要贷款的学生。 2. 以此激励贫困生努力学习，以优异的成绩回报国家和社会。 3. 解决大部分贫困生的后顾之忧。 4. 各学院一定要将好事办好	学生就业与发展服务中心监督检查，保证各单位做到公平、公正、公开	

续表

项目名称	教育内容	时间	组织单位	实施单位	组织形式	活动目标	督促检查方式	备注
奖励与资助教育	新生签订国家助学贷款合同	3月	学生就业与发展服务中心	学生就业与发展服务中心和各院（系）	1. 学生就业与发展服务中心统一安排。2. 学院认真核查贷款材料，确保签字前的准备工作万无一失。3. 召开贷款签字会议，强调诚信教育的重要性。4. 按照要求，组织好学生按时进行签字	1. 确保贷款成功2. 贷款学生将诚信放在第一位3. 贷款学生明确应担负的义务	学生就业与发展服务中心进行监督检查	
	国家奖学金颁奖大会学习国家奖学金颁奖大会精神受助学生专项征文活动		学工部	各院（系）	利用晚点名、主题班会学习国家奖学金颁奖大会精神；结合教育部、宣传部征文主题及要求，开展征文活动	引导和激励学生学习先进，争当先进的积极性	学工部监督检查	

261

续表

项目名称	教育内容	时间	组织单位	实施单位	组织形式	活动目标	督促检查方式	备注
奖励与资助教育	"五四"表彰先进集体和先进个人推荐、评选	4月	校团委	校团委和各院（系）	1. 校团委起草、印发有关评优的文件通知，召开工作会议，统一安排布置。 2. 学院团委组织团支部书记工作会议，强调评优条件和具体要求。因为新生第一次参加，一定要作专门培训。 3. 各班召开班会，民主评议，确保优秀的质量。 4. 鼓励各支部对一年的工作进行总结，积极申请优秀。 5. 最后结果进行公示。	1. 激励新生团员积极参加校院文化艺术活动。 2. 树立典型，起模范带头作用。 3. 增强团支部的凝聚力	校团委监督检查	
	纪念"五四"运动暨学生表彰大会	5月	学工部、校团委	学工部、校团委和各院（系）	1. 学工部、校团委举办纪念"五四"运动暨学生表彰大会，要求新生参加。 2. 各学院认真组织学生参加	1. 激发学生爱国主义热情，继承"五四"精神。 2. 鼓励学生学习先进，争当先进		

后　记

　　为深入学习贯彻党的十八大精神和习近平总书记系列讲话精神，展示中央16号文件颁发以来各地各高校加强和改进高校德育工作的新实践、新探索，教育部思想政治工作司组织出版《高校德育成果文库》，汇集各地高校的成果和经验，搭建交流研究成果、展示工作经验，促进成果转化的有效平台，相信会对进一步促进高校德育工作的创新发展起到重要的推动作用。

　　本书是《高校德育成果文库》入选书目之一，是长安大学近十年来新生教育工程探索的成果。该成果自2003年起步，统筹规划为期一年的新生教育模式，立项建设，纳入学校党政重点工作和教学质量工程体系，取得显著成效。经过学校学工部（武装部）、团委、就业中心、教务处和各院（系）各部门不断的探索，形成了相对完善的教育模式。参与本书编写的有白华、张骞文、武永江、朱先前、周恩、欧阳韬、陈向涛、刘丹、刘珺、李小芹、查方勇。教育部思想政治工作司对《高校德育成果文库》的编选给予了关心和指导。本书在编写和出版过程中，得到了中国书籍出版社、中联华文（北京）社科图书咨询中心的大力支持，在此表示衷心的感谢。

本书编写组
2014 年 12 月